KB252460

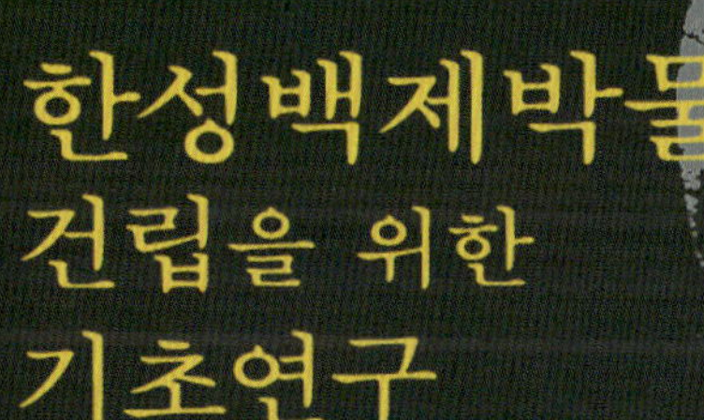

한성백제박물관
건립을 위한
기초연구

송파구 전경

풍납토성 삼화지구 발굴광경(한신대)

풍납토성과
몽촌토성(1972)

풍납토성 위성사진(2002)

풍납토성 경당지구(한신대 A구역)

풍납토성 경당지구(한신대 B구역)

풍납토성 해자(일제강점기)

풍납토성 바깥(동쪽) 우물

몽촌토성 발굴전(서울대)

몽촌토성 시굴광경(서울대)

몽촌토성 전경

석촌동 고분군(일부)

미사리유적(원삼국시대) 발굴광경

풍납토성에서 출토된 수키와

풍납토성에서 출토된 토관

풍납토성에서 출토된 삼족기

풍납토성에서 출토된 도기

풍납토성에서 출토되었다고 전하는 초두

몽촌토성에서 출토된 기대
(높이 54cm)

몽촌토성에서 출토된
금동대금구(길이 4.3cm)

몽촌토성에서 출토된 뼈갑옷

석촌동고분군 출토 유물(귀걸이,영락)

가락동2호분 출토 직구단경호

세미나 장면(2005. 11. 11 종합토론)

세미나를 마친 뒤 참가자 일동 기념촬영

　　서울시 송파구에 분포한 석촌동고분군, 몽촌토성, 풍납토성 등이 근래 차례로 발굴 조사되자 백제의 수도였던 한성의 위치와 그 문화가 비로소 베일을 벗었습니다. 서울이 2000년 역사의 古都임을 재확인한 것입니다. 이에 서울시에서는 서울지역의 선사 및 고대 역사와 문화를 체계적으로 전시·교육·홍보하고, 관련 유적·유물을 효율적으로 조사·관리하며, 백제 한성시대 및 서울지역 고대사 연구의 중추적 역할을 담당할 전문 연구기관을 건립키로 하고 지금 구체적인 방법을 모색하고 있습니다. 결과는 향후 한성백제박물관의 조직과 내용을 통해 드러날 것입니다.

　　이제 우리에게는 새롭게 만들어질 한성백제박물관이 서울지역의 고대 역사를 어떻게 연출해야 할지, 관련 유적과 유물은 어떻게 조사 관리하는 것이 좋을지, 명실공히 한성백제사 연구의 중심기관이 되기 위해서는 무엇을 갖추어야 할지, 조사 및 연구 결과는 어떻게 시민에게 전해주어야 할지 등에 대한 구체적인 고민이 필요한 시점입니다. 이에 서울역사박물관에서는 2005년 11월 11일 학계와 박물관의 여러 전문가를 모시고 한성백제박물관의 건립방향을 토의하는 학술세미나를 개최하였습니다.

　　학술세미나는 서울역사박물관 내에 새로 조직한 한성백제박물관건립추진반에서 주관하였는데, 4명의 발표자가 한성백제박물관의 전시시나리오(안), 전시·수장시설, 교육·홍보프로그램 등에 대해 의견을 개진하고 8명의 토론자가 적절성 여부를 토의하는 방식이었습니다. 이에 서울역사박물관에서는 학술세미나의 始末을 기록으로 남겨 박물관 건립에 대한 각계의 관심에 응답하고 앞으로 한성백제박물관이 나아갈 바를 더욱 투명하게 제시하기로 하였습니다.

본서에서는 학술세미나의 발표문을 수정 게재하였으며, 약정토론 및 종합토론은 당시 논의한 바를 가감 없이 그대로 실었습니다. 부록에서는 서울역사박물관이 기획한 한성백제박물관 운영방안, 일본의 대표적인 현장박물관인 사야마이케[狹山池]박물관의 건립과정 등을 참고자료로서 첨부하였습니다. 그리고 서울역사박물관이 2005년 7월부터 운영하고 있는 박물관인턴제도를 통해 한성백제박물관건립추진반을 도와온 인턴들이 제출한 연구 결과를 덧붙였습니다.

본서는 한성백제박물관 건립의 시작에 관한 준비서라고 할 수 있습니다. 아직 갈 길이 멀기에 막중한 책임감으로 펴내는 책인 만큼 향후 순조로운 박물관 건립의 디딤돌이 되기를 바라며, 근래 유행처럼 번지는 각지의 박물관 건립사업에도 참고자료로서 유용하게 쓰이기를 바랍니다.

바쁘신 중에도 원고를 성실히 준비하고 보완해주신 발표자와 토론을 통해 함께 고민하고 값진 의견을 주신 여러 선생님들께 재삼 감사드리며, 한성백제박물관건립추진반 식구들의 노고를 치하합니다.

2005년 12월 28일
서울역사박물관장 김우림

한성백제박물관
전시주제 시안
|김기섭|

한성백제박물관 전시주제 시안

김기섭　서울역사박물관

Ⅰ. 머리말

1981년에 서울이 제24회 올림픽대회 개최지로 결정되자, 정부와 서울시는 대규모 체육공원을 몽촌토성이 자리잡은 방이동 일대에 조성하겠다고 발표하였다. 그리하여 1983년부터 몽촌토성 발굴조사가 시작되었다.[1] 발굴 동기가 공원 조성이었으므로 조사는 대체적인 윤곽만 확인하는 정도였다. 그런데도 중요한 유구와 유물이 속속 발견되었다. 이에 몽촌토성이 백제의 왕성이라는 견해가 힘을 얻었다. 그러자 정부와 서울시는 부랴부랴 체육공원과 함께 백제박물관도 짓겠다는 계획을 세웠다. 1985년 6월에 수립한 이른바 서울古都綜合復元計劃이다.

박물관을 짓는 사업은 우여곡절을 겪은 뒤 1987년에 500평 내외의 (가칭)백제역사관 건립계획으로 확정되었다. 그리고 역사관의 전시물 확보와 공원 정비 차원에서 몽촌토성 내부를 발굴하였다. 1987년에 몽촌토성 동북지구,[2] 1988년에 동남지구,[3] 1989년에 서남지구[4]를 차례로 긴급 발굴

---

1)　夢村土城發掘調査團, 『整備·復元을 위한 夢村土城發掘調査報告書』(1984)
　　夢村土城發掘調査團, 『夢村土城發掘調査報告』(1985)

조사하여 각종 住居址·貯藏孔 및 骨製札甲·土器類 등을 발견·수습하였다. 유물은 대부분 발굴기관과 국립중앙박물관으로 넘겨졌다. 다만, 극히 일부가 1992년에 문을 연 몽촌역사관에 대여 형태로 전시되었다. 이로써 애당초 백제박물관 건립으로 향하던 사업은 전시실 226평 규모의 몽촌역사관으로 귀결되고 말았다.

몽촌역사관이 단순한 기념관으로 전락하고 서울시가 「定都 600년」으로 서울의 역사적 정체성을 규정하던 무렵 역사학계와 고고학계를 뒤흔드는 사건이 터졌다. 1997년 1월부터 국립문화재연구소가 風納土城의 내부 7천여평을 발굴 조사하여 다수의 백제 주거지와 3중 환호를 확인한 것이다.5) 이로써 지하 4m 깊이에 백제 유구가 온존한다는 사실이 알려졌다. 그러자 풍납동의 건설현장에서 긴급 발굴이 이어졌다. 그리하여 같은 해 8월에는 한신대학교박물관이 삼화지구 1천여 평을 발굴 조사하였다.6)

1999년에는 국립문화재연구소가 풍납토성의 동쪽 성벽을 절개하였다.7) 성벽의 폭이 약 43m, 높이 11m를 웃도는 규모라는 사실이 비로소 밝혀졌다. 그런데 성벽의 끝자락은 아직 분명하게 확인하지 못했으므로 성벽 아랫부분의 폭은 더 넓을 것으로 추정되었다. 종래에는 성벽의 폭을 30m 정도로 추정하여 1970년대에 이미 북쪽 성벽을 복원하였는데, 이제 수정이 불가피해진 것이다. 마침 성벽 바깥에 성벽 폭과 비슷한 크기의 垓字가 남아있던 모습을 찍은 일제 때의 유리원판사진이 새삼 알려지면서 풍납토성의 거대한 규모가 다시 한번 주목받았다.

---

2) 서울특별시·서울대학교박물관, 『夢村土城 – 東北地區發掘報告 –』(1987)
3) 서울대학교박물관, 『夢村土城 – 東南地區發掘調査 –』(1988)
4) 서울대학교박물관, 『夢村土城 – 西南地區發掘調査 –』(서울특별시, 1989)
5) 국립문화재연구소, 『風納土城Ⅰ – 현대연합주택 및 1지구 재건축 부지 –』(2001)
6) 한신대학교박물관, 『風納土城Ⅲ – 삼화연립 재건축 사업부지에 대한 조사보고 –』
   (2003)
7) 국립문화재연구소, 『風納土城Ⅱ – 동벽 발굴조사 보고서 –』(2001)

같은 해에 한신대학교박물관은 풍납토성 내부의 경당지구 1,200여 평을 발굴 조사하였다.[8] 경당지구는 풍납토성의 중앙부에 해당하는데, 지상식의 대형구조물과 각종 수혈유구가 발견되었다. 특히 장타원형의 수혈인 9호 유구에서는 2,000점에 육박하는 토기가 무더기로 쌓인 채 말머리뼈 12개체분과 함께 수습되었다. 이에 발굴단은 제의와 관련된 유적일 것으로 추정하였다.

발굴조사가 진행될수록 풍납토성과 몽촌토성이 백제의 도성일 개연성이 높아지고 많은 양의 유물이 출토되었다. 그러자 서울시 행정당국은 서울지역의 백제 유적·유물을 효율적으로 관리해야 한다는 막중한 책임감을 재삼 인식하였다. 학계의 줄기찬 요구를 받아들여 유적·유물을 조사·관리할 뿐 아니라 한성백제사를 깊이 연구함으로써 서울이 고대국가 백제의 수도였으며 2,000년 역사의 古都임을 재조명할 방법을 모색하기에 이르렀다. 유적·유물의 조사와 관리, 百濟史 究明을 통한 서울의 역사·문화적 정체성 확립, 서울지역 역사의 체계적 전시·교육·홍보 등을 두루 만족시키기 위해서는 무엇보다 전문 박물관을 세우는 일이 시급했다.

2004년 2월, 마침내 서울시에서 박물관 건립을 추진하기로 내부 방침을 세웠다. 3월에는 역사·고고학계의 전문가 7명을 포함한 자문위원회를 구성하여 (가칭)한성백제박물관의 건립에 관한 문제를 본격 논의하였다. 이후 9차에 걸친 자문회의 결과 2005년 5월 모임에서 올림픽공원 지구촌광장에 약 3,200평 규모로 짓는 것이 좋겠다는 데 합의하였다.

한편, 한성백제박물관 건립이 가시화되던 2004년 6월에는 서울역사박물관 내에 한성백제박물관건립추진반이 구성되었다. 박물관 전시자료의 대강을 파악하고 자문위원회 활동을 보조하기 위해 학예직 2명, 행정직 1명이 사업을 전담하는 최소한의 조직이었다. 한성백제박물관건립추진반은 2005년 2월과 9월에 백제사 전공자 1명, 고고학 전공자 1명 등 전문직

---

8) 한신대학교박물관, 『風納土城Ⅳ －慶堂地區9號遺構에 대한 發掘報告－』(2004)

2명을 신임 보강하여 전시 및 유물 확보 계획을 수립하고 있다. 금번 발표문은 한성백제박물관건립추진반에서 구성한 전시 시나리오의 시안이다.

Ⅱ. 전시의 기본방향

한성백제박물관이 추구해야 할 목표는 서울이 고대국가 백제의 수도였으며 古代부터 이미 정치·경제·문화적 중심 도시로서 민족사 발전에 크게 기여했다는 사실을 확인하고 널리 알리는 것이다. 이러한 목표는 전시를 통해 서울시민과 여타의 관람객에게 직·간접적으로 전달되어야 한다. 따라서 우리는 목표에 도달하는 구체적인 방법으로서 전시에 관한 몇 가지 기본방향을 정하였다. 소개하면 다음과 같다.

① 백제의 漢城都邑期를 중심으로 先史부터 古代까지의 서울 역사를 개괄한다.

② 풍납토성·몽촌토성·석촌동고분군 등 주변의 백제 유적과 연계된 전시 내용을 구성한다.

③ 문헌자료와 고고자료를 아우르며 생활문화에 관한 관심을 유발하고 충족시킨다.

④ 유물을 평면적으로 나열하는 방식은 지양하고 관람객의 호기심을 유발하는 등 교육기능을 강조한다.

⑤ 문자 설명을 최소화하고 모형·그림·그래픽·영상 등을 이용함으로써 시각적 효과를 극대화한다.

⑥ 섹션별로 전시 수준을 다르게 설정하여 관람객 층을 다양화하고 관람 동선이 분산될 수 있도록 유도한다.

⑦ 유물을 접촉하거나 감각을 통해 전시 내용을 이해할 수 있도록 체험 기회를 최대화한다.

⑧ 어린이전시관을 별도로 운영한다.

이와 같은 기본방향을 한성백제박물관은 700평 규모의 상설전시실에서 실현해야 한다. 전체 전시실 면적 1천평 가운데 기획전시실 등을 뺀 상설전시실의 면적은 700평 정도이기 때문이다.9) 한성백제박물관의 존재 이유랄까 정체성을 공개하는 부분이 바로 상설전시실이므로 설립 목적 및 목표에 충실해야 함은 물론이다.

전시 범위는 시간 및 공간 두 부분으로 나누어 정리하였다. 시간적 범위는 일단 (1)선사시대, (2)백제 한성도읍기, (3)삼국항쟁 및 통일신라기 등 3부로 구분하고, 공간적 범위는 서울지역을 중심으로 하되 시대에 따라 주변지역까지 포괄하도록 설정하였다.

선사시대는 구석기·신석기·청동기문화를 한강유역이라는 공간적 범위에 맞춰 구성하고 여타지역을 참고하는 방법이 현재로선 가장 무난하다. 백제 한성도읍기는 서울지역을 중심으로 경기·충청·전라지역 및 강원·황해도 일부지역을 포괄하며 경우에 따라 한반도의 여타지역을 비롯해 중국대륙과 일본열도까지 연결하기로 잠정하였다. 삼국항쟁 및 통일신라기는 고구려와 신라가 차례로 서울지역을 점유하던 때의 역사·문화, 그리고 삼국을 통일한 신라가 漢山州를 설치한 이후의 지역문화를 다루기로 하였다.

전체적으로는 구석기시대부터 통일신라기까지 시간 순이지만, 백제 한성도읍기는 한성백제박물관의 존재 이유를 제공하는 중심시대이자 분야별로 다양하게 전시할 수 있고 또 그렇게 해야 하는 시기이기에 주제별 전시를 기획하였다. 그리고 삼국항쟁 및 통일신라기는 백제의 南遷, 고구려의 南進, 신라의 漢山州 설치 등을 주요 테마로 설정하였다.

전시의 시간적 범위에서 드러나듯 한성백제박물관은 백제 한성기의

---

9) 현재 서울역사박물관의 전시실 전체면적은 1,888평이며, 상설전시실 1,097평, 기획전시실 486평, 기증유물전시실 305평으로 나뉘어져 있다.

문화만 이해하는 공간일 수 없다. 앞 뒤 시대의 전체적인 분위기를 반영한 상태에서 서울지역의 정치·문화적 변천사도 담아내야 한다. 그러므로 한성백제박물관의 전시는 鑑賞뿐 아니라 體驗·解說 기능이 강화되고, 계통전시와 발달사 전시에 더욱 충실해야 한다는 전제를 안고 있다.

이 모든 기준은 한성백제박물관이 서울시에서 세우고 운영할 박물관이라는 사실과 밀접히 연관된다. 市立인 만큼 국립중앙박물관을 비롯한 국립박물관과는 조직구성과 전시주제가 여러모로 다를 수밖에 없다. 특히, 조선시대 전문박물관의 성격을 지닌 서울역사박물관과 연계된 조직이므로 서울 강북지역의 고려·조선시대 중심 역사와 강남지역의 선사·고대 중심 역사로 분리되는 지리 및 시대적 특징을 반영해야만 한다. 그래야만 서울 역사의 효율적 전시·교육·홍보와 유적 관리라는 설립 목적을 충족할 수 있기 때문이다.

백제 한성기의 역사와 문화를 전문적으로 조사·연구하고 교육·홍보해야 하면서도 선사시대부터 통일신라기까지의 서울지역 역사 또한 소홀히 할 수 없다는 전제에 비하면 700평의 전시실과 연면적 3천여 평의 박물관은 결코 넉넉한 규모가 아니다. 그러나 현재 우리에게 주어진 여건에 맞춰 전시실의 공간을 나누고 상설전시실의 세부주제를 개략적으로 정리해보았다.

    o 제 1 존 〈선사시대의 서울지역〉
       1) 지형과 식생 <한강과 서울의 자연환경>
       2) 구석기시대 <인류의 출현과 석기제작>
       3) 신석기시대 <농경과 마을>
       4) 청동기시대 <계급의 발생>
    o 제 2 존 〈백제시대의 서울지역〉
       5) 전시개요 <삼한과 삼국>
       6) 백제의 건국 <설화와 역사>
       7) 백제의 성장 <중앙과 지방>

        8) 백제의 철기문화 <무기와 장신구>
        9) 백제의 경제와 기술 <생업과 기술>
       10) 백제의 도시와 생활 <도성(한성) 사람들의 하루>
       11) 백제의 대외교류 <세계 속의 백제>
  ㅇ 제 3 존 〈삼국항쟁 및 통일신라기의 서울지역〉
       12) 전시개요 <고구려와 신라로>
       13) 백제의 남천 <한성함락과 웅진천도>
       14) 고구려의 남하 <고구려의 영토확장과 남평양>
       15) 신라의 한산주 설치 <신라의 한강유역 진출과 한산주 설치>

　　전체 700평의 상설전시실 공간을 크게 3구역으로 나누었다. 각 구역은 시간적 범위에 따라 서울지역의 정체성을 나타내는 기준공간인데, 현재 서울역사박물관의 전시실 구분 기준에 따라 1·2·3 존(zone)으로 표시하였다. 제1존 <선사시대의 서울지역>은 120평, 제2존 <백제시대의 서울지역>은 440평, 제3존 <삼국항쟁과 통일신라기의 서울지역>은 140평 정도로 잠정하였다.

　　한편, 전시실로 들어가기 전 반드시 거쳐야 하는 로비에는 한성백제박물관의 상징전시물로서 풍납토성의 성벽 단면을 轉寫하려고 한다. 참고 자료로는 저수지 둑의 단면을 잘라내 박물관 안으로 옮겨 전시한 일본의 사야마이케[狹山池]박물관을 들 수 있다.[10] 사야마이케 박물관은 저수지 둑을 통해 일본의 건축기술발달사를 소개·교육할 목적으로 건립한 전문 박물관이다. 그런 점에서 풍납토성이라는 건축물을 통해 백제 한성도읍기의 문화사적 위치를 설명해야하는 한성백제박물관에는 가장 적확한 벤치마킹 대상이라고 할 수 있다. 다만, 건축물의 토층 단면 전시라는 점에서는 공통점이 있으나, 전시물의 효용가치를 생각할 때 한성백제박물관의 풍납토성 성벽 단면 전사는 사야마이케박물관의 제방 단면 移築과 여

---

10) 大阪府立狹山池博物館, 『大阪府立狹山池博物館 圖錄1 – 常設展示案內 –』(2002)

러모로 달라야 한다.

사야마이케는 지금도 사용하는 저수지이다. 그런 만큼 사야마이케박물관은 나래[奈良]시대부터 에도[江戸]시대까지 여러 차례 보수한 제방의 단면을 잘라내 移築하는 것만으로도 전시물의 가치를 고스란히 드러낼 수 있었다. 그런데 풍납토성은 성벽의 상부가 이미 상당부분 허물어져 원형과는 크게 달라진 상태이므로 단순 移築은 오히려 관람객의 오해를 불러일으킬 소지가 많다. 따라서 발굴조사를 거친 뒤 복원한 성벽의 원형도 함께 전시해야만 하는 것이다. 그리하여 성벽의 현재 모습과 원래 모습을 비교 관찰할 수 있어야 하며, 원래 모습에는 성벽 바깥의 垓字도 포함되어야 한다.

〈표 1〉 한성백제박물관의 전시주제

주 제	전 시 내 용	비 고
로비	* 상징전시물(풍납토성 성벽 단면 전사)	* 높이 11～15m
1. 선사시대의 서울지역	1) 지형과 식생 <한강과 서울의 자연환경> 2) 구석기시대 <인류의 출현과 석기제작> 3) 신석기시대 <농경과 마을> 4) 청동기시대 <계급의 발생>	
2. 백제시대의 서울지역	1) 전시개요 <삼한과 삼국> 2) 백제의 건국 (영상실) <설화와 역사> 3) 백제의 성장 <중앙과 지방> 4) 백제의 철기문화 <무기와 장신구> 5) 백제의 경제와 기술 <생업과 기술> 6) 백제의 도시와 생활 <도성(한성) 사람들의 하루> 7) 백제의 대외교류 <세계 속의 백제>	* 초기철기시대 포함.
3. 삼국항쟁 및 통일신라기의 서울지역	1) 전시개요 <고구려와 신라로> 2) 백제의 남천 <한성함락과 웅진천도> 3) 고구려의 남하 <고구려의 영토확장과 남평양> 4) 신라의 한산주 설치 <신라의 한강유역 진출과 한산주 설치>	

Ⅲ. 제1존 <선사시대의 서울지역>

 선사시대는 역사 이전 시대, 곧 기록되지 않은 시대이다. 문화사적 구분으로는 보통 구석기·신석기·청동기시대를 가리킨다. 한국사의 경우에는 철기시대까지도 선사문화의 한 부분으로 다루는 경우가 있으나, 여전히 일반화하기는 어렵다. 한국사의 특수성을 강조하는 입장에서 명명한 초기철기시대는 그 문화의 비중이 나날이 커지고 있어 이에 대한 개념 규정이 더 구체적으로 진행되어야 할 필요성도 절감한다. 그러나 아직은 세형동검(한국식동검)으로 대표되는 후기청동기문화로부터 초기철기문화를 명확하게 떼어내기 어려운 상황이다. 따라서 선사시대는 당분간 구석기·신석기·청동기문화로 3구분하는 것이 안정적이다. 이에 한성백제박물관 전시안에서의 선사시대 주제를 크게 4부분으로 나누었다.

 도입부인 1-1 지형과 식생은 <한강과 서울의 자연환경>이라는 주제 하에 서울시를 포함한 한강유역의 지리적 조건을 표현하고 서식하는 생물의 특징과 변천상을 제시함으로써 우리 인간이 자연 속의 일부라는 사실을 다시 한번 확인하는 공간이다. 한강유역을 지도모형으로 전시하며, 한반도가 형성되고 한강의 수로와 동·식물상이 변천하는 모습을 신생대 이후 청동기시대에 이르기까지 터치스크린을 통해 그래픽·애니메이션 등으로 제시할 수 있다. 위성사진을 이용해 자연조건을 감각적으로 표현하는 방법도 가능하다.

 현재 서울역사박물관의 상설전시실 1존 도입부에 해당하는 <서울의 모습>은 조선시대 도성의 지형과 도시구조를 테라코타로 표현한 모형(가로 5m), 그리고 모형을 반원형으로 둘러싼 대형 터치스크린들로 구성되어 있으며, 전체 면적은 대략 50평에 달한다. 한성백제박물관의 경우에는 전체 공간의 여건상 30평을 넘기 어려우므로 테라코타 모형처럼 웅장하고 평면적인 지도모형은 부적합하다. 전시물을 안전하면서도 효율적으로 설치하려면 전시물이 점유하는 공간의 3~5배에 해당하는 공간을 확보해야 하므로 지도모형과 터치스크린의 점유공간은 도합 6~10평 규모가 적정선일 것이다.

1 - 2 구석기시대의 주제는 <인류의 출현과 석기제작>이다. 서울지역에서는 구석기유적이 뚜렷하게 확인되지 않았다. 삼성동·세곡동·하일동·오금동 등 주로 한강 남쪽지역에서 구석기 유물이 몇 점씩 지표 채집되었을 뿐이다. 따라서 유물 감상을 중심으로 한 전시는 애초 불가능하다. 마침 한강 중·상류지역에는 광주 삼리, 양평 병산리, 제천 명오리, 제천 창내, 단양 금굴, 단양 수양개, 단양 상시 등 생활흔적이 뚜렷한 구석기유적이 다수 분포하므로 이들을 참조하여 만든 모형 전시가 유효할 것이다. 구석기시대의 자연환경과 동·식물상의 특징, 구석기인의 주거형태, 석기의 유형과 제작방식 등을 충실히 고증하여 디오라마를 만들고 근거유적과 시기까지 제시한다면 모형전시의 교육기능을 최대화할 수 있으리라 믿는다.

전시실의 공간적 한계 때문에 모형의 크기는 실제보다 매우 작아질 수 밖에 없다.[11] 그러므로 디오라마 속의 석기는 축소된 형태의 복제품을 사용하고, 대신 디오라마 양옆에 따로 유물 진열대를 설치하여 실물을 비교·감상케 한다. 그리고 벽면과 진열대 앞 가이드바에는 인류의 진화과정과 한반도의 구석기유적 분포도 등을 그림으로 제시하고 설명하는 방법을 검토하고 있다.

1 - 3 신석기시대는 <농경과 마을>을 주제로 만든 디오라마 중심이다. 서울지역에서는 암사동선사주거지를 발굴 조사하여 많은 유구와 유물을 확인하였다.[12] 그리하여 1979년 7월에는 암사동선사주거지를 사적 267호로 지정하였으며, 1988년에는 전시관을 지어 교육의 장으로 삼고 있다.[13]

---

11) 연천 전곡리유적을 추정 복원한 경기도박물관의 구석기문화 모형은 21.2㎡ = 6.5평(530×400cm)규모이다.

12) 국립중앙박물관, 『岩寺洞』(1994, 1995)

그러나 수습한 유물은 모두 국립중앙박물관과 서울대학교박물관에 수장된 상태라서 암사동선사주거지 전시관에서는 복제품 위주로 전시하고 있다. 따라서 한성백제박물관에서도 실물 전시는 당분간 쉽지 않을 수 있다.

디오라마 <농경과 마을>에서는 암사동선사주거지를 모델로 삼아 신석기시대의 주거와 취락을 모형으로 재현하고 농경, 토기·석기 제작 등의 생활상을 복원하려 한다.[14] 어떤 곡물을 심고 수확하였는지, 빗살무늬토기를 만드는 방법은 어떠하였는지를 디오라마 속에 반영하고 농경과 간석기의 문화사적 의미를 관람객이 간취할 수 있도록 구성하는 것이 중요하다.

설명패널 등을 통해서는 구석기시대에 비해 海水面 및 水系가 변한 사실을 알리고 신석기문화 유적의 분포도를 제시한다. 움집과 마을의 구조를 통해 신석기사회의 특징을 설명하며, 암사동선사주거지에 관한 영상자료를 상영함으로써 유적답사를 유도할 생각이다. 디오라마 등에서 신석기문화를 복원하는 데 참고할 자료로는 하남 미사리유적, 양양 오산리유적, 부산 동삼동유적 등을 꼽을 수 있다.

1-4 청동기시대의 주제는 <계급의 발생>이다. 서울지역은 명일동·가락동·역삼동·응봉동 등지에서 청동기시대의 주거지와 유물이 발견된 바 있다. 그러나 매우 단편적인 자료에 불과하기 때문에 화성 동학산유적, 부여 송국리유적, 진주 대평리유적처럼 구역화해서 복원하기는 어렵다. 따라서 청동기시대 역시 교육적 효과를 고려하면 모형 이용이 불가피하다.

디오라마에서는 청동기시대의 두드러진 특징인 전쟁과 계급 형성, 그리고 청동기 제작 등이 반영되어야 한다.[15] 청동기시대 사람들이 방어시

---

13) 1988년에 제1전시관, 2000년에 제2전시관을 개관하였다.
14) 경기도박물관의 신석기문화 모형은 22.42㎡ = 6.7평(1,180×190cm) 규모이다.
15) 경기도박물관의 청동기문화 모형은 22.54㎡ = 6.8평(982×230cm) 규모이다.

설로 둘러싸인 취락을 배경으로 벼농사를 짓고 고인돌무덤을 만드는 모습, 금속 주조기술로 비파형동검 혹은 세형동검을 만들고 다듬는 모습, 민무늬토기를 빚고 구워내는 모습 등을 표현하는 것이 관건이다.

디오라마 양옆의 진열장에는 토기와 청동기를 비롯한 각종 유물을 전시하고 기능과 사용법을 책자형 패널로 제시한다. 벽에 붙인 설명패널에는 한반도 및 한강유역에 분포한 청동기유적의 위치를 지도로 나타내고, 청동기문화의 특징을 설명한다. 이밖에 주거지의 입지와 구조, 고인돌무덤의 유형 및 조영방법, 벼농사법과 쌀의 종류, 청동기의 종류 및 제작방법 등은 책자형 패널로 설명하는 것이 좋을 듯하다. 청동기문화를 복원·전시하는 데 우선 참고할 자료로는 하남 미사리유적, 부천 고강동유적, 여주 흔암리유적, 제천 황석리유적 등을 들 수 있다.

이처럼 <선사시대의 서울지역>은 디오라마의 비중이 매우 높다. 디오라마는 감각적이면서도 사실적이어야 하고, 세밀하면서도 포괄적이어야 한다. 그리하여 유물만으로는 상상하기 어려운 상황에 대한 설명이 인상적으로 표현되어야만 그 진정한 효과가 인정되는 것이다. 그러나 이는 매우 어려운 일이어서 기대한 바를 단번에 온전히 충족하기란 거의 불가능에 가깝다. 또, 디오라마는 제작비가 많이 소요되므로 일단 한번 설치하면 장기간 전혀 변화를 주지 않는 게 보통이다. 그래서 이미 한번 관람했거나 유사한 디오라마를 접한 경험이 있는 사람의 경우에는 흥미를 잃는 단점이 있다.

이처럼 디오라마 전시는 그 자체로 많은 부담을 안고 있다. 그럼에도 불구하고 지역박물관에 디오라마가 많은 것은 계통·발달사 전시가 불가피하기 때문이다. 한성백제박물관의 경우에는 디오라마 전시를 굳이 피하지 않고 일정한 시기마다 모형을 부분적으로 수정한다든지 조명 각도 등을 이용해 분위기에 변화를 주는 방법 등을 모색하고 있다. 그리고 디오라마를 통해 표현하지 못했거나 오도할 가능성이 있는 부분에 대해서

는 자세한 설명패널 등을 통해 관람객의 호기심을 유발하고 보는 재미를
더하고자 한다.

Ⅳ. 제2존 <백제시대의 서울지역>

　한성백제박물관의 중심시대이자 가장 많은 공간, 가장 많은 전시물을
확보해야하는 주제이다. 로비의 상징전시물(풍납토성 성벽 단면)과 반드
시 연계하여야 하며 이곳에서 관람객이 한성백제박물관의 건립 이유를
납득할 수 있어야 한다.
　2-1 전시개요에서는 설명패널과 터치스크린을 통해 初期鐵器時代·
原三國時代 및 三韓의 개념을 설명하고 관련 유적의 분포도를 제시한다.
한강유역의 초기철기시대와 원삼국시대는 백제를 형성시킨 정치·문화적
기반 중 하나이므로 국가형성과의 연계성 속에서 해설하는 것이 바람직
하다.
　이른바 원삼국시대에 대한 설명은 필연적으로 삼국시대의 시간·공간
적 범위에 대한 해설을 수반한다. 그러므로 이곳에서는 고고학계의 시대
구분과 역사학계의 시대구분을 공통점과 차이점으로 나눠 설명한다. 같
은 시기를 『三國志』에서는 三韓 중심으로 설명하고, 『三國史記』에서는
三國 중심으로 기재하였다. 두 史書 사이에는 歷史像에 분명 큰 차이가
있지만, 학계에서는 아직 논란을 명쾌하게 정리하지 못한 상태이다. 다
만, 현재 고고학계에서 사용하는 원삼국시대라는 명칭과 『三國志』의 三
韓 중심 기록은 서로 통하는 바가 있어 상대적으로 공통점을 찾기 쉽다
는 점을 고려해야 한다.
　2-2 백제의 건국을 설명한 <설화와 역사>는 『삼국사기』에 실린 溫
祚說話와 沸流說話를 중심으로 백제의 건국설화를 소개하는 곳이다. 이

밖에 백제의 건국과 관련하여 仇台·都慕 등의 이름과 이야기가 전해지지만, 모두 내용이 소략하고 신뢰도 역시 그다지 높은 편은 아니어서 간단한 소개만으로 충분할 듯하다.

건국설화의 내용은 영상만화로 만들어서 상영하는 것이 좋다. 단순한 만화가 아니라 설화 속의 地名을 지도로 표시하고 현재의 모습을 덧붙인다면 유효한 교육자료가 될 수 있다. 다만, 앞서 원삼국기라는 시대를 설정한 이상 온조·비류설화에 담긴 『삼국사기』의 年代觀을 그대로 따를 수는 없다. 그러므로 『삼국지』와의 편년 차이를 소개하고 설화와 실제 사이에는 間隙이 개재할 수 있음을 밝혀주어야 한다.

백제의 건국과 관련하여서는 『三國志』韓傳에 기재된 馬韓 50여국과 伯濟國 문제를 생략할 수 없다. 『삼국지』의 기록에 따라 마한의 범위를 개략적으로 지도에 표시하고 崎離營전투를 비롯한 漢郡縣과의 정치적 충돌을 소개함으로써 백제와 마한의 관계를 설명하는 것이 바람직하다.

이와 같은 내용을 유물로써 전달하기란 거의 불가능하다. 반면, 설명패널을 통해 문자로 전달하는 방법은 정확하긴 하지만 매우 번거로워서 차지하는 공간에 비해 효과가 떨어질 개연성이 높다. 따라서 백제의 국가형성에 관한 내용을 건국설화와 함께 영상자료로 만들어 관람객에게 상영하는 것이 유효하리라 믿는다.

이곳의 만화를 포함한 영상자료는 터치스크린의 그것과 달리 음향효과가 매우 중요하므로 일반 전시실을 이용하기보다 별도의 영상실을 마련하여 집중 상영하는 것이 바람직하다. 주제의 특성상 붙박이 의자가 아닌 가벼운 소재의 소파를 구비한 영상실이 적당하다고 생각한다. 풍납토성 발굴의 역사, 풍납토성 내부에서 확인된 環濠와 성벽의 관계 등도 다큐멘터리식 영상자료로 만들어 상영하는 것도 교육 효과가 높을 것이다.

2-3 백제의 성장 <중앙과 지방>은 백제의 영역 확장과 증대된 정

치·문화적 역량을 확인하는 공간이다. LED패널 등을 사용하여 백제의 영토가 확장·축소되는 모습을 몇 개의 기준 시점에 따라 개략적으로 표시하고 표지적 유적의 분포상까지 반영하는 방법이 가능하다. 다만, 백제의 영토에 대해서는 아직도 학설이 분분하다는 사실을 염두에 두어야 한다.

근초고왕 때의 영토확장이 매우 인상적인 사건으로 널리 알려져 있지만, 당시의 북쪽 경계가 어디인지는 아직 명확하지 않다. 종래에는 예성강유역을 한계점으로 삼기도 하였으나, 황해도 黃州지역에서 高杯 완형을 비롯하여 30점에 가까운 백제토기가 출토되었다는 사실이 알려지면서[16] 4세기 후반 무렵 백제의 북쪽 경계를 대동강유역으로 조정하는 등 다른 해석들이 제기되고 있는 실정이다.

백제의 남쪽 경계에 대해서도 재검토 요구가 점점 거세지고 있다. 『日本書紀』 神功紀 49년조에 의거하여 근초고왕 24년(369)경 백제의 영토가 남해안에까지 도달하였다는 견해[17]가 그간 학계의 지지를 얻었으나, 전라지역에서의 고고자료가 상당량 축적되면서 많은 의문이 야기되었다. 그리하여 이제는 백제의 남방 영토에 대한 우리의 막연한 믿음을 걷어내고 엄정하게 재고찰하여야 한다는 요구가 고고학계를 중심으로 새삼 일고 있다.[18]

백제의 성장과정을 단계적으로 표현할 수 있는 시각 자료는 역시 유적과 유물이다. 백제의 주거지·성곽·고분의 분포 범위를 편년안에 따라 제시할 수만 있다면 가장 명확한 설명이 될 것이다. 따라서 백제의 유적이 지닌 특징을 우선 설명해야만 한다. 주거지는 풍납토성 내부에서 확

---

16) 崔鍾澤, <黃州出土百濟土器例>(『韓國上古史學報』4, 1990) ; 崔鍾澤, <고고학상으로 본 고구려의 한강유역진출과 백제>(『百濟研究』28, 충남대학교 백제연구소, 1998) 157쪽.
17) 李丙燾, <近肖古王拓境考>(『韓國古代史研究 -修訂版-』, 博英社, 1985)
18) 김기섭, <백제 漢城期 연구동향과 과제>(『百濟文化』33, 공주대학교 백제문화연구소, 2004) 15~16쪽.

인된 呂字形·凸字形·六角形 주거지를 중심으로 정리하고, 성곽은 풍납토성·몽촌토성과 같은 土城의 비중을 강조하되 근래 논란을 빚고 있는 石城의 존재 가능성에 대해서도 언급하는 것이 좋을 듯하다. 고분은 적석총·토광묘·즙석봉토분·옹관묘 등 석촌동고분군의 사례를 제시하고 석곽묘·석실분도 거론해야 한다.

현재 백제의 주거지를 복원하여 그대로 전시한 사례는 없다. 그러므로 풍납토성 안에서 발견된 呂字形의 육각형 주거지를 실물 크기로 복원하고 체험공간으로 활용하는 방법을 생각해볼 수 있다. 구조적으로 천장까지 복원하기 어려울 경우에는 전시실 바닥에 주거지의 발굴 당시 모습을 복원하고 강화유리로 덮어 관람객이 가까이에서 관찰하게 하는 방법도 효과적이다.

유적은 유물과 따로 떼어내 설명할 수 없으므로 해당 유적에서 출토된 유물은 함께 전시하고 해설하는 것이 좋다. 그런 점에서 토기·와당·벽돌 등 건축과 관련한 유물을 주거지 등의 유적과 함께 전시하는 것은 당연하다.

백제의 국력이 커짐에 따라 각종 제도가 정비되고 중앙과 지방의 연결도 보다 원활해졌다. 지금까지의 연구성과에 의거하면, 3~5세기 당시 백제의 중앙은 서울시 송파구 풍납동·성내동·방이동·석촌동과 강동구 천호동·길동 부근으로 추정된다. 그리고 같은 무렵 지방의 주요 유적으로는 화성 마하리의 고분군, 포천 자작리의 주거지, 파주 주월리의 토성, 연천 삼곶리의 적석총 등이 인상적이며, 이밖에도 천안·이천·원주·진천·청주·서산 등 경기·충청지역에서 많은 유적이 확인되었다. 이처럼 다양한 백제유적은 모두 중앙과의 연계성을 지니므로 자연스럽게 중앙과 지방 사이의 교통로를 추정하는 근거가 될 수 있다. 유적 분포도 해설에서는 이런 점을 부각시켜야 할 것이다.

이처럼 백제의 성장은 각종 유적에 대한 이해를 기반으로 삼는 만큼 실물 자료를 충분히 확보하여야 한다. 유적은 모형 등을 이용하되 체험에 가깝도록 최대한 거리감을 없애고, 토기를 비롯한 각종 유물은 복제품이 아닌 실물을 충분히 제시하는 것이 무엇보다 중요하다. 그래야만 1500년 이상의 시간적 거리감을 없앨 수 있다.

백제의 성장과 관련하여 한가지 감안해야 하는 문제는 樂浪·帶方과의 관계이다. 대동강유역의 낙랑군은 한강유역에서의 국가 형성을 지연시키는 데 큰 영향을 미쳤지만, 4세기 무렵에는 오히려 백제가 비약적으로 성장하는 계기를 만들어주었다. 서기 313년경 고구려가 낙랑군을 멸망시키고 대방군을 압박함으로써 많은 유민이 백제로 유입되었기 때문이다. 물론, 낙랑군이 멸망하기 전에도 백제에는 낙랑문화의 유입이 적지 않았으며, 그 증거가 요즘 경기지역의 발굴조사를 통해 속속 드러나고 있다. 그러나 영향의 전모를 파악하기에는 아직 연구 성과가 미진한 실정이어서 조금 더 세밀히 검토한 뒤 반영하고자 한다.

2 - 4 백제의 철기문화 <무기와 장신구>는 백제의 군사력과 지배층의 권위·취향을 드러내는 공간이다. 백제는 전쟁을 통해 영토를 확장하고 고구려·신라와 경쟁하였다. 그런 만큼 다양한 무기를 만들고 사용했다. 칼·창·낫·도끼·화살촉을 비롯한 각종 무기와 甲冑·馬具는 「전쟁」을 연상시키는 철제 유물이며, 그 자체로 백제의 군사력을 상징한다. 단순히 유물을 진열하기보다 기마인물상을 모형으로 복원하고 관람객이 직접 만져볼 수 있게 한다면 관심과 교육적 효과를 모두 높일 수 있을 것이다. 무기의 살상력을 실험한 다음 영상으로 제시하는 방법을 모색하고 있다.

백제 지배층이 즐겨 사용한 각종 장신구와 의례도구에도 철제품이 매우 많다. 귀걸이·목걸이·팔찌를 비롯한 귀금속은 금·은을 사용한 경우가 대부분이지만 그 속성과 제련법이 철기와 구별될 정도는 아니므로 철기문화의 일부라고 해도 무방하다. 한가지 아쉬운 점은 한성도읍기의 장신구 출토례가 아직 많지 않아 그 전모를 자세히 알 수 없으며 전시를 위한 유물 확보도 쉽지 않다는 점이다. 따라서 복제품 전시를 피할 수 없는 만큼 체험과 자세한 해설로써 보완해야 한다.

백제의 제철기술에 대한 이해는 진천 석장리유적을 조사함으로써 한 층 깊어졌다. 국립청주박물관에서 행한 실험을 통해 백제 사람들이 소유했던 고도의 제철기술을 일부나마 파악할 수 있었다. 이에 새롭게 실험을 행하지 못한다 하더라도 기존의 영상자료를 이용하여 관람객에게 자세히 설명할 수 있는 최소한의 장치는 확보한 셈이다.

평민이 주로 사용한 농·공구 중에도 철기가 적지 않으나 경제부문에서 다루는 것이 더 적당할 듯하여 생략한다.

2-5 백제의 경제와 기술은 <생업과 기술>을 주제로 삼았다. 고대의 생업에서 가장 중요한 부문은 역시 농업이다. 마침 인근의 하남 미사리유적에서 백제 때의 밭유구를 발견함으로써[19] 연구의 진척을 이루었으며,[20] 최근에도 화성 먹실 등에서 다시 한번 확인한 바 있다. 그리하여 이제는 당시의 농기구와 농산물, 각종 식재료에 대해 어느 정도 파악할 수 있게 되었다.[21] 이를 전시의 재료로 삼고자 한다.

기술부문에서는 건축과 제작으로 구별할 필요가 있다. 건축은 성곽건축이 특징적인데, 풍납토성의 축성방법이 좋은 자료이다. 그러므로 이곳에서는 앞선 <중앙과 지방>전시실과 마찬가지로 로비의 상징전시물인 풍납토성 성벽을 가까이에서 관찰할 수 있어야 한다. 그리하여 풍납토성의 성벽 단면을 통해 당시의 기술과 국력을 실감하도록 유도하여야 한다. 한성백제박물관의 공간 배치라는 측면에서 보았을 때에도 2-

19) 漢沙里先史遺蹟發掘調査團,『漢沙里Ⅲ』(1994) ;『漢沙里Ⅳ』(1994)
20) 金基興, <미사리 삼국시기 밭 유구의 농업>(『歷史學報』146, 1995)
   梁起錫, <경제구조>(『한국사』6, 국사편찬위원회, 1995)
   李賢惠, <韓國 古代의 밭농사>(『震檀學報』84, 1997)
   全德在, <백제 농업기술 연구>(『韓國古代史硏究』15, 1999)
21) 김기섭, <百濟人의 食生活 試論>(『百濟研究』37, 忠南大學校百濟研究所, 2003) 및
   <한성백제기의 생활문화사 연구 동향>(『향토서울』63, 서울시사편찬위원회, 2003)

3 <중앙과 지방>과 2-5 <생업과 기술> 전시실은 로비의 상징전시물과 개방적으로 서로 연결되며 공유하는 부분을 최대화하는 설계가 요망된다.

제작기술은 가옥과 배 등을 통해 목조기술을 나타내는 한편 窯址를 이용하여 토기·기와·벽돌 등의 제작법을 표현할 수 있다. 다만, 백제 한성도읍기의 가옥과 배에 관한 자료가 매우 적고 연구 또한 아직 미진한 실정이어서 구체적인 해설이 쉽지 않다는 점이 문제이다. 그래도 같은 시기 중국의 배라든지 신라·가야의 舟形土器를 응용한다면 추론이 불가능한 일은 아니다.

2-6 백제의 도시와 생활은 <도성(한성) 사람들의 하루>를 모형 혹은 3D입체영상으로 나타내는 것이 관건이다. 모형에는 서울지역의 자연지형을 자세하게 표현해야 하며 풍납토성·몽촌토성과 주거지, 석촌동·가락동고분군, 미사리 밭유구와 주거지 등도 원형을 최대한 추정하여 표시하는 방법이 바람직하다. 모형의 나머지 공백에는 관람객이 직접 당시의 모습을 상상 속에서 복원하도록 유도하는 방법이다. 그림을 통해 풍납토성과 몽촌토성 내부의 유구 배치를 보여주고 나머지 공간을 유추하게 하는 방법도 있다.

도성민의 생활상은 모형과 유물로 표현하려고 한다.『삼국사기』「백제본기」古爾王 27·28년조와『周書』·『隋書』·『北史』등의 百濟傳에 실린 기록에 의거하면 왕과 관료들의 복식을 개략적이나마 추정할 수 있다. 이에 고구려의 고분벽화, 무령왕릉, 부여 능안골고분군 36호분,『梁職貢圖』등의 인물·복식자료를 참고하여 유추할 경우 안정적인 복원자료가 마련될 것으로 기대한다. 자료의 수집 여하에 따라서는 朝會·行幸·祭天·田獵·航海·漁撈·시장·놀이·무덤조영 등의 장면을 연출할 수 있다.

2-7 백제의 대외교류를 다룬 <세계 속의 백제>는 4~5세기의 국제

정세 속에서 백제가 차지한 국제적 위상을 가늠해보는 공간이다. 당시 백제는 중국의 남·북조, 고구려, 가야, 신라, 탐라, 倭 등과 교류 내지 경쟁하였다. 그러므로 동아시아 지도를 통해 당시 백제 사람들이 오간 육상 및 해상 교통로를 제시함으로써 백제의 외교 폭을 소개하려고 한다.

백제의 대외관계에 대해서는 백제인의 해양활동을 강조하는가 하면 遼西經略說에 동조하는 견해가 적지 않다. 다만, 구체적으로 입증해야 하는 일은 여전히 숙제로 남아있다. 백제인의 해양활동과 관련된 유적으로는 고양 멱절산유적이 있으며, 부안 죽막동유적도 좋은 참고자료이다. 오히려 기록에는 중국대륙과 일본열도로 바다를 오간 일이 많이 실려 있으므로 이를 적절히 이용하여 시각적으로 쉽게 표현하는 일이 중요하다.

백제는 고구려와 주로 다투는 사이였지만 문화적 영향도 주고받았다. 무덤·토기·무기 등에서 그 요소를 찾을 수 있다. 신라·가야와는 우호적인 교류가 빈번하였는데, 이들 사이에서도 역시 토기를 비롯한 각 부문에 그 요소가 많이 담겨있다. 대체로 백제의 영향력이 컸던 듯하다.

중국과는 磁器라든가 鐎斗처럼 지배층이 즐겨 사용한 고급품을 주고받았음이 풍납토성 조사를 통해 속속 밝혀지고 있다. 늦은 시기에 해당하지만, 무령왕릉에서 간취한 여러 특징들을 감안할 수도 있겠다.

일본열도의 倭國과는 『日本書紀』에 백제가 七支刀·七子鏡을 비롯해 각종 문물을 전수한 기록이 있으며, 실제로도 많은 유물이 남아있다. 다만, 현재 여건상 실물을 확보하여 전시하기는 어려우므로 복제품 전시가 불가피하다.

한편, 제2존의 전반적인 전시기법과 관련하여 백제 유적의 현재 모습을 사진으로 제시하고 유적의 원형과 비교하는 방법을 모색하고 있다. 백제사가 현재의 우리와 무관하지 않으며 백제 유적이 바로 우리 곁에 있다는 사실을 강조하고 보존·연구의 책임감을 공유하기 위해서이다.

위성사진 등을 통해 유적의 정확한 위치를 다시 확인하고 자신의 거주지 및 유관장소와 연관짓는 과정에서 유적에 대한 관심과 자부심이 더욱 깊어질 것이라고 믿는다.

V. 제3존 <삼국항쟁 및 통일신라기의 서울지역>

서울지역에 백제의 도읍인 한성이 있었음에 틀림없지만, 서울지역의 고대유적이 모두 백제와 관련되는 것은 아니다. 지금까지 발견·확인된 유적 중에는 고구려·신라의 자취를 전하는 곳도 적지 않다. 구의동 유적과 아차산의 보루들, 북한산 순수비, 방이동고분군 등이 대표적인 예이다.

3-1 전시개요의 주제는 <고구려와 신라로>이다. 서기 475년에 고구려의 장수왕이 3만명의 병사를 보내 백제의 漢城을 함락시켰다. 이로써 蓋鹵王을 비롯한 백제왕실이 몰살당하고 개로왕의 아우인 文周王이 熊津에서 왕실을 재건하였음은 주지의 사실이다. 그리고 마침내 고구려가 한강유역을 영유한 것으로 알려진다. 몽촌토성에서 출토된 고구려 유물, 구의동의 군사유적과 아차산에 즐비한 보루들은 모두 5세기 후반부터 6세기 전반까지 고구려가 이 지역을 점령하였음을 입증한다. 다만, 이와 달리 6세기초엽까지는 한강유역이 대체로 백제의 영토였다는 견해도 학계 일각에서 꾸준히 제기되는 실정이므로[22] 이를 감안해서 해설에 신중을 기하려 한다.

---

22) 梁起錫, <熊津時代의 百濟支配層研究>(『史學志』14, 단국대학교 사학회, 1980) ; 朴燦圭, <百濟 熊津初期 北境問題>(『史學志』24, 단국대학교 사학회, 1991) ; 金榮官, <百濟의 熊津遷都 背景과 漢城經營>(『忠北史學』11·12, 충북대학교 사학회, 2000) ; 임범식, <5~6세기 한강유역사 재고-식민사학의 병폐와 관련하여->(『漢城史學』15, 한성대학교 사학회, 2002)

서기 551년에 백제와 신라는 한강유역의 고구려 군대를 대대적으로 공격하였다. 그리하여 백제는 한강 하류지역의 옛 땅을 되찾았으며, 신라는 한강 상류지역을 장악하였다. 그러나 백제와 신라의 동맹은 오래가지 못했다. 서기 553년에 신라가 백제를 공격하여 한강 하류지역마저 점령한 것이다. 이로써 한강유역은 모두 신라 땅이 되었다. 바야흐로 신라 전성시대의 개막이었다. 이후 신라는 한번도 한강유역을 뺏기지 않았다.

이처럼 <고구려와 신라로>는 백제의 한성 함락 이후 신라가 멸망할 때까지의 상황을 일목요연하게 정리하여 알려주는 공간이다. 5세기 후반~10세기 전반의 시대상황을 개략적으로 알려주는 곳이므로 5평 정도의 공간에 설명패널과 영상자료를 이용하는 것이 좋을 듯하다.

3-2 백제의 남천은 <한성함락과 웅진천도>를 소개하는 곳이다. 서기 475년의 한성 함락은 갑작스러운 일이었다. 불과 수년전 蓋鹵王이 도성을 개축하고 왕실 분묘를 새로 단장하는 대역사를 벌일 정도로 백제는 자신감이 충만하였으나 고구려의 급습에 속절없이 무너지고 말았다. 백제왕실의 참변은 한성백제의 멸망을 의미했다.[23] 비록 문주왕이 이끄는 새로운 백제가 熊津에서 재건되었지만, 국력이 예전과 같을 수는 없었다. 그러므로 한성 함락이 백제사에 미친 영향을 제시·해설할 필요가 있다.

백제의 웅진천도가 거의 국가 재건의 성격을 지녔다 하더라도 한성도읍기와 문화적 맥락이 같다는 점은 비교적 분명하다. 따라서 熊津·泗沘期의 특징적인 문화 요소를 추려내 소개함으로써 백제 문화 전반에 관한 이해를 높이고자 한다. 웅진도읍기는 공산성과 무령왕릉, 사비도읍기는 능산리고분군 및 寺址, 그리고 익산 미륵사지를 대표적인 사례로 꼽을 수 있다.

3-3 고구려의 남하 <고구려의 영토확장과 남평양>은 고구려의 서울

---

23) 百濟記云 蓋鹵王乙卯年冬 狛大軍來攻大城七日七夜 王城降陷 遂失慰禮 國王及大后王子等 皆沒敵手.(『日本書紀』雄略紀 20년)

지역 점령기를 다루는 공간이다. 직접 자료는 아차산의 고구려 보루들이 있으며, 몽촌토성에서 출토된 유물도 상당수가 고구려계통이다. 이밖에 임진강유역에 즐비한 고구려계통 성곽들과 중원고구려비도 유력한 참고 자료라고 생각한다.

지금까지 한강유역에서 발견된 유적·유물은 모두 군사용이거나 생활용이다. 따라서 한강유역에서의 고구려 문화도 역시 무기류와 생활용구 중심으로 전시할 수밖에 없다. 무기류와 함께 고구려의 영토확장을 상징하는 광개토왕릉비를 소개하고, 중원고구려비는 출토지점과 함께 해설한다면 5~6세기 무렵의 고구려 팽창정책을 이해하는 데 도움을 줄 것이다.

3-4 신라의 漢山州 설치는 <신라의 한강유역 진출과 한산주 설치>가 중심 주제이다. 신라는 서기 551년 한강 상류지역을 장악하였고 2년 뒤인 553년에 드디어 하류지역까지 차지하였다. 이로써 신라가 중국과 빈번히 교통할 수 있었으며, 삼국항쟁에서 주도권을 쥐게 되었다고 알려진다.

이러한 일은 모두 진흥왕대에 이루어졌다. 진흥왕의 영토확장작업은 오늘날 각지에 남아있는 巡狩碑를 통해 입증되거니와 北漢山巡狩碑가 그 중 하나이다. 진흥왕은 한강유역을 장악한 뒤 곧바로 新州를 설치하였다가 4년 뒤인 재위 18년(557)에 新州를 폐지하고 北漢山州를 설치하였다. 진흥왕 29년(568)에는 북한산주 대신 南川州를 설치하였다. 남천주는 진평왕 26년(604)에 폐지되고 대신 북한산주가 다시 설치되었다. 그리고 최종적으로 神文王 5년(685)에 지방통치조직으로서 9州 5小京제도를 완성하면서 漢山州를 설치한 것이다. 한산주는 景德王(742~765)때 그 이름이 漢州로 바뀌었다. 신라의 9주에는 摠管 휘하에 停으로 불리는 군대가 하나씩 주둔하였는데, 漢州에만 특별히 2개의 停이 주둔하였다. 당시 한주의 정치·군사적 위상이 매우 높았던 것이다. 이러한 분위기를 신라의 9주 5소경제 속에서 전시·설명해야 한다.

서울시와 인근지역에서 조사된 신라유적 중 아차산성·호암산성·이성산성 등이 주목된다. 이들 유적에서는 木簡·度量衡器를 비롯하여 통일신라기의 생활과 관련한 유물이 다수 출토되었다. 그러므로 신라에서 한산주가 차지하는 정치·문화적 위상과 주민의 衣食住를 재현한다는 관점이 무엇보다 긴요하며, 다양한 유물을 확보하는 것이 관건이다. 그리고 북한산순수비의 복제·전시도 생각해볼 수 있다.

이상의 주제 전시가 완료된 뒤에는 별도의 여유공간을 두어 고려시대 이후의 서울지역 역사와 문화를 간략히 소개할 필요가 있다. 그럼으로써 서울지역의 선사·고대 문화가 중세·근대 및 현대와 따로 떨어진 별개의 영역이 아니라 자연스럽게 연결되는 부분임을 새삼 확인하는 것이다. 여기에서 무엇보다 중요한 점은 중세 이후의 역사·문화에 대한 간략한 설명이 관람객을 서울역사박물관으로 안내하는 기능을 가져야 한다는 것이다. 서울지역의 선사~고대는 한성백제박물관, 중세~현대는 서울역사박물관이 각각 분담하는 형태인 셈이다. 다만, 중세 이후에 대한 소개가 공간배치 등의 측면에서 기존의 주제별 전시에 부담을 주어서는 곤란하다. 따라서 일종의 에필로그에 해당하는 만큼 출구의 복도를 이용하는 방법이 무난하지 않을까 생각한다.

VI. 맺음말

한성백제박물관은 서울시에서 건립·운영할 지역박물관인 동시에 백제의 한성도읍기를 조사·연구하고 유적·유물을 관리해야하는 전문박물관이다. 이러한 특성에 맞춰 전시연출의 기본방향을 개략적으로 설정하고 전시 주제를 선정해보았다. 아직 전시연출의 구체적인 방법을 설정하지 못한 상태에서 대강의 내용만 정리했는데, 전시주제와 내용의 상관관계 및 전시연출방법에 대해서는 향후에도 여러 차례 전문가들의 검토를 거치려고 한다.

실시설계와 관련하여서는 주제 전체의 연관성 및 조화가 인정된 뒤 적정한 아이템을 선정하고 그에 맞춰 유물을 확보하려 한다. 전시매체 공간의 배분은 아직 초기 단계이기에 내부 검토를 조금 더 거친 뒤 적정성 여부와 실현 가능성을 공개 검토할 예정이다.

전시 시나리오의 구체안도 마련해야 한다. 전시연출의 기본방향 및 주제별 아이템을 점검하고 유물·복제·모형·패널·영상 등의 실현 방안을 구체화해야 한다. 실내 동선과 배치평면도를 작성하기 위해 전문가와 협의하고, 전시매체별 공사설계에 반영해야 함은 물론이다. 이러한 작업은 전시주제가 어느 정도 안정성을 확보한 뒤에 하나씩 차례대로 진행해 나갈 것이다. (검토 : 연갑수·이경자·김무중·김기섭)

한성백제박물관 전시주제시안

2005. 11.

한성백제박물관건립 추진반

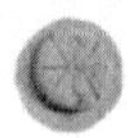

건립목적

서울지역 백제 유적·유물의
효율적 조사·관리

한성백제사 및 서울지역의
고대사 연구 중심기관

서울지역 선사 및 고대 역사의
체계적 전시·교육·홍보

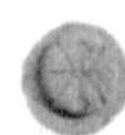

전시의 기본방향

- 백제 한성도읍기 중심으로 선사~고대의 서울 역사 개괄
- 풍납토성·몽촌토성·석촌동고분군 등 유적 연계
- 문헌과 유적·유물 포괄한 **생활문화 중심**
- 유물의 단순 나열보다 호기심 유발·충족하는 **교육기능**
- 문자 설명의 최소화와 **시각 효과 극대화**
- **섹션별 수준차**로 폭넓은 관람객층 확보, 관람동선 분산
- 유물접촉, 가상현실과 같은 **체험 기회** 최대한 제공
- 어린이전시관 별도 운영

전시 시나리오

주 제	전 시 내 용		비 고
로 비	1. 상징전시물	풍납토성 성벽 단면 이축	
선사시대의 서울지역	1. 지형과 식생 2. 구석기시대 3. 신석기시대 4. 청동기시대	한강과 서울의 자연환경 인류의 출현과 석기제작 농경과 마을 계급의 발생	120평
백제시대의 서울지역	1. 전시개요 2. 백제의 건국 (영상실) 3. 백제의 성장 4. 백제의 철기문화 5. 백제의 경제와 기술 6. 백제의 도시와 생활 7. 백제의 대외교류	삼한과 삼국 설화와 역사 중앙과 지방 무기와 장신구 생업과 기술 도성(한성)사람들의 하루 세계 속의 백제	440평
삼국항쟁 및 통일신라기의 서울지역	1. 전시개요 2. 백제의 남천 3. 고구려의 남하 4. 신라의 한산주 설치	고구려와 신라로 한성함락과 웅진천도 고구려의 영토확장과 남평양 신라의 한강유역 진출과 한산주 설치	140평

일본 사야마이케 박물관
< 제방토층단면-2 >

일본 사야마이케 박물관

한성백제박물관 건립을 위한 기초연구

🌐 지형과 식생

한강과 서울의 자연환경

가. 전시 개요 및 안내 : 설명패널, 영상 (터치스크린)

나. 한반도 및 한강 · 서울지역 지도 : 모형

주 제	전시매체	내 용	비 고
개 요	설명패널 영 상 지도모형	1. 한강유역의 지리 조건 2. 동 · 식물상의 변화 3. 신생대 ~ 청동기시대	서울역사박물관 <서울의 모습> 50평

🌐 구석기시대

인류의 출현과 석기제작

가. 한국 구석기유적의 분포
- 한반도의 구석기 유적 분포도
- 한강유역 및 서울지역 지표조사 결과 반영

나. 생활상
- 구석기인의 생김새 변천 : 설명패널
- 주거형태   - 사냥 · 채집활동
- 석기의 유형과 제작방식

다. 모형 전시
- 참고자료 : 연천 전곡리, 광주 삼리, 제천 창내, 단양 수양개

주 제	전시매체	내 용	비 고
구석기시대	설명패널 모 형 유 물	1. 인류의 진화과정 2. 한국구석기시대의 특징 3. 디오라마 공간확보 : 7평	경기도박물관모형 21.2㎡ = 6.5평 (530× 400cm)

🌐 신석기시대

농경과 마을

가. 한국 신석기유적의 분포
  - 유적 분포도

나. 생활상
  - 주거지 및 취락의 구조
  - 농경과 곡물의 종류
  - 빗살무늬토기 제작과정
  - 간석기 사용

다. 모형 전시
  - 기준자료 : 암사동선사주거지
  - 참고자료 : 하남 미사리, 양양 오산리, 부산 동삼동

주 제	전시매체	내 용	비 고
신석기시대	설명패널 유 물 모 형	1. 농경과 토기 제작 2. 마을의 크기와 구조 3. 디오라마 공간확보 : 10평	경기도박물관모형 22.42㎡ = 6.7평 (1,180× 190cm)

경기도박물관 선사실

대구박물관 민속실

한성백제박물관 전시주제 시안

청동기시대

계급의 발생

가. 한반도 및 한강유역의 유적 분포
- 취락지
- 고인돌무덤

나. 생활상
- 주거지의 입지와 구조
- 고인돌무덤의 유형 및 조영방법
- 벼농사법과 쌀의 종류

다. 청동기 및 토기 제작
- 청동기의 종류
- 청동기 제작 및 사용
- 토기 제작

라. 모형 전시
- 참고자료 : 화성 동학산, 부여 송국리, 진주 대평리

주 제	전시매체	내 용	비 고
청동기시대	설명패널 유 물 모 형	1. 청동기와 고인돌 2. 전쟁과 방어시설 3. 디오라마 공간확보 : 9평	경기도박물관모형 22.54㎡ = 6.8평 (982× 230cm)

❖ 전시개요

삼한과 삼국

  가. 전시 개요 및 안내 : 설명패널 · 영상

  나. 삼국시대의 시간 · 공간적 범위
    - 초기철기시대와 원삼국시대의 개념
    - 철기문화 유적 분포

주 제	전시매체	내 용	비 고
개 요	설명패널 **영 상** 유 물	1. 초기철기시대의 개념 2. 원삼국시대와 삼국시대 3. 역사학과 고고학	『삼국사기』 · 『삼국지』 및 각종 문헌

❖ 백제의 건국

설화와 역사
    가. 건국설화
      - 온조설화
      - 비류설화
      - 구태와 도모 이야기

    나. 『삼국지』의 마한기사
      - 마한 영역지도, 정치상황
      - 『삼국사기』와의 편년 차이 설명

    다. 풍납토성 발굴과정
      - 풍납토성 내부 주거지와 환호

주 제	전시매체	내 용	비 고
백제의 건국	**영상(만화)**	1. 건국설화와 마한기사 해설 2. 풍납토성 발굴 영상자료 3. 영상실 공간확보 : 30평	영상실 (소파 구비)

❖ 백제의 성장

백제시대의 서울지역

중앙과 지방

가. 백제의 강역 변천 (3-5세기)
- 지리와 유적 분포

나. 백제 유적과 유물의 종류
- 주거지 · 성곽
- 고분 (적석총 · 토광묘 · 옹관묘 · 석곽묘 · 석실분)
- 토기   - 와당 · 벽돌

다. 중앙과 지방
- 풍납동 · 가락동 · 석촌동
- 지방과의 교통로
- 참고자료 : 화성 마하리, 포천 자작리, 파주 주월리, 연천 삼곶리

주 제	전시매체	내 용	비 고
백제의 성장	설명패널 유　물 모　형	1. 백제의 북방 · 남방 영토의 변천상 2. 주거지와 고분의 종류 3. 사람과 물자의 이동경로 4. 낙랑과 백제의 관계	유물(토기 · 瓦塼) 다량 확보

한성백제박물관 건립을 위한 기초연구

❖ 백제의 철기문화

무기와 장신구

가. 철기의 종류
- 무기 · 마구
- 의례기
- 장신구
- 생활용구

나. 제작 및 사용
- 제철지 광경
- 왕과 왕비 및 귀족의 장신구
- 백제의 군사력 (군사들의 무기)
- 평민의 농 · 공구
- 참고자료 : 화성 발안리, 진천 석장리, 포천 자작리, 파주 주월리

주 제	전시매체	내 용	비 고
백제의 철기문화	설명패널 유 물 모 형	1. 무기의 종류와 군사력 2. 제철기술과 단야구 3. 장신구와 지배층의 장식문화	★ 제철, 단야 장비 ★ 기마인물상 복원

❖ 백제의 경제와 기술

생업과 기술

가. 농업과 농기구
- 발유구(농산물)와 농기구
- 참고자료 : 하남 미사리, 화성 먹실

나. 건축과 제작
- 성벽건축기술
- 목조기술 (가옥, 배)
- 토기 · 기와 · 벽돌 제작
- 참고자료 : 진천 산수리요지, 풍납토성 동벽부근 우물

주 제	전시매체	내 용	비 고
백제의 경제와 기술	영 상 유 물 **모 형**	1. 발유구 사진 및 영상자료 2. 농산물과 식재료 3. 와전의 용도와 문양 4. 우물에서 나온 유물	* 풍납토성 성벽 단면과 연계 * 어업과 축산

❖ 백제의 도시와 생활

백제시대의 서울지역

도성(한성)사람들의 하루

가. 서울지역의 모습
- 자연지형과 백제유적 분포
- 풍납토성, 몽촌토성, 석촌동, 가락동, 암사동, 미사리

나. 도성 내부 구조
- 풍납토성　　　　　　　- 몽촌토성

다. 도성민의 생활상
- 조회·행차 (복식)
- 제사·사냥
- 항해·어로
- 시장·놀이
- 무덤 조영

주　제	전시매체	내　용	비　고
백제의 도시와 생활	모　형 영　상 유　물	1. 한성의 범위와 구조 2. 도성민의 하루(만화) 3. 쌍륙·저포 등의 놀이문화	

경주박물관 미술관

대가야박물관 제1전시실

대가야박물관 제1전시실

대가야박물관 제1전시실

❖ 백제의 대외교류

세계 속의 백제

가. 국제정세 (4~5세기)
- 동아시아지도(중국 남 · 북조, 고구려, 가야, 신라, 탐라, 일본)
- 교통로

나. 백제인의 해양활동
- 요서경략설
- 유적 : 죽막동, 멱절산유적

다. 고구려 · 신라 · 가야와의 교류
- 토기문화   - 무기, 마구

라. 중국과의 교류
- 자기류   - 무령왕릉

마. 일본과의 교류
- 칠지도, 칠자경

주 제	전시매체	내 용	비 고
백제의 대외교류	설명패널 영 상 유 물	1. 육상과 해상 교통로 2. 전쟁과 평화 3. 조공 · 책봉과 화친	* 해외소재유물 복제 * 선박 (중국 · 일본)

➤ 전시개요

고구려와 신라로

가. 전시 개요 및 안내

나. 5세기 후반~10세기 전반의 시대상황

주 제	전시매체	내 용	비 고
개 요	설명패널 영 상	1. 한강유역을 둘러싼 삼국의 쟁패 2. 통일신라기의 지역문화	

➢ 백제의 남천

한성함락과 웅진천도

가. 한성 함락
- 개로왕의 즉위와 시대상황
- 고구려의 침입과 왕실의 몰살

나. 웅진 천도이후
- 새로운 도성과 왕실재건
- 백제의 영역 변화
- 웅진도읍기의 백제문화
- 사비도읍기의 백제문화

주 제	전시매체	내 용	비 고
백제의 남천	설명패널 영　상 유　물	1. 웅진과 사비의 도성구조 2. 불교의 융성 3. 중국, 일본과의 관계	

➢ 고구려의 남하

고구려의 영토확장과 남평양

가. 고구려의 남하
- 광개토왕비 南下기사 (탁본)
- 장수왕대의 남하기사 (『삼국사기』)
- 중원고구려비

나. 아차산의 고구려 보루
- 경기도지역의 고구려 유적 분포도
- 구의동 · 시루봉유적 상상도
- 출토유물의 특징 (무기류, 생활용구)
- 참고자료 : 연천 당포성 · 호로고루

주 제	전시매체	내 용	비 고
고구려의 남하	모　형 영　상 유　물	1. 고구려의 남하와 영토확장 2. 임진강유역의 고구려유적 3. 몽촌토성 출토 고구려유물	중원고구려비 복제

➤ 신라의 漢山州 설치

신라의 한강유역 진출과 한산주 설치

가. 신라의 한강유역 진출
- 진흥왕대의 영토확장
- 북한산 순수비

나. 한산주 설치
- 삼국통일과 羅唐전쟁 (買肖城전투)
- 9주 5소경

다. 주민의 생활과 문화
- 아차산성　　　　　- 호암산성　　　　　- 이성산성
- 장의사지 당간지주
- 의식주　　　　　- 생활용기(토기, 목간, 도량형)

주 제	전시매체	내 용	비 고
신라의 한산주 설치	모　형 영　상 유　물	1. 新州에서부터 漢州까지 2. 나당전쟁 3. 통일신라의 생활문화	북한산순수비 복제

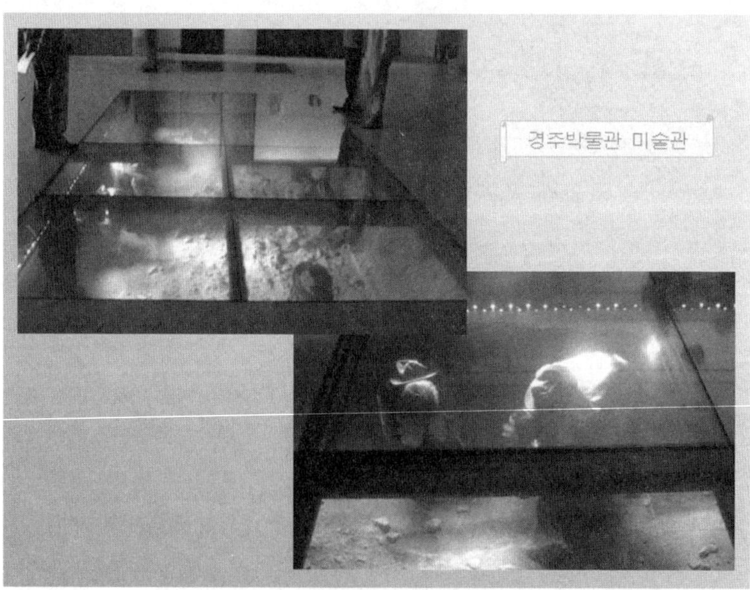

향후계획

1. 전시연출 기본방향 설정
   - 박물관의 설립 목적에 알맞은 전시주제 선정
   - 전시주제와 내용과의 상관관계 검토 (전문가 세미나 개최)
   - 전시연출의 구체적 방법 모색
   - 전시연출시의 유의사항 정리

2. 실시설계 작성 · 검토
   - 주제(빅터) 전체의 연관성 및 조화
   - 아이템의 적정성
   - 유물 확보 여부
   - 전시매체 공간 배분의 적정성
   - 실현가능성

3. 전시 시나리오 구체안 마련
   - 전시연출 기본방향 및 주제별 아이템 점검
   - 유물·복제 · 모형 · 패널 · 영상 등의 실현 방안
   - 실내동선 및 배치평면도
   - 전시매체별 공사설계
   - 전시기법 및 시설환경 (색채 · 조명 · 음향 · 표시체계 등)
   - 보완사항 (전문가 세미나 개최)

「'한성백제박물관' 전시주제 시안」을 읽고

윤용구 인천시립박물관

김기섭 선생님은 백제사 연구에 있어서 신중한 학문적 태도를 견지한 연구자로 알려져 있습니다. 특히 새로운 발굴 유적은 어김없이 찾아가 살피고 자신의 연구에 반영하여 왔습니다. 최근 환경과 식량 문제와 같은 생활사 분야까지 연구 영역을 삼으신 것도 그러한 노력의 결과로 알고 있습니다. 오늘 발표문에도 한성기 백제사에 대한 최근의 연구 성과와 고고학적 조사가 충실하게 반영되어 있습니다. 발표문을 통해 많은 공부가 된 것을 감사드립니다. 백제사연구나 박물관 운영에 초심자라 할 토론자로서는 구체적 문제의 나열보다는 한두 가지 느낌을 말씀드리는 것으로서 주어진 소임을 면하고자 합니다.

1. 시간적, 공간적 범위의 설정-박물관의 정체성과 관련하여.

한성백제박물관은 "서울이 고대국가 백제의 수도였으며 고대로부터 이미 정치·경제·문화의 중심도시로서 민족사 발전에 크게 기여했다는 사실을 확인하고 널리 알리는데…" 목표를 두고 있습니다. 때문에 박물관은 "백제의 한성도읍기를 중심으로 선사로부터 고대(통일신라말)까지…공간적으로는 서울지역을 중심으로 하되 시대에 따라 주변지역(경기·충청·전라 및 강원·황해도 일부)을 포괄하도록 설정"하였다고 합니다. 이를 통해 기존 서울역사박물관과, 곧 신설될 한성백제박물관은 서울의 역사를 한강을 경계로 남북으로, 시기적으로는 나말여초를 경계로 그 역할을 분담하려는 생각도 엿 보입니다.

서울역사박물관과 신설 박물관의 운영주체 및 조직으로 볼 때 역할 조정이 필요할 듯 생각됩니다. 그러나 현재 설정한 전시주제로 보면 신설 박물관의 성격이 다소 모호하게 여겨집니다. 곧 한성도읍기 백제의 역사와 문화를 담아내는 전문박물관이라는 입장에서는 구석기에서 통일신라말까지 너무 긴 시간을 다루어야 하는 문제가 있고, 기존 박물관과의 역할 분담에서 보면 백제 전후시기에 대한 전시 비중이 너무 낮습니다. 역할 분담에 무게를 두면 전시 유물의 시기만 다른, 또 하나의 서울역사박물관이 들어서는 측면도 있습니다.

역할분담으로 차별화 할 것인지, 아니면 한성기 백제라는 전문성을 강조할 것인지에 대하여는 숙고할 필요가 있다고 여겨집니다. 토론자의 짧은 생각으로는 신설될 박물관은 명칭에 맞게 좀더 전문성을 강조하되, 기존 박물관과의 역할 분담은 공간과 시간으로서가 아니라 박물관 운영-예컨대 기획전시, 교육 및 홍보, 조사연구와 유물관리- 측면에서 구분하면 어떨지 생각해 봅니다.

2. 전시의 기본방향

박물관 전시에서 누구나 느끼는 것이지만, 전달하고자 하는 메시지와 전체 스토리를 유물로서 구현하는 데는 한계가 있다는 점입니다. 특히 실제 유물이 제대로 구비되지 않은 전시에서는 이의 문제점은 더욱 큽니다. 유물을 대신하여 패널, 복제나 모형, 영상물로 대체할 경우 개관 초기에는 홍미를 유발하지만, 관람자의 연령이나 인종에 관계없는 보편적 감동을 주기는 어렵습니다. 스토리보다는 유물 중심의 전시가 되도록 관련 유물 확보에 정책적인 노력이 있어야 할 것입니다.

따라서 관람객의 호기심 유발, 교육기능 강조, 시각적 효과의 극대화를 위한 모형과 영상물 이용, 접촉과 감각을 통한 체험기회의 확대와 같은 측면을 상설전시장에서 어느 정도 반영할 것인지는 박물관의 성격과 관련하여 신중히 다룰 필요가 있습니다. 물론 체험학습장을 포함한 어린이 코너에서는 제시한 전시방향이 최대한 반영되어야 하겠지요.

기획전시실을 제외한 전시공간이 700평 정도라면 충분히 돌아보는데 많은 시간이 소요되지는 않을 것입니다. 쎅션별 전시수준의 구분이나, 관람 동선의 다양화는 오히려 복잡한 느낌을 줄 수 있습니다. 전시 내용은 유물과 전시기법의 변화에 따라 언제든지 조정할 수 있기 때문에, 관람자의 편의와 합리적인 동선은 오히려 박물관 설계단계에서 좀더 많은 논의와 검토가 요구된다고 하겠습니다.

3. 보충 혹은 수정되었으면 하는 내용

1-2 구석기유물 : 서울 강북의 구석기유물로는 연세대 뒷산자락에서 수습한 주먹도끼가 인하대박물관에 소장되어 있다. 이계황 교수(인하대 일어일본학과) 기증품.

2-2 백제건국설화 : 중국기록에 보이는 구태의 건국기록도 내용상 삼국사기와 같은 갈래의 것으로 볼 수 있음.

2-5 생업과 기술 : 발표요지여서 누락되었겠지만, 기안리·석장동 등의 제철유적과 철기사용에 대한 설명을 포함하여야.

2-6. 도시와 생활 : 도시의 제의 혹은 신앙이라는 내용이 필요하지 않나. 동명묘에 대한 언급이 없는 것도 문제인데, "하루"라는 설정이 매력적이지만 도시와 생활을 포괄하는 데 무리가 있지 않은지.

2-7. 세계 속의 백제 : 내용상 세계라 하기 보다는 동아시아 혹은 동북아시아로 축소하는 것이 어떨지.

3-2. 웅진, 사비천도기 한성 도읍의 상황에 대한 이해. 곧 도읍은 옮겼지만 웅진기 북방영역이 여전히 임진강, 예성강유역이라는 연구와 관련하여 설명.

'한성백제박물관 전시주제 시안'에 대한 토론

윤광진 국립문화재연구소

서울은 지금까지 조선시대를 중심으로 소개되어 왔고, '정도 600년'이라는 타이틀로 여러 행사를 치렀지만, 1990년대부터 실시된 풍납토성의 발굴을 통하여 이제는 '정도 2000년'이라고 지칭해도 모두 수긍하는 단계에 이르렀다. 지금까지의 발굴 결과, 경당지구에서 확인된 각종 제사시설로 추정되는 곳과 대형건물지, 그리고 작년부터 국립문화재연구소가 추진한 구 미래마을부지내 발굴지역내에서 확인된 대형폐기장(4세기 중심, 각종 기와 500상자 이상 출토) 등을 확인하면서 백제의 도성일 가능성이 적극 제기되고 있고, 우리 연구소도 이에 상응하여 국가사업비를 투입하여 1차 10개년(2004-2013) 발굴을 추진 중에 있으며, 유적의 중요성과 발굴 성과를 공개할 수 있는 장을 만들기 위한 노력을 다각도로 추진하여 왔다.

이런 가운데, 서울시가 박물관 건립을 추진하기로 한 방침에 대하여 너무나 바람직한 일이라 생각되며, 계획한 일정에 맞추어 설립되어 명실공히 국내 뿐만 아니라 세계적인 박물관으로 문화관광의 중심지로 발돋움하기를 바라마지 않는다.

우선 오늘 발표주제인 '한성백제박물관 전시주제 시안'에 대한 몇가지 의견을 제시하고, 더 나은 방향으로 전시가 진행되기를 기대한다. 발표자인 김기섭선생님은 박물관 건립을 위하여 본인과는 수 차 의견을 나누었으며, 매우 열정적으로 진행하고 계신 점에 조금이나마 도움이 되었으면 한다.

1. 전시의 기본방향에 있어서

첫째로, 선사부터 고대까지 서울 역사를 개괄하는 점에 있어서 - 이 전시 컨셉은 서울역사박물관에서 전체적인 진행이 되고, 본 박물관에는 매우 간단히 소개했으면 한다. 개괄적인 내용이 많아지면 특성화에 맞지 않는 어색한 분위기가 될 수도 있다. 따라서 백제 한성기 중심으로 구체적으로 진행하는 것이 바람직하지 않은지?

둘째로, 문헌자료와 고고자료를 아우르며 생활문화에 관한 관심을 유발하는 등에 대하여 - 사실 박물관내 문헌자료 전시를 보면 대부분 답답함을 느낀다. 유리장내에 책자 혹은 서적을 전시하지만 일반 관람자들은 제대로 느끼지를 못한다. 보다 첨단화된 시설 등으로 쉽게 이해할 수 있는 방안을 강구해야 할 것이다. 이제는 디지털시대에 맞게 전시도 최첨단과 접목해야 할 필요가 있다.

셋째로, 유물을 접촉하거나 감각을 통해 체험 기회를 최대화한다 - 이 내용은 적극적으로 찬성한다. 일본 오사카 야요이박물관의 경우, 전시장의 유리를 없애고 느낄 수 있는, 손으로 만질 수는 없지만 매우 가깝게 유물과 마주할 수 있어 생동감이나 실물감이 훨씬 증가한다. 물론 이럴 경우에 전시실 담당 인력이 2-3배 쯤 더 필요로 하고, 이에 따른 예산이 더 필요하나 문화관광명소로 각광받을 수 있는 점을 고려한다면 적극 고려해 볼 필요가 있다고 본다. 특히 타 박물관과의 차별화 전략을 구사할 필요가 있다고 본다.

넷째로, 로비에 성벽 단면을 제시한다면, 실제로 해자까지 포함하여 60m 이상, 관람 동선까지 고려한다면 적어도 80m 이상의 면적을 포함해야 하나 과연 연면적 3,000평 규모의 전시실에서 가능한지? 풍납토성 현장에 별도의 성벽전시관을 건립하는 것도 고려해 볼 필요가 있다고 보는데, 중국의 鄭州 商城의 경우 현장에 성벽 단면에 그대로 지붕을 덮어 전시시설을 해 놓은 경우도 있다. 특히 박물관과 현장을 연결하여 현장에서도 성벽 관람이 가능하고 우리 연구소가 진행하는 발굴현장도 직접 체험한다면 교육·관광의 자료로 매우 유용하다고 생각된다.

특히 이곳에서 가장 중심인 한성기 백제 전시실에 가장 큰 비중을 두고 진행하는 것이 바람직하다. 하지만 현재 서울, 경기지역에서 출토된 유물들 중 무구나 마구 등 백제 세력을 내세울 수 있는 중요유물들이 매우 부족한 편이다. 일반 생활용 유물들은 다량으로 출토되고 있으나 무구 등의 유물은 부족하여 전시 컨셉을 세우기가 쉽지는 않을 것으로 생각된다.

결국 상기 언급한 점들을 고려하여, 보다 효과적이고, 새로운 아이디어로 관람객의 만족과 전문화된 박물관의 건립이 요구되는 시점인 만큼, 관계자 모두 합심하여 진행해 나가야 할 것이다.

체계적인 전시기반
구축을 위한 제언

| 함순섭 |

체계적인 전시기반 구축을 위한 제언

- 새 국립중앙박물관 사례를 중심으로 -

함순섭 국립중앙박물관

I

광복과 동시에 설립된 국립(중앙)박물관이 60주년을 맞이하는 올해에 서울 용산의 전용건물에서 새롭게 문을 열었다. 우리 근현대사의 여느 사정과 마찬가지로 국립중앙박물관이 걸어온 길 역시 그리 순탄한 것만은 아니었다. 한국전쟁 기간의 소장품 疏開를 비롯하여 여섯 차례에 걸친 이전은 그 단적인 예이다. 이전과 재개관의 반복은 내실을 다질 여력이 거의 없었음과 운영주체가 자기결정권을 제대로 확보하지 못했음을 반증하기도 한다.

이러한 취약점에도 불구하고 일곱 번째의 국립중앙박물관은 앞선 시기의 박물관과 여러 모로 다르다. 그 다름의 근간은 전통적 기능의 체계화, 관람주체의 입지 확립, 미래지향의 서비스 개발에 있다고 할 것이다. 물론 다른 박물관에서도 이러한 방침을 세우지 않았던 건 아니다. 단지 새 국립중앙박물관에서는 계획과 기준을 구체적으로 마련했고, 그 방침을 실행에 옮겼다. 되돌아보면 계획과 실행에서 문제가 없었던 것은 아

니나, 건립과정에서 노출된 문제는 앞으로도 계속 보완할 또 다른 기준
이 되기에 결코 헛된 것은 아니다.

이 글은 새 국립중앙박물관의 전시기반 구축과정에서 체계화를 시도
하였던 몇몇 사례를 추려 살펴는 데 목적이 있다. 박물관 건립과정의 원
론적 검토는 이미 여러 전문서적에 자세히 나와 있으므로 논외로 한다.
따라서 전시 및 수장이라는 박물관의 전통적 기능 가운데 새 국립중앙박
물관 건립과정에서 체계화를 시도한 사례를 중심으로 살펴보고자 한다.
관람주체의 입지 확립과 미래지향의 서비스 개발도 전시기반 구축과 결
코 떼어 놓을 수 없는 사항이나 이번 세미나의 다른 주제 발표가 있으므
로 제외한다.

Ⅱ

박물관에는 문화유산과 관련된 두 종류의 기반시설이 있다. 하나는 관
람객들이 문화유산을 직접 만나는 전시시설이며, 다른 하나는 앞으로의
전시와 연구 등을 위해 문화유산을 보관하는 수장시설이다. 문화유산의
휴양소라 할 수 있는 수장시설은 박물관 안에서도 가장 안정된 환경이
유지되거나 되어야만 하는 곳이다. 이에 비해 전시시설은 관람객들이 드
나들고 거의 매일 8시간가량 인공조명이 비추어지는 열악한 환경에 맞닿
아 있다. 다시 말해 전시시설이란 객관적 환경만 따지면 문화유산의 입
장에선 결코 안락하지 않다. 전시시설과 수장시설은 비록 서로 다른 환
경에 노출되어 있으나, 궁극적으로 문화유산의 보존환경 측면에서 적정
기준에 서로 수렴될 수 있어야 한다. 이러한 사실을 너무나 잘 알기에
새 국립중앙박물관 건립에서 중요한 과제는 전시시설과 수장시설에서의
적정한 보존환경을 확보하는 것이었고 이에 대비한 조사연구가 있었다.[1)

실행측면에서도 전시시설 및 수장시설에서 적정한 보존환경을 확보하기 위해서는, 무엇이 해롭고 어떻게 하면 피해를 줄일 수 있는지 알아야 했다. 아울러 어느 정도가 최적의 환경인지도 조사하고 적정한 기준을 마련해야 했다. 그 결과 해로운 것들에는 부적정한 습도, 미세먼지, 건축자재에서 발생하는 모든 휘발성유기화합물(TVOCs), 기준치 이상의 자외선 및 적외선, 진동재해, 그리고 부적절한 사람의 행위 등이 골라졌다. 이를 토대로 여섯 가지의 대비책이 마련되었다. 첫째, 기본조건인 항습을 충족시키며 동시에 오염의 큰 원인인 미세먼지를 막아야 한다. 둘째, 새집증후군을 일으키는 휘발성유기화합물과 같은 유해성분을 최소화하는 방향으로 소재 및 공법을 선택한다. 셋째, 항시 노출된 인공조명의 피해를 최소화하는 구조를 마련한다. 넷째, 지진과 폭발에 의한 진동재해로부터 안전을 확보한다. 다섯째, 가장 짧은 동선으로 진열작업이 이루어질 수 있는 구조를 선택하고 예상되는 위험요소를 미리 제거한다. 여섯째, 사람에 의한 위해행위에 신속 대응할 수 있는 설비를 갖춘다. 이러한 대비책을 구체화할 방안은 지금까지 국내에서 제대로 시도된 적이 없었기에 당연히 새로 찾아 만들어야 했다. 이 때까지 오직 문화유산의 재질별 온습도 기준만 있을 뿐이며, 위해환경에 대비할 총체적인 기준이나 방안은 찾을 수 없었다. 결국 검정기준은 해외의 사례를 참조하여 스스로 만들어야 했다. 사례로 진열장의 밀폐성능 확보과정과 수장고 조습패널의 성능검토 결과를 살펴보고 체계화의 중요성을 되짚어 보고자 한다.

박물관의 진열장은 문화유산을 관람객들에게 내보이는 매개체이자, 해

---

1) 문화체육부·국립중앙박물관, 『국립중앙박물관 기본계획연구』, 1995.
   국립중앙박물관편, 『박물관 건축과 환경』, 1995.
   문화체육부, 『박물관내 전시 및 수장공간의 공조환경 기준연구』, 1996.
   문화체육부·국립중앙박물관, 『박물관내 전시 및 수장공간의 조명환경 기준연구』, 1996.
   문화체육부·국립중앙박물관, 『박물관내 전시 및 수장유물의 보존환경 기준연구』, 1996.

그림 1. 독립형진열장 이산화탄소 농도 추적방법

로운 환경을 막아내는 최전선의 보루이다. 진열장에서 여섯 가지의 대비책을 구체화시키는데 일차적인 걸림돌은 공기이다. 안팎의 공기가 서로 뒤섞이는 구조로는 결코 보존환경을 확보할 수 없다. 박물관의 진열장은 유리를 조합하여 만들면서도 유지관리를 위해 여닫이가 가능하고, 아울러 일정한 밀폐성능을 지니고 있어야 한다. 공사가 진행된 2001년에 해외사례 - 일본 도쿄국립박물관 - 를 통해 확인된 기준은 조습약품이 기능을 발휘할 수 있도록 하루 동안 내부 공기가 20% 이내로만 교체되는 밀폐성능을 지녀야 한다는 것이었다. 이를 객관적으로 증명하기 위해 기왕에 알려진 이산화탄소 농도 추적방법이 도입되었다. 벽부형진열장은 업체선정과정에 시험이 이루어졌고, 독립형진열장은 업체선정 이후 납품된 시제품을 대상으로 시험되었다. 이 과정에서 기존에 알려진 밀폐시험방법과 더불어 조습약품의 질량변화를 추적하는 방법도 개발되어 상호 보완할 수 있었다. 조습약품의 질량변화 추적방법은 당시 국립중앙박물관 보존과학실에서 실험실 수준의 검증방법으로 개발한 것이었다. 이는 이산화탄소 농도 추적방법의 결과를 객관적으로 검증하는 데 적절하게 활용되었고, 이산화탄소 농도 추적법과 달리 비파괴 실험방법으로서 그 효용성을 평가받았다. 제작업체에서는 밀폐성능을 향상시키기 위해 지금까지의 경험과는 전혀 다른 제작 방식에 착수하였다. 벽부형진열장의 경우는 자동차 및 자동제어 기술이 도입되었다. 자동차 기술은 패킹과 전동이동장치에 적용되었고, 자동제어 기술은 진열장 여닫이에 반영되었다. 벽부형 및 독립형 진열장의 시제품에서 검증된 밀폐성능은 공기 교체비율이 1일 10% 이내였다. 이 성과는 진열장 제작에서 세계 제일을 자랑하는 독일의 모 업체가 이룬 것과 같은 결과였다. 이로써 새 국립중앙박물관에는 검증된 밀폐성능을 지닌 진열장을 우리 기술로 처음 설치할 수 있었다. 전시물마다 적정한 항습조건을 만들 수 있게 되었고, 더불어 오염의 원인인 미세먼지도 막을 방도가 마련되었다.

진열장의 밀폐성능이 만족할 수 있는 정도에 이르자 그 다음은 조명 문제가 남았다. 진열장 조명의 기본조건은 탈색방지와 적정조도 조절이다. 탈색방지는 인공조명에서 가시광선을 제외한 적외선과 자외선을 차단하는 문제이다. 기본원리는 이미 알려진 바와 같이 진열장 내부와 조명박스를 분리하고 조명기구에서 유해광선을 배제함으로서 피해를 근원적으로 차단하는 방법이다. 이에 따라 모든 조명박스는 진열장 내부와 완전 분리된 구조에 놓이게 만들었다. 유해광선의 배제는 탈색방지 형광등과 할로겐 광섬유조명으로 해결하였다. 조도조절 문제는 자체 기능을 지닌 할로겐 광섬유조명과 달리 형광등에서만 문제가 된다. 형광등 조명은 속성상 아직까지 완벽한 조도조절이 어려우나 기성 제품의 비교시험을 통해 최상의 제품을 선택하였다. 이외 진열장 조명에서 고려된 사항은 외부에서 비추는 일체의 조명을 없애기 위해 조명기구를 모두 진열장에 설치한 것과 전시물 관람에 적합한 조명 색온도를 선택하여 이에 맞게 형광등을 특별 주문생산(4000캘빈 탈색방지 형광등)한 점이다. 이로써 진열장 조명은 전시물별로 최대 피폭용량 및 탈색 대비가 관리될 수 있는 기능을 지니게 되었다.

수장고 조습패널이 우리나라에 처음 소개된 때는 새 국립중앙박물관 기본설계가 진행되던 1996년 무렵이었다. 조습패널은 우리나라와 기후환경이 유사한 일본에서 먼저 개발되었다. 수장고를 24시간 항온항습상태로 공조한다는 구미의 박물관에서는 도입된 사례를 찾아볼 수 없다. 간헐적으로 공조를 시행할 경우, 조습패널은 공조를 통해 확보된 항습조건이 변화하면 흡습 혹은 방습을 통해 수장고 내부의 습도가 일정하게 유지될 수 있도록 도와준다고 알려져 있다. 즉 다공질의 물질로 만들어진 조습패널은 항습기계가 정지된 상태에서 습도가 높아지면 습기를 빨아들이고(흡습), 습도가 낮아지면 품고 있던 습기가 빠져나오는(방습) 원리를 이용한 것이다. 이러한 조습패널이 처음 국내에 소개될 때 업체 설명서에는 조습패널이 자체적으로 항습능력을 지녔다고 되어있었다. 그러나 조습패널은 항습기계가 배제된 상태에서는 결코 그 기능이 유지될 수 없는 보조자재일 뿐이다. 조습성능은 다공질 물질이면 정도의 차이가 있을 뿐 그 어떤 소재도 지닐 수 있다. 이러함에도 현재까지 조습패널에 대한 과신은 많이 남아 있다고 보이며, 업체의 실험결과에 대한 검증도 이루어진 적이 없다. 새 국립중앙박물관에서도 수장고 조습패널은 환경기준과 방습량 및 흡습량을 기준으로 만든 시방조건 이외에 자체 기준을 마련한 바가 없다. 이는 조습패널을 처음 개발하여 수장고에 도입하였던 일본의 경우도 마찬가지이다. 조습성능을 단순 방습량과 흡습량으로 판단할 경우 발생할 수 있는 문제점은 국내외에 소개된 몇몇 조습패널의 실험결과를 비교해 봄으로써 밝힐 수 있었다. 아쉽게도 이러한 비교결과

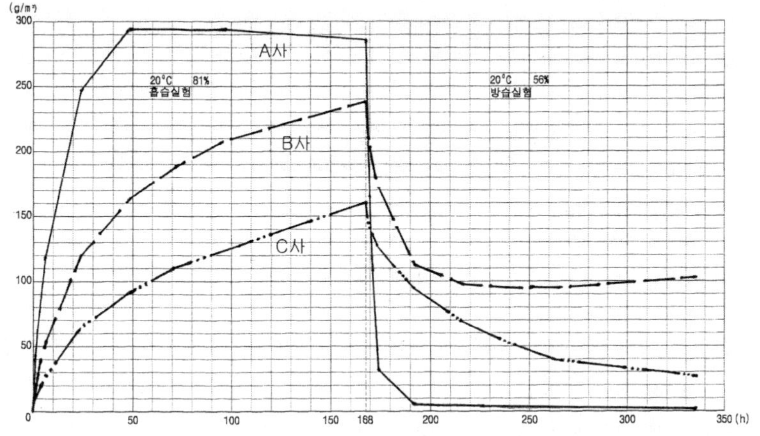

표 1. 일본산 무기질계 조습패널 흡습방습성능 조견표

는 새 국립중앙박물관 수장고에 완벽히 반영되지 못했다. 그 이유는 판단 근거에 대한 기준이 국내외에서 마련된 적이 없었던 점과 조습패널에 대한 자체 연구가 부족했던 데 있다. 표 1은 조습패널에 대한 객관적 판단기준을 마련해 보기 위해 일본제품을 비교해 본 것이다. 일본제품으로 비교한 이유는 동일한 시험조건(JIS 규정에 의한 실험)에서 검사되었고, 실험기록을 확보할 수 있었기 때문이다. 단지 시험기록이 A와 C사에서 제시한 것이기에 객관성을 담보하고 있다고 절대 볼 수 없다. 그러나 A사와 C사 사이의 기록은 따로 시험되었음에도 거의 유사하며 단지 B사 기록에 약간 오차가 있을 뿐이다. 이 실험기록을 절대치로 삼을 필요는 없으나, 앞으로 조습패널의 기준을 판단할 때 참고하기에 충분하다고 본다. 순간반응 속도는 A사 제품이 다른 두 제품에 비해 월등히 높다. 아울러 흡습량과 방습량도 A사 제품이 확연히 구분될 정도이다. 이 비교표를 제시하는 이유는 지금까지의 국내 시방기준인 흡습량과 방습량을 토대로 할 경우 일본제품 모두가 접합하다고 판단된다는 데 있다. 즉 흡습과 방

D사 유기질계			E사 유기질계			MDF			오동나무		
흡습 평균	방습 평균	상대 비율	흡습 평균	방습 평균	상대 비율	흡습 평균	방습 평균	상대 비율	흡습 평균	방습 평균	상대 비율
114.44	61.85	54.04%	94.82	52.96	55.85%	94.07	68.89	73.23%	62.22	33.88	54.45%

- 항온항습기를 이용하여 흡습량은 3개의 시편(30×30mm)을 20℃ 습도 55%에서 72시간 순응한 이후 같은 온도의 습도 85% 조건에서 24시간 유지하여 흡습용량을 측정하였고, 방습량은 같은 시편을 20℃ 습도 55%에서 72시간 순응한 이후 같은 온도의 습도 35% 조건에서 24시간 유지하여 방습용량을 측정하였음.
- 흡습과 방습의 단위는 g/㎡임.
- 상대비율(%)은 방습평균/흡습평균×100임

표 2. 유기질계 조습패널과 인공 및 천연 목재의 흡습 및 방습 용량 비교표

습의 용량 절대치만을 조습패널의 기준으로 한다면, 수장고의 환경이 급변하였을 때 조습패널이 지녀야 할 반응속도와 상대적인 조습성능(흡습과 방습의 상대비율)은 선택기준에서 배제된다는 의미가 된다. 이러한 점은 유기질계 조습패널을 자체 시험하였던 표 2의 비교표를 보면 분명하다.[2] 유기질계 조습패널은 용량 절대치에서 인공목재인 MDF에 비해 큰 차이가 없으며, 오히려 상대비율에서 더 낮다. 뿐만 아니라 천연목재인 오동나무와 비교해도 용량 절대치는 높으나 상대비율에는 차이가 없음을 알 수 있다. 그러므로 조습패널의 선정기준은 용량절대치 이외에 순간반응 속도 및 흡습과 방습의 상대비율(%)도 고려되어야 한다. 조습패널이 국내에 보급된 지 이제 10년이 가까웠기에 이제는 재질 및 제품 별로 성능 검증이 이루어져야 할 때라고 본다. 이러한 검토결과 및 검사치 해석 방법은 아쉽게도 수장고 공사과정에 알게 되었기에 공사에 반영되지는 못했다. 다만 기준을 판명할 방법을 알게 된 것에 만족하고, 앞으로 적극 활용되기를 희망할 뿐이다.

---

2) D사 및 E사의 제품은 현재까지 국내 보급률이 거의 미미한 것으로, D사 제품이 국내에 처음 시판될 당시 조습패널의 성능을 확인해 보기 위해 자체적으로 비교 시험한 것이다. 공인시험소의 결과가 아니므로 참고사항임을 분명히 밝혀둔다.

구분		일반자재 및 페인트	접착제
1등급	TVOC	0.2 미만	0.5 미만
	HCHO	0.05 미만	0.125 미만
2등급	TVOC	0.2 이상~0.4 미만	0.5이상~1.5 미만
	HCHO	0.05 이상~0.125 미만	0.125이상~0.4 미만
3등급	TVOC	0.4 이상	1.5 이상
	HCHO	0.125 이상	0.4 이상

표 3. 공기청정협회의 공기중 농도 기준(단위 : mg/㎥·hr)

Ⅲ

이외 전시기반 구축에서 검토되어야 할 몇 가지를 제시하고, 새 국립 중앙박물관 전시기반시설 구축에서 아쉬웠던 점을 지적하고 마무리하고 자 한다.

첫째, 소위 새집증후군으로 대변되는 실내 공기질 문제이다. 이는 가정 집만의 문제가 아니라 박물관의 전시 및 수장 시설에도 적용된다. 기준 은 포름알데히드(HCHO)와 이를 포함한 모든 휘발성유기화합물(TVOCs)의 농도를 규정한다. 새 국립중앙박물관 공사발주 단계에는 국내 규정이 없 었으나, 진행과정에 여러 연구 결과들이 발표되었다.[3] 비록 당시에 국가 공인 기준은 아니었으나, 표3의 기준을 토대로 전시 및 수장 시설의 노 출자재 및 접착제는 시험성적을 제출한 후 시공하도록 하였다. 아울러

---

3) 한국공기청정협회·서울시립대학교·경원대학교, 『T－Protect 적용 마감재에 대한 실 내 VOCs 오염물질의 방출특성 및 제어방안』, 2001.
한국공기청정협회, 『실내공기청정기/건축자재 화학물질 방출강도－품질인증제 추진을 위한 공청회－』, 2002.

유기용제를 사용하는 도료는 엄격히 규제하였고, 환경친화적인 천연 수성도료를 사용하였다. 재료에 따라 필요불가결한 유기용제 도료는 외부에서 제작한 이후 반입을 원칙으로 하였다. 그 결과 공사종료 후 공기질 측정에서 만족할 만한 성과를 얻을 수 있었다. 인공목재는 M0등급의 MDF와 F0등급의 합판이 적정한 것으로 판별되었다.

둘째, 진동재해의 대비책은 일본의 사례와 현장 사정의 사전검토가 적극 활용되었다.[4] 즉 내구력만으로 진동재해를 견디는 내진개념보다 한 단계 앞선 면진개념이 처음으로 도입되었다. 물론 건물에 면진개념이 도입되었다면 무엇보다 바람직하겠으나, 현실적으로 초대형 건물에서 그 비용과 공법을 해결하기 어려우므로 전시물의 받침에 적용되었다. 진자운동 원리를 이용한 면진장치는 파손되기 쉬운 도자기를 비롯하여 실내에 놓이는 여러 석조 전시물에 반영되었다. 특히 13미터에 달하는 경천사 10층 석탑은 실내에 놓일 경우 약 규모 4.5의 지진에도 꼭대기 층의 흔들림이 매우 위험할 수 있음이 복원에 앞서 파악되었다. 따라서 석탑은 복원과정에 보강대책을 마련했음은 물론 전체 150톤을 지지하는 면진장치를 도입하여 영구히 안정될 수 있도록 조치하였다. 물론 모든 박물관에 면진장치를 도입해야 하는지는 해당 박물관이 소장하고 있는 전시물의 성격에 따라 달라질 수 있다고 본다.

셋째, 전시물의 성격에 따라 진열장의 기능을 차별화하였다. 전시물의 조건에 따라 뒷벽 이동, 상하 가림, 도르래 등의 기능을 추가한 진열장을 만들었다. 이 특수 진열장은 주로 서화류 전시물과 기획전시실을 위해 만든 것으로, 전시물의 성격에 따라 가변적으로 사용할 수 있다. 이밖에 모든 진열장은 전시작업을 할 때 발생할 수 있는 손상을 최소화하기 위해 앞 유리를 여닫는 구조로 만들었다. 옆으로 드나드는 진열장은 작업

---

4) 붙임의 「전시실 면진설비 사양별 검토의견」 참조. 하나의 설비를 도입하기 위해 검토해야 할 사항을 살필 수 있는 자료이다.

자가 항상 전시물을 거쳐 지나가야 하는 단점을 지니고 있었기에 이를 보완한 것이다.

넷째, 개별 진열장의 방범상태를 확인할 수 있게 되었다. 세계 그 어느 박물관도 지금까지 개별 진열장의 방범상태를 진열장별로 관리 운영하는 곳은 없다. 그 이유를 상세히 밝힐 수는 없으나, 몇 년 전까지의 기술로는 거의 불가능에 가까웠다. 새 국립중앙박물관에서는 이 문제를 해결하였으며, 현재 각각의 진열장의 방범상태는 항상 관리되고 있다. 현재 우리나라의 IT기술 정도는 개별진열장의 방범상태와 더불어 온습도 상태를 실시간 원격으로 확인할 수 있는 단계에 이르고 있다.

다섯째, 전시기반시설 이외에 전시안내시스템에도 획기적인 변화를 추구하였다. 대부분의 관람객들은 학예연구원으로부터 직접 전시설명을 듣고 싶어 한다. 하지만 현실은 이를 충족시켜주기에 어려움이 많고, 대신하여 음성안내기가 주로 이용되어 왔다. 기존의 음성안내기에 비교될 수 있는 장치로 새 국립중앙박물관에서는 MP3가 제공된다. MP3형 전시안내기보다 진일보한 프리미엄급 전시안내기는 바로 PDA형 전시안내기이다. PDA형 전시안내기는 멀티미디어 환경을 적절히 활용하여 화상과 음성안내를 제공하고, 다양한 테마안내를 추가로 제공한다. PDA형 전시안내기는 북마크 기능을 이용하여 관람 이후 개별 컴퓨터로 자신이 관람한 내용을 재검색할 수 있는 서비스를 제공받을 수도 있다. 이 모든 시스템은 감지기에

그림 2. 새 국립중앙박물관 전시안내기

의해 자동으로 작동하도록 하였다.

　이상으로 새 국립중앙박물관 전시기반시설 구축에서 검토되고 실행된 몇 가지 사례를 서술해 보았다. 짧은 발표문으로 세부적인 내용을 모두 살필 수 없었기에 문제점 몇 가지를 제시하고자 한다. 새 국립중앙박물관은 기존 박물관을 옮겨 개관하였음에도 그 진행과정에 많은 시행착오가 있었다. 그 근본 원인은 건립주체와 개관주체가 이원화된 조직구조에서 대부분 발생하였다. 이원화된 조직은 상호간에 의사전달이 원활하지 못하고 전달과정도 지체될 수밖에 없다. 대표적으로 진열장은 보존환경 조건을 충족시켰으나, 전시담당자가 원하는 세부적인 디자인 요구사항을 즉각 반영할 수 없었다. 전시보조물로 분류되는 전시설명패널, 영상패널, 받침대, 전시안내기 등의 진행에도 지체와 반복이 있었다. 물론 이러한 문제가 조직의 이원화에만 기인하는 건 아니나, 전시작업 실행단계에서는 전시주체가 책임지고 추진할 수 있는 조직재편이 아쉬웠다. 아울러 개관에 맞추어 모든 계획을 한 번에 마무리 짓는 방식도 문제라 할 수 있다. 개관 전시는 항상 유동성을 전제로 한다. 그러나 최근에 추진되는 방제 방범설비와 전시 안내시스템은 계획 확정을 전제로 작업이 이루어질 수밖에 없다. 전시주체의 확신이 없는 가운데 다양한 설비를 구축할 경우는 항상 설치와 제거 그리고 재설치를 반복해야 한다. 전시계획의 체계화를 위해서는 그 무엇보다도 전시주체의 적극적인 개입과 신속한 의사결정이 필요하다. 결론적으로 체계적인 전시기반 구축은 개관이후의 운영주체가 자기 확신성을 가지고 계획과 실행을 동시에 추진하는 것이다. 아울러 소비자인 관람객의 요구 사항을 사전에 파악하여 그들의 눈높이에서 판단해야할 사항과 전문가 집단인 운영주체가 효율적으로 제시할 사항을 현실적으로 구현할 수 있는 수준에서 마무리할 수 있어야 한다. 한계를 정리하지 않고 무작위로 계획만 남발하는 우를 범하지 말기를 바라며 이글을 마무리하고자 한다.

전시실 면진설비 사양별 검토의견

1. 최소한의 안전장치를 하였음에도 전시물에 직접 피해를 주는 각종 진동재해는 3차원 진동이 발생하는 리히터규모 5이상(붙임 서울지역 지진현황 및 대응현상 참조)이지만, 기성제품은 2차원 진동시험을 거친 것으로 3차원 진동에 대한 대안이 마련되지 않음
2. 현재 공사중인 전시실의 여건상 적용할 수 있는 면진설비는 면진대와 면진테이블이 있으며, 두 유형 모두는 진동이 발생하였을 때 주변의 시설 및 전시물과 충돌을 방지하기 위해 설치하는 지점에 일정한 이격거리를 확보하여야 함
3. 전시실 면진설비는 평상시 부주의한 인위적 충돌 혹은 진동으로 전시물에 피해를 줄 가능성이 높으므로, 이에 대비하는 제어장치가 필수적임
4. 면진설비 비교

검토사항	면진대	면진테이블	비고
적용진열장	독립형진열장만 가능	모든 진열장에 적용가능	
설계변경	필요	불필요 (전시보조대로 분류)	
인위적 조작에서 작동되는 힘의 크기	10~20kgf	1.8kgf	
설치방법	독립형진열장 하부	전시대 바닥면	
설치상 고려대상	기성의 독립형진열장 하부에 부착할 경우 전시대바닥(FH)이 5~14cm가량 높아짐. 면진대일체형으로 독립장을 제작할 경우 설계변경이 필요함	전시보조물 중 유물받침대의 일종임. 크기는 300mm, 450mm, 600mm 단위로 제작할 수 있고, 전시유물의 무게에 따라 마찰계수는 별도로 조정되어야함	

붙임 : 서울지역 지진현황 및 대응현상 1부.

서울지역 지진현황

- 기간 : 1978~2000년
- 출전 : 기상청 『1978~2000 지진관측보고』 2001, pp.63~92.
- 내용 : 기상청 지진관측자료를 바탕으로 서울지역의 현황을 재정리함.

발생 연도	발생일	진앙지 : 리히터 규모		서울지역 JMA 진도	서울지역 영향
1978	08. 30	평남 서부해역	: 4.5	진도 I (미진)	영향 없음
	10. 07	충남 홍성	: 5.0	진도 I (미진)	영향 없음
1980	01. 08	평북 서부지역	: 5.3	진도 I (미진)	영향 없음
1981	04. 15	경북 포항동쪽해역	: 4.8	진도 I (미진)	영향 없음
1982	02. 14	황해도 사리원	: 4.5	진도 III (약진)	매달린 물건 흔들림
	03. 01	경북 울진북동쪽 해역	: 4.7	진도 I (미진)	영향 없음
	08. 29	서해 덕적군도 해역	: 4.0	진도 III (약진)	매달린 물건 흔들림
	08. 29	서해 덕적군도 해역	: 3.5	진도 II (경진)	창문 다소 흔들림
1983	09. 17	황해도 멸악산	: 4.2	진도 I (미진)	영향 없음
1985	06. 25	서해 영흥도 해역	: 4.0	진도 II (경진)	창문 다소 흔들림
1986	08. 11	경기 덕적도 해역	: 3.5	진도 II (경진)	창문 다소 흔들림
1987	03. 06	대동강 하구	: 4.0	진도 I (미진)	영향 없음
1989	05. 22	황해도 해주	: 3.2	진도 I (미진)	영향 없음
	06. 20	황해도 연백	: 3.2	진도 I (미진)	영향 없음
	06. 23	충북 괴산	: 3.5	진도 I (미진)	영향 없음
1990	06. 14	서울 동부지역	: 2.3	진도 I (미진)	영향 없음
1992	11. 12	황해도 안악	: 3.8	진도 I (미진)	영향 없음
1993	03. 01	전북 정주	: 3.9	진도 I (미진)	영향 없음
1994	07. 26	전남 홍도 해역	: 4.9	진도 I (미진)	영향 없음
1995	07. 24	서해 백령도 해역	: 4.2	진도 I (미진)	영향 없음
1996	11. 17	함남 원산	: 3.6	진도 II (경진)	창문 다소 흔들림
	12. 13	강원도 영월	: 4.5	진도 I (미진)	영향 없음
1998	09. 03	충남 격렬비열도해역	: 3.8	진도 I (미진)	영향 없음
	09. 13	전북 익산	: 3.6	진도 I (미진)	영향 없음
1999	01. 11	강원도 속초 해역	: 4.2	진도 I (미진)	영향 없음
	02. 24	인천 서남부해역	: 3.5	진도 II (경진)	창문 다소 흔들림
	04. 08	中國 무단지앙	: 6.4	진도 II (경진)	창문 다소 흔들림

※ 과거 23년간 한반도 및 주변국가에서 발생한 지진 가운데 서울지역에서 감지된 총 27건의 사례에서 "불안정하게 놓인 물건이 도괴"되는 진도Ⅳ(중진) 이상의 지진사례는 발견할 수 없음.

※ 총 27건의 사례 가운데 진도Ⅱ(경진)는 6건이고, 매달린 물건이 흔들리는 진도Ⅲ(약진)은 2건임.

※ 진앙지가 서울인 경우는 1건(진도Ⅰ:미진)뿐임.

붙임. 1. 기상청발간 『1978~2000 지진관측보고』 표지 및 지진규모에 따른 대응현상 1부.

　　 2. 지진의 규모-최대 지반가속도-진도의 상관관계 1부.

발간등록번호
11-1360000-000052-14

1978~2000
지 진 관 측 보 고

EARTHQUAKE OBSERVATION REPORT

2001. 3

기 상 청
KOREA METEOROLOGICAL ADMINISTRATION

위 보고서 p. 62.

지진규모에 따른 대응현상

규 모	구조물, 자연계 등에 대한 영향	인체영향	JMA 진도
미만	없음	감지불가	0 (무감)
2.5	없음	일부감지	I (미진)
3.0	창문이 다소 흔들림	대부분 감지	II (경진)
3.5	건물이 흔들림, 창문에서 소리가 나고 매달린 물체가 크게 흔들림, 그릇의 물이 출렁임	약간 놀람 자다 깸	III (약진)
4.0	건물이 심하게 흔들리고 불안정하게 놓인 물건이 넘어지며 그릇의 물이 넘침	매우 놀람 자다 깨 나옴	IV (중진)
5.0	벽에 금이 가고 비석이 넘어짐, 굴뚝, 돌담, 석축 등이 파손됨	서있기 곤란 심한 공포감	V (강진)
6.0	건물파괴 30% 이하, 산사태가 발생할 수 있고 땅에 금이 감	도움없이 걷기 불가	VI (열진)
7.0	건물파괴 30% 이상, 산사태와 땅이 갈라짐	이성 상실	
8.0 9.0	건물이 완전히 파괴됨, 철로가 휘고 지면에 단층 현상이 발생함	대공황	VII (격진)
이상	거의 관측되지 않음		

※ 규모는 리히터 스케일이며 소수 1위까지 표시하였다.

※ 진도는 JMA(Japan Meteorological Agency) scale을 기준으로 한 것이며, 시민의 제보에 의한 것을 계급별로 구분하여 발생지역을 표시하였다.

지진의 규모—최대 지반가속도—진도의 상관관계

규모 (Magnitude)	최대 지반가속도 (Peak Ground Acceleration)	진도 (Intensity)		MMI Scale 요약
2	0.002g~0.004g	I ~ II	I	Detected only by sensitive instrument.
			II	Felt by a few persons at rest, especially on upper floors ; delicate suspended objects may swing.
3	0.008g	III ~ IV	III	Felt noticeably indoors, but not always recognized as a quake ; standing autos rock slightly, vibration like passing truck.
			IV	Felt indoors by many, outdoors by a few ; at night some awaken ; dishes, windows, doors disturbed ; motor cars rock noticeably.
4	0.03g	V	V	Felt by most people ; some breakage of dishes, windows, and plaster ; disturbance of tall objects.
5	0.06g~0.12g	VI ~ VII	VI	Felt by all ; many are frightened and run outdoors ; falling plaster and chimney ; damage small.
			VII	Everybody runs outdoors ; damage to buildings varies, depending on quality of construction ; noticed by drivers of autos.
6	0.12g~0.25g	VIII	VIII	Panel walls thrown out of frames ; fall of walls, monuments, chimneys ; sand and mud ejected ; noticed by drivers of autos.
7	0.5g~1.0g	IX ~ X	IX	Buildings shifted off foundations, cracked, thrown out of plumb ; ground cracked ; underground pipes broken.
			X	Most masonry and frame structures destroyed ; ground cracked ; rails bend ; landslides.
8	2.0g	~		New structures remain standing ; bridges destroyed ; fissures in ground ; pipes broken ; landslides ; rails bent.
				Damage total ; waves seen on ground surface ; lines of sight and level distorted ; objects thrown up into air.

규모 : 리히터규모(Richter Scale)을 주로 사용. 진앙(Epicenter)으로부터 100km 떨어진 곳에서 Wood-Anderson 지진계로 측정. 지진규모가 5 이상에서 지진피해가 예상됨

진도 : 미국 기준으로서 Modified Mercalli Intensity(MMI)를 사용. 범위는 I ~ .

최대지반가속도 : $\log A_{max} = 0.3 IMM + 0.014$

국내내진설계기준 : 건물 0.12g, 교량 0.14g, 원자력발전소 0.20g

토론문

"체계적인 전시기반 구축을 위한 제언"에 대한 討論文

박방룡 　국립대구박물관

　발표자께서는 신설된 여러 國立博物館에서 근무하다가 龍山의 새 國立中央博物館 開館에 깊이 관계한 실무자이다. 따라서 이번 "체계적인 전시기반 구축"에 대해서 발표하는 함순섭 연구관은 누구보다 해박한 지식과 경험을 가지고 있으므로 가장 적합하다고 하겠다.

　발표 요지문은 크게 전시시설과 수장시설로 나누고 이에 대해 심도 있게 살펴보았다고 할 수 있다. 그러므로 토론자는 언급에서 누락된 부분에 대하여 보충하고 몇 가지 질문하는 것으로 토론에 임하고자 한다.

　본 토론에 앞서 한 가지 제언하고 싶은 것은 이번 세미나의 주제가 "漢城百濟博物館 展示設計를 위한 학술대회"이므로, 漢城百濟博物館 전시에 따른 전시실과 수장고 건립에 자료가 되어야 한다는 점을 잊지 말아야한다고 생각한다. 다시 말해서 국립중앙박물관 건축에는 예산문제에 있어서 비교적 제약을 받지 않은 상태에서 진행된 것으로 알고 있으나, 漢城百濟博物館의 경우는 다르다고 생각하므로 이에 부합되는 설계가 이루어져야 한다고 생각된다.

1. 할로겐 光纖維照明

光纖維照明은 발열량이 적어 향후 많은 박물관과 미술관에서 이용될 것을 기대된다. 국립중앙박물관은 현재 광원은 호야소트제품, 광케이블은 하네스제품, 렌즈는 호야글라스제품을 사용하고 있는 것을 알고 있다. 하지만, 광원 하나에 12~20개 정도의 광섬유조명을 사용할 수 없어 전시실 크기에 따라 상당히 많은 조명이 필요로 하는 단점이 있다. 이로 인해 초기 설치비용이 비싸 일반 公私立博物館에서 신축 국립중앙박물관의 설치와 유사하게 전시조명을 설치하는 것은 상당한 예산부담이 있을 것으로 추정된다.

光纖維照明은 몇 가지 단점을 가지고 있어 이에 대해 함께 논의해 보고자 한다.

1) 光纖維照明의 할로겐 100와트 1개의 수명이 약 1,000시간 내외로 매우 짧다는 점이다. 상설전시실은 한달 전시시간이 평균 8시간에 25일을 전시한다고 가정하면, 대략 200시간정도 된다. 몇 달 전시하다보면 전시 중에 전구를 갈아 끼워야하는 번거로움이 있다. 국립중앙박물관의 실제 할로겐조명의 수명과 대처방안을 듣고 싶다.

2) 독립장의 경우라면 하부에 光源이 있어 전구의 교체가 문제 될 것이 없다. 그러나 국립청주박물관 경우에는 설계상에 고려가 되지 않아서인지, 광섬유의 光源이 위치한 곳이 붙박이전시장 안에 위치하여 항상 전시장을 열어서 전구를 바꾸어야 하는 문제점이 있다. 국립대구박물관의 신축 전시장은 이런 문제를 해결하기 위해 할로겐전구와 형광등을 외부에서 바로 갈아 끼울 수 있도록 준비 중에 있다. 국립중앙박물관의 경우 어떻게 維持補修가 이루어지고 있는지 보충설명이 있었으면 한다.

3) 할로겐 조명기구의 빛의 强度와 전시 때 생기는 조명의 死角地帶를 해결하는 문제이다. 할로겐은 생각보다 강한 빛을 비추지만 큰 붙박이장의 경우 하부 또는 벽 쪽에 조명을 하는 것이 상당히 어려울 때가 있다. 특히 유물의 네임카드를 비추기가 어려운 문제점과 함께 조명기구의 움직이는 각도가 작아 벽 쪽의 유물을 비추는 것이 매우 어려운 실정이다. 이러한 문제점을 해결하기 위한 방안으로는 조명기구의 형태를 줌과 확산 두 가지 뿐만

아니라 새로운 형태의 조명기구를 만들어 부착함으로써 문제를 해결할 수 있을 것으로 생각된다. 국립중앙박물관의 경우 光纖維照明의 死角地帶에 대한 전시조명을 어떻게 보완하였는지 듣고 싶다.

4) 광섬유 할로겐 조명제품 중에는 가격을 낮추기 위한 방안으로 日本産이면서 국내에서 조립된 제품이 있는 것으로 알고 있다. 현재 국내에서 제작되고 있는 國內産과 外國産의 기능이 차이가 있다고 생각하는지에 대한 보충설명을 해 주었으면 한다.

2. 燥濕패널

1) 燥濕패널은 현재 모든 수장고에 설치해야 된다는 인식이 확산되고 있는 것 같다. 국립박물관과 공사립박물관을 포함해 신축하거나 改補修하는 박물관 수장고는 수장고의 수장환경을 개선하기 위해 燥濕패널을 설치하고 있는 실정이다. 그러나 일반 陶·土器를 중심으로 보관하는 곳이라면 굳이 燥濕패널을 설치할 필요가 없다고 생각된다. 이것들은 濕度에 거의 영향을 받지 않는 유물들이라는 점을 감안한다면, 일반 석고보드 마감이나 천연페인트 뿜칠을 해서 최종 마감처리해도 문제가 되지 않을 것으로 생각한다. 여기에 대한 발표자의 생각을 말씀해 주시기 바란다.

2) 발표자도 지적했듯이 燥濕패널을 부착하는 과정에서 사용한 본드로 인해 포름알데히드가 다량 검출되고 있는 실정이다. 이에 대한 대안으로 無機質系 燥濕패널이 提示되고 있다. 수장고에서 長期間 작업을 해야 하는 學藝員의 건강을 고려한다면 열악한 작업환경일 수 있을 것이다. 이에 대한 代案이 있다면 듣고 싶다.

NO	SYSTEM별 분류	진열장의 장점과 단점	
		장점	단점
1	골조 및 금속공사	* 파이트 1.4T,2.3T 補強@450 * 1.2T/1.6T Sheet	* 설계에 비해 高價
2	전면유리 개폐 시스템	* 완전개폐 가능 * 作動時 시각적 안정감이 좋음 * 밀폐기능이 높음	* 제작 비용이 높음 * 作動時 전문가가 있어야 함
3	조명시스템	* 照度 높음	* 外産으로 高價 * 광케이블 과다 적용가능성
4	유리	* 安全함 * 透視律이 높음	* 輸入産으로 高價
5	전면/배면 이동 시스템	* 가벼움	* 전면판넬 기계장치가 진열장 내부를 차지하는 비율이 높음

표 1. 국립중앙박물관 벽부형진열장의 長短點

NO	SYSTEM별 분류	특 징
1	전면유리 OPEN SYSTEM	* 분리형 전후 좌우 자동
2	조명장치SYSTEM	* 형광등 照度 조절 기능 * 광섬유 수입산 * 퇴색방지용 램프 * 디밍 리모콘 작동
3	유리	* 10.76 화이트 접합유리(수입산)
4	전면 상,하 이동SYSTEM	* 모터 작동 시스템 * 패널 AL Sheett * FRAME AL Profile * 背面 무게추
5	진열장 내부 背面 이동SYSTEM	* 모터 작동 시스템 * 패널 AL Sheet * FRAME AL Profile

표 2. 국립중앙박물관 벽부형 진열장의 특징

함순섭 선생님의 발표에 대한 토론문

김영관 서울역사박물관

발표를 해 주신 함순섭 선생님은 지난 10월 28일 개관한 용산의 국립중앙박물관의 건립과 전시사업에 처음부터 끝까지 참여한 주역 중의 한 분으로, 그간에 축적된 경험을 토대로 앞으로 서울역사박물관에서 새로이 건립을 준비 중인 한성백제박물관의 전시기반 구축에 필요한 핵심적인 문제들에 대해 제안을 해주셨습니다.

함 선생님의 제안은 박물관의 고전적 기능을 수행하기 위한 근간시설인 전시시설과 수장시설에 대한 구체적인 문제를 용산의 새 국립중앙박물관 사례를 들어 말씀하신 것입니다.

특히 전시시설 중에서도 유물을 담는 그릇 역할을 하면서 관람객들에게 직접 유물을 보여주는 도구인 진열장이 갖춰야 할 조건과 그것의 구현방법에 대해서 유물의 안전과 보존의 측면을 강조하였습니다. 즉 진열장의 우선 조건으로 유물의 안전과 보존환경을 확보하기 위해 항온항습, 밀폐도, 조명, 진동재해, 인위적인 위해행위 등으로부터 대비할 수 있는 설비를 갖춰야 된다는 점을 강조하셨습니다. 그리고 이러한 문제들을 국립중앙박물관에서는 어떻게 해결하였는지에 대해 그 대책까지 공개해 주셨습니다.

또한 전시시설 못지않게 수장시설의 중요성에 대해서도 조습패널의 채택에 대한 문제를 예를 들어 지적을 해 주셨습니다. 전시에 나오기 전에 유물들이 휴식을 취하는 장소인 수장시설의 중요성은 박물관원이라면 누구나 공감하는 바일 것입니다. 그러나 일반인들의 눈에 보이지 않는 곳에 위치하고 있고, 일반 공개를 하지 않는 시설이라는 점에서 일부 국공립박물관을 제외하고는 상대적으로 소홀히 한 감이 없지 않습니다. 수장시설의 중요성에 대해 더욱 주의를 기울일 필요가 있다는 점은 아무리 강조해도 지나침이 없을 것입니다.

위와 같은 점을 제시하면서 그간 용산 국립중앙박물관 건립과 개관과정에서 겪었던 문제에 대해서도 진솔하게 밝히셨습니다. 즉 박물관의 시설을 건립하는 사람(건립주체)과 운영할 사람(개관주체)과의 의사소통문제에 대해 지적해 주셨습니다. 이 문제는 학예직과 행정·기술직간의 사업에 대한 인식과 진행방식의 차이에서 발생하는 문제들로 학예직이 더욱 주체적으로 건물의 신축과 전시 및 수장환경 등의 구축에 적극적으로 참여하지 못했다는 아쉬움의 표현으로 이해됩니다.

이러한 제안과 대책에 대한 제시는 용산 국립중앙박물관 이후 새로 박물관 건축과 전시를 준비하는 박물관에서는 반드시 참고하여야 할 중요한 문제들이고, 선진적인 기법들은 한성백제박물관의 건립과정에서 반영되도록 하여야 할 것입니다.

함 선생님의 제안은 모두 지극히 합당하고 적정한 지적이기에 따로 반론을 제기하거나 할 필요는 없는 것 같습니다. 단지 서울역사박물관원의 입장에서 몇 가지 의견을 제시하고자 합니다.

우선, 용산 국립중앙박물관의 건립에 따른 노하우가 이후에 건립될 박물관에 적극적으로 반영될 필요가 있을 것입니다. 이는 물론 국립박물관의 건립 시에는 당연히 반영되겠지만, 공사립박물관과는 건립 주체가 다르기 때문에 직접적으로 전수되기는 어려울 것입니다. 그러나 전국 박물관의 운영과 관리에 대한 총괄기관으로서 의무를 가지고 있는 국립중앙박물관의 자발적인 지원과 협력이 있어야 할 것입니다. 일례로 새롭게 적용된 국립중앙박물관 진열장의 제작설계도면이나 수장고 시설의 표준적인 시방서를 제작해 전국의 박물관에 배포해 활용할 수 있도록 하였으면 합니다.

다음으로 국립중앙박물관의 인력지원이 필요합니다. 용산의 새 박물관을 지으면서 축적한 노하우를 갖고 있는 전문가들을 한성백제박물관을 비롯하여 여타의 새로 지어질 박물관에 파견해 용산 국립중앙박물관에서 미처 해결하지 못했던 문제까지 해결하여 더 나은 박물관을 세울 수 있도록 지원해야 합니다.

또한 국립박물관을 제외한 모든 박물관에서 하소연하고 있는 전시유물에 관한 문제를 해결하여야만 합니다. 이 문제는 어떤 다른 문제보다 우리나라에서는 훨씬 중요하고 현실적인 문제입니다. 서울역사박물관에서 추진하고 있는 한성백제박물관 건립의 성패도 이와 불가분의 관계를 갖고 있습니다. 현행 법률에 의하면 모든 발견문화재나 매장문화재는 국고로 귀속되게 되어 있습니다. 그리고 그러한 문화재에 대한 관리권은 일차적으로 문화재청과 국립박물관에서 보유하도록 되어 있습니다. 이러한 현행 법률은 국립박물관을 제외한 여타 박물관에게는 커다란 독소조항이 아닐 수 없습니다. 누누이 지적된 바가 있는 이러한 문제는 박물관 전시의 질을 좌우합니다. 즉 한성백제박물관과 같이 앞으로 전시할 유물들이 주로 서울지역과 그 인근 지역에서 출토된 매장문화재를 근간으로 할 수밖에 없는 상황에서 주요 유물들을 문화재청 또는 국립박물관에서 소유권과 관리권 등을 모두 가지고 있는 상황에서 질적으로 우수한 유물들을 확보하여 전시한다는 것은 거의 불가능에 가까운 얘기입니다. 일부 덜 중요시되는 유물만을 그것도 기간을 한정해서 대여전시를 할 수밖에 없는 현 상황에서는 아무리 훌륭한 시설의 수장고와 전시실을 갖춘다고 하더라도 훌륭한 박물관을 만드는 것은 매우 어려운 문제입니다. 박물관을 찾는 관람객은 유물을 보러오지 시설을 보러오는 것이 아니라는 사실은 이를 충분히 대변할 수 있다고 생각합니다.

이러한 문제를 해결하는 것은 법률상의 문제 등 여러 가지 문제가 있다고 생각됩니다만, 전국의 박물관을 아우르는 국립중앙박물관에서 우선적이고 자발적인 노력을 펼친다면 의외로 쉽게 해결될 수도 있을 것입니다.

한성백제박물관과
인근유적의 연계 방안

|노중국|

한성백제박물관과 인근유적의 연계 방안

노중국 계명대학교

Ⅰ. 머리말

고구려의 한 지파인 온조 집단이 한강유역으로 이동해 와서 나라를 세웠을 때 첫 중심지는 하북위례성이었다. 이후 백제는 하남위례성으로 수도를 옮겼는데 그 시기는 2세기 중반 경으로 추정된다. 이 하남위례성은 풍납토성과 몽촌토성으로 이루어진 양성체제였다. 그러나 475년에 고구려 장수왕의 공격을 받아 개로왕이 전사하고 수도 한성이 함락되고 문주왕이 웅진(공주)으로 천도함으로써 서울지역은 백제수도로서의 수명을 다하였다. 그 기간은 493년이나 되었다.

1994년 서울시는 '서울 정도(定都) 600주년'을 기념하고 『서울六百年史』를 출간하였다. 정도는 수도를 정했다는 뜻인데 '서울 정도 600주년'은 조선 태조 이성계가 1394년에 도읍을 개성에서 지금의 서울로 옮긴 것을 기준으로 한 것이었다. 따라서 여기에는 백제의 수도가 빠져 버렸다. 1986년 서울시는 서울특별시립박물관 건립계획을 추진하여 경희궁지 내에 서울역사박물관을 건립하고 2002년 5월에 개관하였다. 이 박물관은 유서깊은 서울의 역사와 전통문화를 정리하여 보여주는 것을 설립목적으로 하였다. 그러나 이 목적을 달성하기 위한 전시 주제는 조선왕조가 중심이 되었다. 따라서 여기에도 백제와 백제 수도는 빠져버렸다.

서울이 수도가 된 것은 조선왕조 때가 처음이 아니라 그 보다 1400여 년 전인 백제 때부터였다. 따라서 서울의 역사에는 조선왕조의 역사뿐만 아니라 한성백제의 역사도 당연히 포함되어야 한다. 그렇지만 지금까지 수도로서의 서울의 역사를 말할 때 백제 수도 한성은 늘 빠져 있었다. 이것은 백제사에 대한 왜곡된 인식을 심화시켰다. 그 결과 일반인들이 백제의 역사를 말할 때 공주와 부여를 먼저 머리에 떠올리는 현상이 빚어졌다.

한성백제가 크게 주목을 끌지 못한 것은 수도 한성 즉 慰禮城의 위치가 어디인지 불확실한 것이 가장 큰 원인이었다. 그러나 88올림픽을 준비하는 과정에서 몽촌토성과 석촌동 적석총이 발굴·정비되고 또 근래에 이루어진 풍납토성의 내부와 성벽에 대한 발굴 결과 지표 하 4-6m에서 백제 유적 층이 확인되고 거기에서 3중 環壕, 육각형 건물지, 중국제 도자기를 비롯한 유물들과 祭儀 시설로 보이는 건물지 등이 그 모습을 드러내었다. 이로써 慰禮城=漢城은 北城인 풍납토성과 南城인 몽촌토성으로 이루어진 양성체제임이 밝혀졌다.

백제의 첫 수도가 확인됨에 따라 한성백제는 이제 당당히 대접을 받을 수 있는 위치에 서게 되었다. 한성백제가 정당한 대접을 받아야 백제사가 비로소 올바르게 정립될 수 있다. 한성백제가 올바르게 자리를 잡으면 수도 서울의 역사는 1000년이라는 장구한 역사를 가지는 도시가 된다.

근래에 와서 서울시에서도 한성백제사의 중요성을 인식하고 한성백제사에 대한 학술회의를 개최하면서 동시에 백제의 역사를 시민과 공유하기 위해 한성백제박물관 건립을 추진하고 있다. 이 과정에서 서울시는 한성백제박물관건립추진팀을 구성하고 또 교수자문단을 만들어 여러 차례의 논의와 다각도적인 검토를 통해 박물관의 명칭은 한성백제박물관으로, 건립장소는 몽촌토성 내에, 건물의 규모는 3200평이나 이를 약간 상회하는 정도로 하는 것이 타당한 것으로 정리하였다. 한성백제박물관이 만들어지면 서울역사박물관과 더불어 명실상부하게 1000년 수도인 서울의 역사를 한 눈에 볼 수 있게 된다.

본고는 한성백제박물관이 세워졌을 경우 서울 인근 지역의 유적들과 박물관을 어떻게 연계시키면 가장 효과적일까 하는 것에 대해 생각해 본 것이다. 이러한 연계 작업은 개별 유적이나 개별 지역의 통시적 소개보다는 한성백제사의 특징을 체계적으로 보여줄 수 있는 형태로 이루어지는 것이 바람직할 것이다. 이러한 관점에서 본고에서는 먼저 한성백제사의 특징을 뽑아 보고 이 특징이 나타날 수 있도록 인근 지역의 유적들을 주제별로 모아 보았다. 그러나 한성백제사의 특징이나 주제의 성격에 대해서는 앞으로 계속 논의되어야 할 것이다.

Ⅱ. 한성백제의 개념

백제는 건국 이후 크게 보면 세 차례에 걸쳐 수도를 옮겼다. 첫 수도는 하북위례성이고 두 번째의 수도는 하남위례성이다. 이 두 성은 모두 한강을 중심으로 위치하고 있었기 때문에 하나로 묶어 볼 수 있다. 이후 백제는 475년에 지금의 충남 공주인 웅진성으로, 538년에는 지금의 충남 부여인 사비성으로 수도를 옮겼다.

하남위례성은 북성과 남성으로 이루어졌다. 북성은 풍납토성에, 남성은 몽촌토성에 비정되고 있다. 이 북성·남성을 합한 명칭은 漢城, 大城, 王城, 慰禮城 등으로 불렸다. 한성과 대성은 모두 큰 성이라는 의미로서 수도를 일컫는 말이다. 慰禮城의 慰禮는 '우리', '울타리'라는 의미인데 처음에는 울타리로 둘러싸인 성이라는 일반명사였던 것이 수도로서의 위치가 확립되면서 백제의 수도를 말하는 고유명사가 되었다.

이 한성에는 많은 궁궐과 누각과 대사가 있었고 별궁도 축조되었다. 또 종묘와 사직을 비롯하여 각종 관청과 사찰 등이 세워졌다. 궁궐 내에는 못을 파고 산을 만들어 각종 기이한 새를 기르고 신기한 꽃을 심었다. 왕성 서문 밖에는 射臺가 있어 수시로 군사들이 활쏘기를 익혔으며, 閱兵場도 만들어 군대를 사열하였다. 그리고 일반민가와 농경지는 성밖에 위치하였다.

한성백제는 엄격하게 말하면 백제가 한성에 도읍하고 있던 시기를 말한다. 그 기간은 『삼국사기』의 연표대로 하면 서기 전 18년에서 서기 475년까지의 493년간이다. 이는 백제가 존립한 시기인 678년간의 70%에 해당되는 기간이다. 이는 한성백제가 백제의 역사에서 차지하는 비중이 압도적임을 보여주는 것이다.

Ⅲ. 한성백제사의 특징

1. 간선 交通路로서의 한강을 이용한 활동

한성도읍기에 백제사의 중심 축에 놓인 것이 한강이다. 한강은 『삼국사기』에는 漢江, 漢水, 郁里河로도 나오고 광개토대왕비문에는 阿利水로 나온다. 모두 큰 강이라는 의미를 가진다. 한강이 백제사에서 해온 기능은 크게 두 가지로 정리해 볼 수 있다.

첫째는 수도를 지키는 關防으로서의 기능이다. 백제를 건국한 온조 집단이 남하하여 처음에 자리 잡은 곳이 하북위례성이었다. 그후 백제는 수도를 하남위례성으로 옮겼다. 이 하남위례성이 오늘날 풍납토성·몽촌토성이다. 하남위례성으로 수도를 옮기게 된 이유의 하나는 낙랑·말갈로 표현되는 외부 세력의 침략을 효율적으로 방어하기 위한 것이었다. 그런데 새 수도인 하남위례성은 북으로 한강이 띠처럼 두르고 있고, 동쪽으로는 큰 산이 있고, 남으로는 비옥한 평야가 펼쳐져 있었다. 이러한 지형조건을 『삼국사기』에는 "天險地利 難得之勢"로 표현하고 있다. 이 지형조건에서 제일 먼저 들고 있는 것이 "北帶漢水"이다. 이는 한강이 하남위례성을 방어하는데 가장 중요한 기능을 하였음을 보여주는 것이다. 여기에 백제는 거대한 토성을 만들었던 것이다. 하남위례성이 축조되면서 백제의 왕성은 북으로 강이 돌아가는 형태의 입지를 갖추게 되었다.

둘째는 水運교통로서의 기능이다. 한강 본류는 상류로 올라가면 북한강과 남한강으로 이어지고 하류로 내려가면 서해안에 이르러 중국이나 왜로 나아갈 수 있게 된다. 이렇게 한강은 동과 서를 연결하고 중국과 왜를 연결하는 간선 교통로의 기능을 하였다. 이로 말미암아 동북쪽 및 서북쪽 지역의 문화는 한강유역에서 합류하고, 남쪽의 문화도 한강유역에서 복합되었으며, 중국과 왜와의 외교교섭과 문화교류도 한강유역을 중심으로 활발하게 이루어졌다. 이리하여 백제 수도 한성은 다양한 문화를 받아들여 이를 재창조해 내는 용광로의 구실을 하면서 이를 이웃 나라로 전파해 주는 분출구의 역할을 하였던 것이다.

2. 활발한 對外교류와 선진문물의 수용 및 전파

『晉書』 마한전에 의하면 마한은 277년, 278년, 280년, 281년, 286년, 287년, 289년, 290년에 晉에 사신을 보낸 것으로 나온다. 이때의 마한은 백제국이 중심이 되었으므로 위의 기사들은 백제와 진과의 교섭과 교류가 매우 빈번하였음을 보여주는 것이라 할 수 있다. 4세기초에 와서 고구려가 낙랑군과 대방군을 멸망시킴으로써 국제 교역의 거점 지역이 없어지게 되었다. 이로 말미암아 종래 낙랑·대방군을 매개로 하여 이루어졌던 교역 체계에 큰 변화가 생겨났다. 상황이 이렇게 변화하자 백제는 황해를 끼고 있다는 지리적으로 유리한 조건을 충분히 활용하여 중국 남조와의 교섭을 강화하였다. 이리하여 백제는 낙랑·대방군을 대신하는 새로운 교역의 중심지가 되었다.

백제가 중국으로 가는 길은 낙랑군·대방군이 존재하고 있었을 때는 서해안을 타고 발해만으로 가는 항로가 많이 이용되었다. 그러나 4세기에 들어와 낙랑·대방군을 멸망시킨 고구려가 이 연안항로를 차단하게 되자 백제는 새로운 항로를 개척하여야 하였다. 이 과정에서 백제는 인천을 출발하여 德勿島(德積島)를 거쳐 중국의 山東半島의 登州에 이르는 항로를 개척하였다.[1]

한편 4세기에 들어와 백제는 가야를 매개로 하여 왜와의 교역로도 새로 개척하였다. 왜로 가는 길은 처음에는 남한강 상류를 거쳐 소백산맥을 넘어 가서 낙동강을 이용하려 하였으나 신라의 방해로 그 뜻을 이루지 못하였다. 이에 그 대안으로 백제는 河東路를 개척하였다.[2] 하동은 多沙城이라고도 하였는데 서해안과 남해안을 연결하는 길목에 해당되며 또 섬진강을 통해 내륙과도 연결되는 교통의 요지였다. 백제가 하동으로 가는 길은 두 가지이다. 하나는 한강을 타고 내려가 서해안에 도착한 후 다시 남으로 沿近海 항해를 한 후 하동에 도착한 후 왜로 출발하는 것이고, 다른 하나는 한성에서 출발하여 금강에 이른 후 금강 상류를 따라 남원에 이른 후 다시 섬진강을 따라 하동에 이르는 것이었다. 백제는 이 하동 루트를 개척하여 점차 對倭교역의 주도권을 잡아나가게 되었다.

대중국 교역과 대왜교역의 최종목적지는 수도 한성이었다. 중국이나 왜에서 바다를 건너 온 使臣團이나 상인들은 인천에 도착한 후 한강을 타고 수도 한성으로 들어왔다. 그리하여 중국의 우수한 문물들이 백제로

---

1) 인천광역시 남구청·인하대학교 박물관, 2002, 『문학산의 역사와 문화유적』, 98~100쪽.
2) 이에 대해서는 『일본서기』 권9 신공기 46, 49년 52년조 참조.

들어왔다. 풍납토성과 몽촌토성에서 발굴된 서진제 전문도기와 施釉陶器를 비롯하여 東晉製 도자기들은 이 시기 백제와 남조 사이의 빈번한 문물교류를 잘 보여준다. 한편 백제는 왜의 사신에게 五色彩絹, 角弓箭, 鐵鋌 40매를 제공하고 또 여러 가지 重寶를 주었다. 이는 백제의 우수한 물품이 왜로 들어갔음을 보여준다. 동시에 몽촌토성에서 출토된 須惠器는 왜의 물품이 부분적으로나마 백제로 들어온 것을 짐작하게 한다. 이처럼 수도 한성은 국제적인 도시로서 對外교역품이 몰려드는 번화한 도시였고 한강은 그러한 물자 유통의 동맥의 구실을 하였던 것이다.

3. 侯王制를 바탕으로 한 천하관

백제가 중앙집권적 국가체제를 갖추게 된 것은 근초고왕대이다. 근초고왕은 중국 남조와의 활발한 정치적 교섭을 하였다. 그리하여 근초고왕은 27년(372)에 東晉으로부터 鎭東將軍領樂浪太守의 작호를 받았다. 이런 작호는 삼국 가운데서 백제가 제일 빨리 받은 셈이 된다. 중국으로부터 작호를 받은 것을 계기로 근초고왕은 중국을 모방하여 주변국을 제후국으로 관념하는 天下觀을 만들었다. 이를 보여주는 것이 일본의 石上神宮에 보존되어 있는 七支刀이다. 이 칼에는 명문이 새겨져 있는데 그 명문은 다음과 같다.3)

　앞면 : 泰和四年五月十六日丙午正陽 造百練鐵七支刀 生辟百兵 宜供供
　　　　侯王 △△△△作
　후면 : 先世以來 未有此刀 百濟王世子奇生聖音 故爲倭王旨造 傳示後世

이 명문에 의하면 백제 왕세자가 칠지도를 만들어 왜왕 旨에게 수여하면서 왜왕을 諸侯王으로 인식하고 있었음을 알 수 있다. 이는 백제의 천

---

3) 명문 판독문은 한국고대사회연구소 편, 1992, 『역주 한국고대금석문』 제1권(고구려, 백제, 낙랑편), 174~175쪽의 것을 이용하였다.

하관을 보여주는 것이다.

한편 근초고왕은 군사들을 사열할 때 깃발의 색깔을 모두 황색으로 하였다.[4] 황색은 중앙을 의미하는 색이므로 황색 깃발의 사용은 백제 왕실이 천하의 중심임을 과시한 것을 보여주는 것이다.

4. 발달한 토목·건축 기술

한성도읍기에 백제의 토목·건축 기술을 잘 보여주는 것이 풍납토성이다. 이 풍납토성은 내부 발굴도 일부 이루어지고 또 성벽을 절단하는 조사도 이루어졌다. 풍납토성성벽발굴보고서에 의하면 이 토성은 평지토성으로 순수한 중심토루만을 보면 하부 폭 약 7m, 높이 5m 정도가 되며 이 중심토루에 5차례에 걸쳐 덧대어 쌓은 토성의 하변 폭은 현재까지는 40m가 넘고 높이는 11m가 넘으며 둘레는 3.5km라고 거대한 토성이다. 특히 V토루는 성토층 내부에 목재와 식물유기체를 섞어 단순히 흙만을 가지고 성토하는 것보다는 훨씬 튼튼하게 지탱할 수 있게 하였다.[5]

풍납토성의 축조는 백제가 이런 거대한 토성을 쌓을 수 있을 만큼의 경제력을 갖추었다는 것, 토성 축조에 필요한 대규모의 노동력을 동원할 수 있는 중앙집권력을 확보하고 있었다는 것, 한강의 홍수에도 끄떡하지 않을 정도로 성벽을 단단하게 축조할 수 있는 기술력을 가지고 있었다는 것을 보여준다. 따라서 풍납토성은 이 시기 백제의 발달한 토목·건축기술의 白眉를 보여주는 것이라 할 수 있다.

---

4)『삼국사기』 권제24 백제본기 근초고왕 24년조.
5) 신희권, 2001,『풍납토성의 발굴과 그 성과』한밭대학교 교교 제74주년기념 학술발표대회논문집, 한밭대학교 향토문화연구소, 61쪽.

5. 공예·직조 기술의 발달

백제의 공예 기술을 잘 보여주는 것이 칠지도이다. 칠지도 명문에 의하면 이 칼은 철을 백 번이나 단련하여 만든 것으로 되어 있는데 이는 이 시기 백제의 제철 기술이 고도의 수준에 이르렀음을 보여준다. 또 칠지도에 새겨진 金象嵌銘文은 현재까지 삼국 가운데 가장 빠른 象嵌 기술인데, 금이나 은으로 상감된 장식대도는 백제의 여러 지역에서 출토되었다.[6] 백제의 이러한 상감기술은 가야에 전수되었는데 고령 지산동 32호분에서 출토된 은으로 상감된 唐草文環頭大刀가 물적 증거가 된다. 이와 더불어 몽촌토성에서 金銅鈴帶金具도[7] 출토되었다. 이 또한 백제의 금속공예 기술의 우수성을 잘 보여주는 것이다.

한편 『일본서기』신공기에 의하면[8] 백제는 五色彩絹, 角弓箭, 七子鏡 등을 왜에 보내 준 것으로 나온다. 따라서 이 기사는 백제가 이 시기에 이러한 물품들을 제조하였음을 보여주는 것이다. 또 『일본서기』에는 백제의 물품은 "珍異甚多"라고 하고 신라의 물품은 "少賤不良"이라고 표현하고 있다.[9] 이 또한 백제의 높은 직조 기술 및 제조기술을 왜가 인정하고 있었음을 보여주는 것이라 하겠다.

6. 문자사용 지식인층의 형성과 확대

『삼국사기』에 의하면 근초고왕은 박사 高興으로 하여금 역사서인 書

---

6) 최근에 출토된 장식대도의 예로는 천안 용원리 고분(공주대학교박물관·천안온천개발·고려개발, 2000, 『용원리 고분군』 공주대학교박물관 총서 00-03, 10쪽 사진), 공주 수촌리 고분(충남발전연구원, 2003, 『공주 수촌리유적 약보고서』) 등에서 출토된 것을 들 수 있다.
7) 박순발, 2001, 『한성백제의 탄생』, 서경, 184쪽.
8) 『일본서기』 권제9 신공기 46년조.
9) 『일본서기』 권제9 신공기 47년조.

記를 만들게 하였고 또 장군 莫古解는 노자 『도덕경』을 인용하여 태자 근구수의 북진을 막았다고 한다. 또 『고사기』에는 근초고왕이 박사 王仁을 왜에 보내 『천자문』과 『논어』를 왜에 전해준 사실이 나온다.[10] 박사의 존재는 유학경전에 밝은 전문지식인의 존재와 더불어 유교 경전을 가르치는 체계가 마련되었음을 보여준다.

지식인층의 존재를 뒷받침해 주는 자료가 칠지도 명문과 木簡 및 벼루이다. 칠지도에 새겨진 금상감명문은 현재로서 우리 나라에서 발견된 금석문 가운데 가장 빠르다. 이 외에 한성시기의 금석문으로는 풍납토성에서 출토된 토기의 뚜껑에 새겨진 大夫라는 명문이 있다.[11] 최근에 인천 계양산성에서는 『논어』 公冶章이 쓰여진 五角의 목간이 출토되었다.[12] 벼루의 경우 몽촌토성에서 원형의 벼루가, 풍납토성과 미사리유적에서 벼루로 보고된 耳附盤形의 토기가, 홍성 신금성에서 벼루가 출토되었다.[13] 계양산성에서 논어가 쓰인 목간이 출토되었다는 것과 벼루가 홍성 신금성에서 출토된 것은 지식인층이 지방에까지 확산되어져 가고 있었음을 보여준다고 할 수 있다.

7. 고구려적 문화전통에서 백제적 전통의 확립

백제 시조 온조는 고구려의 한 지파였으므로 개로왕의 국서에 "臣與高句麗 源出扶餘"[14]라고 한 기사에서 보듯이 백제는 고구려와 同源의식을

---

10) 『고사기』 중권 응신기.
11) 한신대학교박물관, 2004, 『풍납토성Ⅳ』-경당지구 9호 유구에 대한 발굴보고- 한신대학교박물관총서 제19책, 68쪽 도판 68 참조.
12) 문화재청 보도자료에는 이 목간의 제작시기를 5세기경으로 추정하고 있는데 연대 문제는 좀 더 세밀한 검토가 있어야 할 것이다.
13) 山本孝文, 2005, 「한국 고대 율령의 고고학적 연구」, 부산대학교대학원 박사학위 논문, 203쪽.
14) 『위서』 권100 열전제86 백제전.

지니고 있었다. 그래서 백제초기에는 고구려적 전통이 강하게 남아 있었다. 그 예로 하북위례성의 입지 조건을 들 수 있다. 하북위례성은[15] 山南水北의 형태이다. 그런데 이러한 산남수북의 입지 조건은 고구려에서 잘 보인다. 초기 수도인 환인이나 제2차 수도인 국내성 및 제3차 수도 평양성이 기본적으로 山南水北의 형태였다. 따라서 온조집단이 한강 유역으로 이동해 와서 하북위례성에 자리를 잡은 것도 고구려적 전통의 영향일 것이다.

그러나 백제는 낙랑이나 말갈이 북쪽에서 또는 동북쪽에서 빈번히 침략해 오자 이러한 공격을 막기 위해 수도를 하남위례성으로 옮겼다. 하남위례성으로 천도하면서 수도의 입지조건이 바뀌게 되었다. 하남위례성은 "北帶漢水"라는 표현에서 보듯이 북으로 한강이 띠처럼 둘러싸고 있었다. 따라서 백제는 방어의 필요상 한강 유역의 자연 환경에 맞추어 강 남쪽에 수도를 정하는 입지조건을 선택하였던 것이다. 이로 보면 하남위례성의 조영으로 백제는 수도의 입지 조건을 백제적인 것으로 만들어 나간 것으로 볼 수 있다. 그리고 이러한 수도 입지조건의 선정은 공주로 천도하고 또 사비로 천도하면서도 이어져 백제의 전통이 되었다.

8. 금동관·장식대도와 위세품

근초고왕은 중앙집권체제를 갖추면서 유력한 귀족들에게 王侯號를 사여하는 爵號制를 실시하였다. 개로왕이 行冠軍將軍右賢王餘紀를 冠軍將軍으로, 行征虜將軍左賢王餘昆을 征虜將軍으로 삼은 것이[16] 그 예가 된다. 그리고 백제왕은 이러한 작호를 받은 귀족들에게 그들의 지위에 걸

---

15) 하북위례성의 위치에 대해서는 여러 견해가 있지만 필자는 현재 서울시 종로구 일대로 비정하는 견해(정구복 외, 1997, 『역주 삼국사기』4 주석편(하), 한국정신문화연구원, 246~248쪽)가 타당하다고 본다.
16) 『송서』 권97 열전57 夷蠻 백제전.

맞는 威勢品을 하사하였다. 그 위세품으로서 주목되는 것이 금동관과 장
식대도이다. 한성도읍기의 금동관은 천안 용원리 9호석곽묘, 나주 신촌리
9호분 을관, 익산 익점리 1호분, 공주 수촌리 1호 토광목곽묘와 4호 횡혈
식석실분 등에서 출토되었다.

장식대도는 칠지도에 金象嵌銘文이 새겨졌듯이 금이나 은으로 특별히
장식을 한 칼을 말한다. 이러한 장식대도는 천안화성리 고분 A - 1호, 전
청주신봉동 고분, 나주 신촌리 9호분 을관, 천안 용원리 12호 석곽묘와 1
호 석곽묘, 공주 수촌리 1호 토광목곽묘에서 출토되었다. 이 粧飾大刀들
은 재질과 조각에 따라 등급이 구분되는데 전체적으로는 金粧龍鳳環頭大
刀(王級) - 銀粧龍鳳環頭大刀 - 銅地金粧三葉環頭大刀 - 鐵地銀粧三葉環頭
大刀 - 鐵製三葉環頭大刀 - 素環頭大刀 - 大刀 순으로 정리할 수 있다.[17]

威信財로서의 이러한 칼은 왕이 신하들에게 권위의 徵標로서 내려주
는 것이 일반적이다. 백제왕이 倭王을 侯王으로 인식하고 그 징표로서
七支刀를 보낸 것이라든가, 신라 문무왕이 661년에 백제부흥군을 격파하
는데 공을 세운 자들에게 劍과 戟을 상으로서 내려준 것[18] 등이 그 예가
된다. 이렇게 보면 장식대도는 그 칼을 소지한 자의 생시의 위세를 보여
줌과 동시에 그들에게 칼을 하사한 백제왕의 높은 권위를 상징해 준다고
할 수 있겠다.

9. 도량형의 통일과 시행

『삼국지』 동이전 한전에 의하면 "其北方近郡諸國 差曉禮俗 其遠處直如
囚徒 奴婢相聚"라 한 기사에서 보듯이 三韓諸國의 문화적 상황은 동일하
지 않았다. 따라서 삼한제국이 사용하는 도량형에도 차이가 있었다고 할

---

17) 박순발, 2001, 『한성백제의 탄생』, 서경, 237~238쪽.
18) 『삼국사기』 권제6 신라본기 문무왕 원년조.

수 있다. 이 가운데서 중국 군현과 빈번한 접촉을 가진 국들은 중국 군현의 영향을 받아 23cm의 後漢尺을 사용하였던 것 같다. 경남 창원 다호리에서 출토된 붓대의 길이가 23cm라는 것이 이를 입증해 준다.[19]

그러나 4세기 이후에 와서 백제는 생산력이 증대됨에 따라 수취제도도 새로이 정비하였다. 이러한 상황은 자연히 도량형의 통일을 요구하게 되었다. 그래서 백제는 마침내 도량형을 통일하게 되었다. 그 시기는 근초고왕대이다. 근초고왕이 도량형을 통일할 때의 척도는 25cm의 東晉尺을 기준척으로 하였다. 이를 입증해 주는 것이 칠지도이다. 369년에 만들어진 이 칼의 전체 길이는 75cm이고, 자루가 꽂히는 부분은 10cm이고, 칼 몸의 길이는 65cm이다. 이를 동진척 25cm자로 재면 칼 전체의 길이는 3자로, 칼 몸의 길이도 2자 6치로, 자루가 박히는 부분은 4치로 딱 떨어진다. 이는 한성도읍기의 기준척이 25cm였음을 의미하는 것이다.

한편 量器의 경우 서울지역에서 발견된 예가 아직 확인되고 있지 않다. 그러나 공주 동곡리·남산리와 청주 봉명동 등에서 출토된 솥모양토기는 그 형태가 중국 서진의 太康銘銅釜와 유사하여 양기로 볼 수 있다.[20] 솥모양토기의 용적은 2700㎖이고, 청주 봉명동 출토품의 용적은 2800㎖이고, 공주 동곡리 출토품의 용적은 4500㎖이다. 신봉동에서 출토된 손잡이바리는 중국의 "大司農平斗 元初三年二月造"가 새겨진 銅斗와[21] 비슷하여 역시 量器로 볼 수 있다. 이 용기들의 용량은 대개 2400－2600㎖로서 남조의 1두와 거의 같다. 그렇다고 하면 남산리 출토품과 봉명동 출토품은 한 말의 양기로, 동곡리 출토품은 1말 5되의 양기로 볼 수 있다.[22] 이는 한성도읍기의 용기도 동진의 용량을 모범으로 하여 만

---

19) 이건무, 1992, 「다호리 유적 출토 붓(筆)에 대하여」『고고학지』4집, 한국고고미술연구소 참조.
20) 국립부여박물관, 2003, 『백제의 도량형』, 48~51쪽.
21) 邱隆·兵光明·顧茂森·劉東瑞·巫鴻 공편, 김기협 역, 1993, 「역자 후기」『중국도량형도집』, 법인문화사, 216~217쪽.
22) 국립부여박물관, 2003, 『백제의 도량형』, 48~51쪽.

들어졌음을 보여준다.

Ⅳ. 한성백제의 공간적 범위와 서울 인근지역

1. 한성백제의 영역 확대 과정

『삼국사기』에 의하면 백제는 서기전 18년에서 475년에 이르기까지 493년 동안 서울을 수도로 하였다. 이 기간 동안 백제의 역사적 공간 범위는 백제의 성장에 따른 영역의 확대과정과 연관된다. 백제의 영역 확대과정은 크게 4단계로 나누어 볼 수 있다. 1단계는 인천의 미추홀세력을 비롯한 한강하류 지역을 영역으로 편입한 단계이다. 그 시기는 초고왕대로서 2세기 초 정도가 된다. 2단계는 북으로는 예성강, 동으로는 춘천, 남으로는 안성천, 서로는 서해를 긋는 선으로 영역이 확대된 단계이다. 그 시기는 고이왕대로서 대략 3세기 중반경이 된다. 3단계는 백제의 영역이 금강을 넘어 전북일대까지 확대된 시기이다. 그 시기는 비류왕대로서 대략 4세기 전반경이 된다. 이를 짐작하게 하는 것이 4세기초에 축조된 김제 碧骨池이다. 4단계는 백제가 영산강유역에 자리잡은 新彌國=忱彌多禮 등을 정복하여 전남 일대를 영역으로 확보한 단계이다. 그 시기는 『일본서기』 신공기 49년조에 보듯이 근초고왕대로서 369년이라 할 수 있다.

2. 한성백제의 공간적 범위와 서울 인근 지역

한성백제의 최대영역은 북으로는 예성강, 동으로는 춘천, 서로는 서해, 남으로는 전남지역까지를 포괄한다. 따라서 한성백제박물관은 건국 이후 475년까지 이 영역에서 이루어진 모든 역사적 사실을 담을 수 있다. 그러나 이렇게 하기에는 현실적으로 몇 가지 제약점이 있다. 하나는 백제의 수도였던 공주와 부여에 이미 국립박물관이 건립되어 웅진도읍기의 백제사와 사비도읍기의 백제사를 보여주고 있다는 점이다. 따라서 금강 이남 지역에서 출토되는 5세기 중엽까지의 유물들은 이들 박물관에 전시할 수밖에 없다. 다른 하나는 이동시간과 관련한 교통의 문제이다. 역사적 유적은 쉽게 접근할 수 있는 것이 필요하다. 그러므로 생활공간과 교통편을 고려하지 않을 수 없는 것이다.

한성백제박물관과 연결시켜 볼 수 있는 유적을 역사적 공간과 교통편이라는 측면을 결합시켜 볼 때 건국 이후부터 475년에 한성이 함락될 때까지의 서울 인근 지역의 유적은 제2단계의 공간 범위 내에서 이루어진 것으로 설정해도 좋지 않을까 한다. 이는 어디까지 교통의 편의를 고려해서 한 것이므로 주제에 따라 또는 유적의 성격에 따라 이러한 공간범위를 넘어설 수도 있음은 물론이다.

V. 한성백제박물관과 인근 유적과의 연계 방안

서울 인근 지역의 유적을 한성백제박물관과 연계시켜 보고자 할 때 그 유적은 발굴이나 지표 조사 등을 통해 성격이 확인되어 현재 보존·정비되어 있는 것을 중심으로 할 수밖에 없다. 그러한 유적 가운데 일차적으로 들 수 있는 것이 史蹟이다. 사적은 역사적 가치가 높게 인정되어 국가차원에서 법으로 보호를 받고 있기 때문이다. 따라서 본고에서도 사적으로 지정된 유적을 중심으로 정리해 두기로 한다. 그러나 발굴 이후 복토되었거나 파괴된 유적도 재현될 수 있다면 얼마든지 활용할 수 있음은 물론이다.

이러한 유적들을 한성백제박물관과 연계시킬 때 크게 세 가지 방안을 생각해 볼 수 있다. 첫째는 주제별로 각 지역의 유적이나 유물의 내용을 한성백제와 관련시켜 정리해 보는 것이다. 이는 중앙과 지방을 연계시켜 살펴보는데 도움이 된다. 그러나 각 지역에 대한 조사·연구가 동일하지 않기 때문에 특정 주제와 연결되는 유적이나 유물이 상대적으로 많은 곳도 있지만 그렇지 않은 곳도 있어 지역적 편차가 심하게 생겨날 수 있다. 둘째는 지역별로 한성백제박물관과 연계시켜 보는 것이다. 이 방안은 특정지역에서 출토되는 유물이나 유적을 통시적으로 볼 수 있지만 자칫하면 중앙과 지방과의 종적 연관성이나 또 지역과 지역간의 횡적 연계성이 미약해질 우려가 있다. 셋째는 주제별 연계와 지역별 연계를 복합해 보는 것이다. 즉 특정한 주제를 중심으로 중앙과 지방, 지방과 지방을 연결시켜 총체적으로 파악하는 것이다. 본고에서는 세 번째 방안을 중심으로 생각해 보기로 한다.

이때 일차적으로 염두에 두어야 할 것은 주제별로 연계시키든, 지역별로 연계시키든, 이를 종합하는 방법으로 연계시키든 간에 한성백제사의 특징을 잘 보여주어야 한다는 점이다. 즉 유적과 유물과 지역이 한성백제사의 특징을 잘 드러내도록 조직적 체계적으로 정리되어야 한다는 것이다. 한성백제사의 특징은 앞에서 언급한 바와 같지만 연구자에 따라 보다 다양하게 그 특징을 설정할 수 있다. 이러한 전제 위에서 한성백제사의 특징을 나타내는 유적·유물을 주제별로 선정하거나 지역별로 분류하고 이를 체계적으로 정리하여야 한다. 이럴 경우 주제에 따라서는 필자가 설정한 공간적 범위를 벗어나는 유적이나 유물도 다룰 수 있게 될 것이다.

1. 선사유적과의 연계성

1) 강동구 암사동 선사유적지
암사동선사유적지는 서울시 강동구 암사 2동에 위치하며 사적 제267호이다. 이 유적은 기원전 3~4,000년경에 우리나라 신석기 시대 사람들이 살았던 움집터가 남아있는 집터유적이다. 한 곳에 여러 채의 집을 지어 집단을 이루고 살았던 취락유적으로서 움집터의 평면 모양은 원형과 네 모서리를 약간 죽인 抹角 방형의 것이 있다.

2) 광주미사리선사유적

이 유적은 경기도 하남시 미사동에 위치하며 사적 제269호이다. 미사동은 원래 한강에 있는 섬으로 이루어진 곳이나 조정경기장이 만들어지면서 육지 쪽과 연결된 곳이다. 신석기시대 층에서는 주거지와 빗살무늬토기, 그물추, 화살촉, 돌도끼를 비롯한 생활도구와 불에 탄 도토리가 채집되었다. 청동기시대 층에서는 여러 점의 무문토기와 돌도끼, 돌끌, 돌그물추 그리고 당시의 집터가 확인되었다.

3) 춘천 中島遺蹟

강원도 춘천시 의암호의 中島에서 발굴된 선사시대 집터와 무덤 유적이다. 청동기시대 유적·유물로는 積石 시설을 한 남방식의 고인돌 3기와 민무늬토기가 있다. 무덤에는 屈葬한 어린이 뼈와 돌살촉·돌검·토기조각 등의 副葬品이 있었다.

2. 도성 유적 및 도성 방어성

1) 도성유적

(1) 몽촌토성

서울 송파구 오륜동에 위치하고 있으며 사적 제297호이다. 한강의 지류인 성내천이 남쪽으로 흐르고, 둘레는 약 2.7㎞이다. 자연 지형을 이용해 진흙으로 성벽을 쌓고 나무 울타리로 木柵을 세웠던 흔적과 성을 둘러싼 垓字도 확인되었다. 이 성은 풍납토성과 더불어 남북이성체제를 형성하였다.

(2) 풍납리토성

서울 송파구 풍납동에 위치하며 사적 제11호이다. 원래는 둘레가 3.5㎞에 달하는 큰 규모의 토성이었으나, 1925년 홍수로 남서쪽 일부가 잘려나가 현재는 약 2.2㎞ 가량 남아있다. 성의 하부는 40m 이상이고 높이는 11m 이상이며 형태는 남북으로 길게 뻗은 타원형이다. 축조시기는 3세기 후반 경이다.

2) 도성 방어성

(1) 아차산성

서울 광진구 광장동에 위치하며 사적 234호이다. 성 전체 길이는 1,125m이며, 성벽의 높이는 평균 10m 정도이다. 동·서·남쪽에 문이 있던 흔적과 물길이 남아있고, 문 앞을 가려 보호하는 곡성이 남아있다. 『삼국사기』에는 책계왕 원년(286)에 이 성을 수리한 것으로 나오며, 475년 한성이 고구려에 의해 함락될 때 개로왕은 이 성 아래에서 죽임을 당했다.

(2) 삼성동토성

지금의 경기고등학교 부지 일대에 자리잡은 토성이다. 일제에 의해 간행된 조선고적조사보고에는 북쪽은 한강에 접하고 강을 사이에 두고 뚝섬 방향을 내려다보는 산성으로 기록되어 있다. 지금은 없어졌지만 경기고등학교 북쪽의 축대 부분이 토성의 흔적으로 추정되고 있다. 이 토성을 蛇城으로 비정하는 견해도 있다.

(3) 호암산성

관악산의 줄기인 호암산에 자리잡은 산성이다. 사적 343호이다. 성 내부의 건물지에서는 많은 기와 조각이 나왔는데 이 가운데는 백제 초기의 것으로 추정되는 와편도 소량 출토되었다. 따라서 이 산성은 백제 때부터 사용되었을 것으로 추정되고 있다.[23]

(4) 대모산성

서울 강남구와 서초구의 경계를 이루는 해발 293m의 대모산 정상부에 위치한 테뫼식 석축 산성이다. 통일신라시대에 축성된 것으로 보아 왔지만 근래의 조사 결과 무문토기편과 점토대토기가 공반된 초기철기시대의 주거지가 확인되어 축조 시기는 올라갈 가능성도 있다고 한다.[24]

(5) 남한산성

경기 광주시 중부면 산성리에 위치. 사적 제57호이다. 이 산성의 주변 지역에는 백제 초기의 유적이 많이 분포되어 있어서, 일찍부터 溫祚王代의 성으로도 알려져 왔다. 성안에 있는 장경사 공사 중에 백제시대의 토기편이 수습되었다. 산성 안에는 백제 시조 온조왕을 모신 사당인 崇烈殿이 있다.

(6) 북한산성

경기 고양시 덕양구 북한동에 위치. 사적 제162호이다. 백제가 수도를 하남 위례성으로 정했을 때 도성을 지키던 북방의 성이다. 『삼국사기』에는 백제 개루왕 5년(132)에 축조한 것으로 나온다. 비류왕 24년(327)에는 왕의 서제 優福이 이 곳에서 반란을 일으켰다가 진압되기도 하였다. 백제시대에는 土築산성이 아니었을까 추정되고 있다.

---

23) 서울역사박물관, 2005, 『서울특별시 문화유적 지표조사 종합보고서』 제1권, 169쪽.
24) 서울역사박물관, 2005, 『서울특별시 문화유적 지표조사 종합보고서』 제1권, 168쪽.

3. 祭儀處

1) 풍납토성 경당지구 祭儀 시설

풍납토성 경당지구 44호 건물지는 전체 규모는 알 수 없으나 동서축 16m, 남북축 14m 이상의 방형 평면에 남측으로 한변 3m 정도의 입구부가 연결된 몸자형 대형 건물지이다. 북쪽의 건물 외곽은 ㅁ형의 도랑이 감싸고 있고 바닥에는 대형 판석을 깔고 고운 숯을 채웠다. 이 주거지는 치밀한 설계와 많은 공력이 투입된 특수한 용도의 대형구조물로서 제의시설로 추정되고 있다.[25]

2) 삼각산

『삼국사기』에는 시조 온조가 수도를 정하기 위해 負兒岳에 올라간 것으로 나오는데 이 부아악이 삼각산에 비정되고 있다. 한편 『삼국사기』에는 橫岳이 田獵地로 나오는데 이 횡악도 부아악 즉 삼각산으로 비정되고 있다.[26] 고대사회에서 전렵은 군사훈련과 더불어 사냥에서 잡은 짐승으로 하늘에 제사를 드리는 의식도 행해졌다.[27] 이는 가뭄이 들자 아신왕이 횡악에서 친해 기우제를 지낸 것에서도 입증된다. 이렇게 볼 때 부아악=횡악=삼각산은 백제의 제의처라 할 수 있다.

3) 검단산

경기도 하남시에 위치. 백제가 하북위례성에서 하남위례성을 천도할 때 하남위례성의 지세를 표현한 말 가운데의 하나인 "東據高岳"의 高嶽

---

25) 권오영, 2001, 「풍납토성 경당지구 발굴조사의 성과」 『풍납토성의 발굴과 그 성과』, 한밭대학교 향토문화연구소, 46쪽.

26) 『대동지지』 권1 한성부 산수조. 이를 음상사에 따라 강원도 횡성으로 보는 견해도 있다.

27) 『삼국사기』 권제45 열전제5 온달전.

이 검단산에 비정되고 있다. 이 산은 崇山이라고도 하였는데 명칭에서 미루어 볼 때 제의처였을 가능성이 크다. 이곳에 동명왕 사당이 있었던 것으로 추정하는 견해도 있다.

4) 牙山

『삼국사기』에 의하면 온조왕이 43년에 전렵을 한 곳이다. 이 아산은 오늘날 아산시이다. 전렵지가 신성지역이었으므로 아산도 한성도읍기에 신성지역으로 기능한 것으로 보아도 좋을 것이다. 온양의 영인산성이 온조왕 36년에 쌓은 대두산성에 비정되고 있으므로[28] 아산을 이와 연계시켜 볼 수도 있을 것이다.

4. 고분

1) 적석총

(1) 석촌동 적석총고분군

서울특별시 송파구 석촌동에 위치. 사적 제243호이다. 1917년 당시만 해도 수십 기의 적석총이 남아 있었지만 지금은 거의 파괴되고 몇 기만 보존되어 있다. 제3호 적석총은 고구려의 基壇式積石塚과 동일하며 남북 길이 43.7m, 동서 길이 55.5m, 높이가 약 4.5m로 초대형급이다. 이 3호분은 근초고왕릉으로 추정되고 있다.

(2) 춘천 중도 적석총

강원도 춘천시 의암호의 中島에서 발굴된 유적이다. 초기철기시대의 유적으로는 抹角方形의 집터에 화덕과 바람막이 돌 등의 시설이 있었고 민무늬토기와 김해식토기가 함께 출토되었다. 여기에서 철제 및 청동제

---

28) 유원재, 1992, 「백제 탕정성 연구」『백제논총』, 3, 백제문화개발연구원.

의 부장품과 적석총이 발굴되었다.

(3) 연천 삼곶리 백제 적석총

경기도 연천군 중면 삼곶리에 위치. 경기도 기념물 제146호이다. 임진강 북안의 충적대지 위에 50 - 60cm 정도의 큰 강돌로 2 - 3단 정도의 계단식 적석을 마련하였는데 최대 길이 28m, 최대폭 11m 정도이고 높이는 현재 1.3m 정도이다. 두 무덤을 연접시킨 쌍분이다.

(4) 양평 문호리 적석총

양평군 서종면 문호리에 소재한다. 적석분은 한변의 길이가 10m의 방형으로 된 계단식인데 백제 초기의 방형 적석고분의 축조 양식을 이해하는데 중요한 단서가 된다.

2) 횡혈식 석실분

(1) 방이동 · 가락동 고분군

서울 송파구 방이동에 위치. 사적 270호이다. 가락동고분군과는 행정구역상으로는 분리되어 있지만 실제로는 하나의 고분군으로 보아야 한다. 방이동 제1호 무덤은 봉토의 지름이 12m, 높이 2.2m로 연도와 현실을 갖춘 횡혈식석실분이며, 4호 무덤은 궁릉식천장을 한 횡혈식석실분이다. 가락동고분군의 경우 서쪽 언덕에서 4기, 동쪽 언덕에서 4기의 고분이 확인되었다.[29]

(2) 하남 백제 석실묘

이 고분은 하남 덕풍 - 감북간 도로확포장구간에 포함된 하남시 광암동 일원을 발굴 조사에서 2기가 확인되었다. 두 석실분은 모두 현실 남쪽 벽면에서 동쪽으로 치우친 곳에 연도를 마련하였으며 바닥은 장방형

---

29) 방이동 · 가락동의 횡혈식석실분을 신라 것으로 보는 견해도 있다.

으로 드러났다. 유물로는 직구단경호와 외반구연 단경호 각 1점이 출토
됐다.

3) 토광묘

(1) 서울 가락동 토광묘

서울시 송파구 가락동에 위치한다. 이 고분은 지상에 흙을 쌓아 분롱
을 만들고 이 봉분 내에 매장부를 위치시켰는데 분구묘라고도 한다. 백
제 도읍지인 한강 유역의 대표적인 자료는 가락동 1호 및 2호를 들 수
있다. 가락동 2호분은 하나의 봉토 안에 4개의 토광묘로 구성되었다. 출
토된 유물은 흑색마연토기 등이 있다.

(2) 서울 석촌동 토광묘

서울시 송파구 석촌동에 위치한다. 이 토광묘는 석촌동 3호 적석총의
동쪽에 위치하였다. 1호 토광묘는 지반 상에 길이 226cm, 너비 106cm 규
모로 토광을 조성하고 그 안에 6매의 목판으로 목관을 짜서 매장하였다.
대형 토광묘는 하나의 토광 내에 7개의 목관을 둔 것으로 1개는 副槨까
지 갖추었다. 출토유물 가운데는 흑색마연토기도 있다.

(3) 천안 청당동 周溝墓

이 유적은 청동기시대의 주거지 외에 3세기대로 추정되는 토광묘가 집
중적으로 확인되었다. 이 토광묘들은 산의 경사면에 조성되었으며 매장
부의 외곽에 주구를 돌린 것이 특징이다. 주구의 형태는 ㄷ자 모양을 한
것이 특징이다. 이 주구에는 제사 등의 의식을 치르고 한 뒤에 남겨진
토기들도 있었다. 출토유물로는 환두대도, 철모, 철촉, 청동제 마형대구
및 유리제 구슬 등이 있다.

(4) 청원 송대리 유적

충북 청원군 오창면 송대리의 낮은 구릉상에 산 기슭에 형성된 토광묘 유적이다. 지형에 따라 등고선하고 나란히 만들었다. 조사된 55기 가운데 2기에서 ∩자 모양의 周溝가 확인되었다. 토기, 철기 이외에 청동제와 철제의 마형대구도 출토되었다.

(5) 천안 용원리 토광묘

용원리 고분군은 대체로 4세기 중반 및 후반대에 조성되었는데 토광묘는 대체로 북향의 경사면에 집중되어 있다. 목관은 토광의 중간 쯤에 안치하였다. 대표적인 예로는 가장 규모가 큰 72호 토광묘를 들 수 있다. 토광의 장축은 등고선의 방향과 일치하며 내부에는 중앙에 목관을 설치하였다. 잔존 유물은 목관과 토광 사이의 빈터에 토기와 철기가 남았고, 목관 안에서는 귀걸이가 수습되었다.

(6) 청주신봉동백제토광묘

이 무덤은 충청북도 청주시 홍덕구 신봉동의 야산에 위치하고 있는데 사적 제319호로 지정되었다. 무덤은 산의 등고선과 평행한 방향을 장축으로 삼고 있으며, 다양한 종류의 토기들과 함께 環頭大刀·鐵鏃·鐵牟 등의 무기류, 재갈·등자·등의 마구류, 鐵斧·鐵鎌·鐵鑿·살포 등의 농공구류가 발굴되었다. 특히 1호분에서는 三角板圓頭釘結板甲 1점이 출토되었다. 이 토광묘가 만들어진 시기는 4~5세기를 중심으로 하고 있다.

5. 생산 유적

1) 농경 유적

(1) 미사리 밭유적

경기도 하남시 미사동에서 발굴·조사된 밭 유적이다. 이 밭 유적에서 하층은 4~5세기 무렵의 유적이고 상층은 5~6세기의 유적이다. 하층이 폐기된 후 그 위에 수혈주거지가 조성되었다가 폐기된 후 상층의 밭이 만들어졌다고 한다. 상층 경작유구는 축력을 이용한 것으로서 고랑과 이랑을 매년 교대로 파종처로 하는 상경전일 가능성이 높은 것으로 추정된다.30)

2) 요지

(1) 사당동백제요지

서울 관악구 남현동에 위치. 사적 제247호이다. 약 1,000㎡의 면적에 파괴된 상태로 남아 있으나 이곳에서 채집된 土器片의 문양이 格子紋인 것에서 미루어 볼 때 한성도읍기에 이곳에서 토기를 생산한 것으로 여겨지고 있다.31)

(2) 진천산수리 · 삼룡리백제요지

산수리유적은 충북 진천군 덕산면 산수리에 위치하며 사적 제325호이다. 삼룡리 유적은 진천군 이월면 삼룡리에 위치하며 사적 344호이다. 3~4세기경 백제토기를 굽던 곳이다. 산수리유적에서는 9기의 크고 작은 가마터와 작업장이 확인되었다. 대형가마의 하나인 7호는 전체길이 7.7m, 폭 2.95m, 높이 1.55m이다. 여기에서 나온 토기들은 서울 석촌동 백제토광묘 출토 陶器, 청주 신봉동 백제토광묘 출토 토기들과 비슷한 器形이다.

---

30) 김기홍, 1995, 「미사리 삼국시기 밭 유구의 농업」『역사학보』 16집, 역사학회 및 전덕재, 1999, 「백제 농업 기술 연구」『한국고대사연구』 15집, 한국고대사학회, 120쪽 참조.

31) 이 窯址에 대해 백제 시대의 것이 아니라 후대의 것으로 보는 견해가 일반적이다. 여기서는 이 요지가 사적으로 지정될 때 시대를 백제 시대로 하였기 때문에 수록하였다. 이 요지의 연대 문제 및 사적 안내문에 대해서는 앞으로 진지한 논의가 있어야 할 것이다.

3) 제철유적

(1) 진천 석장리 제철유적

충북 진천군 덕산면 석장리에 위치. 4세기대로 편년되는 이 유적에서는 토제 송풍관을 비롯하여 철기를 가는 여러 종류의 숫돌이 발견되었다. 대형제철로는 한정된 공간에서 집중적으로 분포하고 있고 爐의 규모는 다소 소형화되는 추세이지만 鍛造박편이 검출되는 小型爐가 많아 단야 작업의 비중이 높았던 것을 보여준다. 원료는 철광석과 사철을 모두 사용하였으며, 제련에서 단야까지 일련의 공정이 이곳에서 이루어졌다.[32]

(2) 가평 마장리 유적

6·25전쟁 때 이곳에 진지를 구축하던 미군이 발견, 본국으로 돌아가 보고함으로써 세상에 알려졌다. 철을 제련할 때 나오는 쇠 찌꺼기와 흙으로 만든 송풍관이 출토되었는데, 이는 그들이 철기를 직접 제작하였음을 보여주는 자료이다. 토기 안에서 탄화된 채로 발견된 상당량의 밭벼 씨는 당시 사람들이 벼를 재배하여 주식으로 사용하였음을 보여주는 자료이다.

4) 수리시설

(1) 벽골지

4세기에 들어와 백제의 수리시설의 수준을 잘 보여주는 것이 김제 벽골제의 축조이다. 벽골제발굴보고서에 의하면 제방의 길이는 약 3km, 높이가 약 4.3 3m, 상변 폭 7.5m, 하변 폭 17.5m 규모이며 공사에 동원된 인원은 322,500명으로 추산되고 있다. 이 제방은 이른바 부수공법으로 이루어졌는데 풍납동토성 축조방식과 동일하다.[33]

---

32) 국립청주박물관·포항산업과학연구소, 2004, 『진천 석장리 철생산유적』 학술조사보고서 제9책, 225~226쪽.

6. 수로 선착장

1) 풍납토성 선착장 유적(?)

일제 때 풍납토성을 고적으로 지정할 때 한강변의 일정 구역을 선착장으로 표시하였다. 1963년에 문화재보호법을 만들어 사적을 지적할 때 이 지역도 함께 지정되었다고 한다. 이 현장이 어디인지 확인하는 것이 필요하다.

2) 渡迷나루

『신증동국여지승람』 광주목 산천조에는 渡迷津이 있다. 이 도미는 『삼국사기』 권제48 열전제8 都彌傳의 도미와 동일 인물로 보인다. 渡迷津은 이 도미부인이 배를 타고 간 곳이라고 한다. 『신증동국여지승람』에는 양근현 大灘의 용진 하류의 北岸을 도미나루 또는 渡迷遷이라고 하고 있다. 이를 근거로 하여 검단산과 예봉산 사이가 도미(두미)강이고 이 도미강에 도미나루와 도미원이 있었다고 보는 견해도 있다.

3) 인천 大津

백제가 중국으로 가고자 할 때 관문이 된 곳이 인천의 大津이다. 『興地圖書』에 의하면 "대진은 부서 10리 다소면에 있으며 삼국이 정치하였을 때 고구려에 의하여 백제의 朝天路가 경색되었으므로 중국으로 들어가는 사신이 이곳에서 배를 띄워 산동반도의 등주·내주에 도달하였다."고 되어 있다. 따라서 대진은 백제에서 중국으로 가는 배의 出航處이고,

---

33) 벽골지의 축조시기에 대해 벽골제발굴조사보고서에는 4세기 전반으로 추정하고 있다(윤무병, 1992, 「김제벽골제발굴보고」『백제고고학연구』 백제연구총서 제2집, 충남대학교백제연구소 참조). 그러나 이러한 연대를 부정하고 있는 견해도 적지 않다. 이에 대한 정리는 성정용, 2002, 『당진 합덕제』, 충남대학교박물관 참조.

능허대는 백제 사신들의 객관이 있었던 곳이라 할 수 있다.

7. 주거지

1) 풍납토성 환호내 육각형주거지

신우연립주택 건립터에서 여러 기의 집자리가 확인되었다. 이 가운데 2호 집자리는 남쪽으로 방형의 출입구가 부설되고 북단벽 중앙부가 완만하게 돌출된 6각형의 형태를 띠고 있다. 3호 집자리는 화재로 폐기되면서 벽체 및 가구 부재가 고스란히 남아 있어 가옥구조를 복원할 수 있는 귀중한 자료이다. 길이 11.1m 폭 6.8~7.1m 평면 6각형이며 내부에는 동북쪽에 치우친 부뚜막과 동남쪽의 저장공이 발견되었다. 1호 집자리의 후면부 동북쪽 모서리에는 곡물이 탄화된 채로 담긴 대옹이 출토되어 내부 공간의 분할을 추정케 한다.

2) 포천 자작리 呂字形 주거지

경기 포천군 포천읍 자작리에 위치. 한성도읍기 백제의 건물터로서 呂자형 주거지이다. 길이 23.6m, 폭 13.2m인 이 건물지는 한성도읍기 백제 최대의 건물지이다. 이 주거지 중 안쪽 아궁이 부근에서 대옹 4점이 출토되었는데 3점이 복원되었다.

3) 안양 귀인마을 백제 초기 주거지

경기도 안양시 동안구 평촌동에 위치한다. 주거지의 형태는 구들 골이 설치된 반수혈식이며 평면 형태는 장방형에 가깝다. 기둥 구멍은 온돌 시설을 둘러싸고 있는 내부와 그 외부에 이중으로 배치되어 있다. 출토된 토기로 미루어 백제 초기 유적으로 추정되고 있다.

8. 대외교류를 보여주는 유적들

1) 서울 지역

(1) 풍납토성

서울 송파구 풍납동에 위치. 사적 제11호이다. 토성 내의 경당지구에서 출토된 유물 가운데는 3세기 중후반에 양자강 이남 지역에서 제작 사용되었던 시유도기 수십 개체분이 출토되었다. 그리고 4세기에 해당되는 동진의 청자류도 자주 발견된다.

(2) 몽촌토성

서울 송파구 오륜동에 위치. 사적 제297호이다. 동전무늬가 찍힌 자기 조각이 출토되었다. 이 전문도기 조각은 중국 서진(265~316)대의 유물이어서 연대 추정에 중요한 자료이다.

(3) 석촌동 유적

서울 송파구 석촌동에 위치. 사적 제243호이다. 여기에서 중국 육조시대의 완형의 청자 사이호와 자기 항아리 목부분이 출토되었다.

2) 남한강 유역

(1) 원주 법천리 유적

강원도 원주시 부론면 법천리에 위치. 1973년에 석곽묘에서 동진제 청자양형기가 출토되었다. 이 양형청자는 중국에서는 4세기 전반 - 중엽 경에 나오고 있으므로 이 청자가 출토된 석곽묘의 축조시기는 4세기 중엽 경으로 추정되고 있다.

3) 홍성 지역

(1) 홍성 신금성

충남 홍성군 결성면 금곡리에 위치. 백제유적으로는 주거지 2기, 목곽유구 1기, 저장공 10기, 토광묘 1기 등이었다. 유물의 하나로 전문도기가 출토되었다. 이 전문도기는 몽촌토성에서 출토된 것과 같은 형태의 것이다.

4) 천안 지역

(1) 천안 용원리 유적

충남 천안시 성남면 용원리에 위치. 백제 초기로 편년되는 토광묘 137기와 석곽묘 13기 등이 확인되었다. 무덤에서는 중국제 계수호가 출토되었다.

(2) 천안 화성리 유적

이 고분군은 1969년 매장문화재 신고에 의해 알려졌다. 1991년에 이곳을 발굴한 결과 한성백제시대의 토광목관묘 및 목곽묘를 확인하였다. 신고에 의해 수습된 유물로는 古越磁 天鷄壺와 盤口甁이 있다.

5) 공주 지역

(1) 공주 수촌리 유적

충남 공주시 의당면 수촌리에 위치. 사적 제460호이다. 수혈식석곽묘에서 횡혈식석실분에 이르기까지 다양한 고분이 확인되었다. 출토유물로는 금동관과 금동신발, 금제이식, 환두대도(고리자루큰칼)과 더불어 중국제 흑유도기, 흑유 계수호 등이 나왔다.

6) 서산 지역

(1) 서산 음암면 부장리 유적

서산시 음암면 부장리에 위치한다. 백제시대 墳丘墓 13기가 발굴되었다. 무덤은 봉분 주변을 빙 둘러가며 도랑을 판 周溝墓이다. 이 가운데 제6호 무덤에서 네 귀가 달린 항아리 모양의 靑磁四耳壺가 출토되었는데 절반 이상이 깨진 상태였다.

9. 금동관 · 장식대도 등 위세품이 출토되는 유적들

위세품은 한 개인이 공식석상에서 자신의 지위를 나타내는 물건을 말한다. 이러한 위세품으로서 대표적인 것은 금동관과 장식대도이다. 백제 수도 한성에서 금관이나 금동관 및 장식대도는 아직 출토되지 않았다. 그러나 몽촌토성에서 금동과대금구가 출토되었기 때문에 금관이나 금동관이 나올 가능성은 크다. 이 시기 이러한 위세품이 출토된 유적은 다음과 같다.

1) 천안용원리 · 화성리 유적

충남 천안시 성남면 용원리에 위치. 출토유물로는 백제 특유의 흑색마연토기와 중국제 계수호가 출토되었고, 돌덧널무덤에서는 금동관편, 금동제 성시구, 마구류와 더불어 금동제 단봉문환두대도가 출토되었다. 천안 화성리 A - 1호분서도 鐵地銀象嵌唐草紋環頭大刀가 출토되었다.

2) 나주 신촌리유적

전남 나주시 신촌리에 위치. 사적 제77호이다. 모두 9기의 무덤이 있는데, 6 · 7 · 9호 무덤은 발굴조사가 이루어졌다. 길이 33m, 높이 6m의 9호 무덤에서는 12기의 독널과 함께 금동관, 금동신발, 금반지 등과 더불어

銀粧單鳳環頭大刀・鐵地金銅粧單鳳環頭大刀・鳳凰紋環頭大刀・三葉文環頭大刀 등이 출토되었다.

3) 공주 수촌리 유적

충남 공주시 의당면 수촌리에 위치. 사적 제460호이다. 출토유물로는 금동관과 금동신발, 금제이식, 중국제 흑유도기, 흑유계수호 등과 더불어 1호 토광목곽묘에서 銀粧環頭大刀가 출토되었다.

4) 익산 입점리 유적

전북 익산시 웅포면 입점리에 위치. 사적 제347호이다. 1호 무덤은 현실과 연도를 갖춘 횡혈식석실분으로서 천장은 궁륭식천장이다. 유물로는 금귀고리, 유리구슬 등 장신구류와 마구・철기 등과 더불어 금동관이 출토되었다.

5) 청주신봉동백제유적

충북 청주시 홍덕구 신봉동에 위치. 사적 제319호이다. 107기의 고분이 조사되었는데 106기는 토광묘이고, 1기는 현실과 연도를 갖춘 횡혈식석실분이다. 이 유적에서 鐵地銀象嵌環頭大刀가 출토된 것으로 전한다.

10. 관방체계

1) 한강 이북 임진강 지역권

백제가 한강 북쪽으로 가는 육로 교통로는 고구려의 남하 경로에서 역으로 추정해 볼 수 있다. 근래 한강 이북 임진강 유역에서 고구려의 보루 유적들이 다수 확인됨에 따라 고구려군의 남하 경로가 밝혀지고 있다. 첫째는 개성에서 장단을 거쳐 瓠蘆河나 七重河를 건너 적성(칠중성)

을 통하여 양주를 지나 중랑천이나 왕숙천을 끼고 남하는 경로이다. 둘째로 개성에서 남하하여 임진강 하구를 도하한 후 파주를 지나 서울로 바로 남하하는 경로이다. 셋째는 철원에서 포천을 지나 서울에 이르는 경로이다.[34] 이 가운데 고구려 유적이 가장 많이 분포하고 경로가 첫 번째 경로이다. 이는 강을 건너기 쉬우며 동서로 가로막힌 지형적 장애물이 없는 등 지형상의 이점 때문에 가장 많이 이용된 것으로 생각된다. 이러한 경로는 역으로 백제가 서북지역이나 동북지역으로 가는 경로이기도 하다. 이러한 경로에 위치한 백제의 관방 유적으로는 다음과 같은 것을 들 수 있다.

(1) 파주 오두산성

경기 파주시 탄현면 성동리에 위치. 사적 제351호이다. 한강과 임진강이 서로 만나는 지점인 오두산 정상(표고 119m)을 둘러싼 길이 620m의 백제 성이다. 『삼국사기』 백제본기와 광개토대왕릉비에 나오는 關彌城이 이 바로 오두산성으로 추정되고 있다.

(2) 파주 칠중성

파주시 적성 구읍의 해발 147미터의 산에 있는 테뫼식 석성이다. 이 성은 임진강의 넓은 평야를 한눈에 조망할 수 있는 곳에 위치하고 있으며 남으로는 감악산, 동으로는 파평산, 서북으로는 성산토성과 호로고성 등이, 북으로는 육계토성이 조망된다. 『삼국사기』에는 溫祚王이 18년에 군사를 거느리고 七重河에서 靺鞨을 쳐서 이긴 것으로 나온다.

(3) 파주 육계토성

경기도 파주시 적성면 주월리 육계동에 위치. 둘레는 약 1,700m로 현재 성벽이 비교적 잘 남아 있다. 평지에 축조된 네모꼴의 토성이며, 내성의 성벽은 높이 3m 정도로 비교적 흔적이 뚜렷하다. 臨津江에 위치하여

---

34) 최종택, 2000, 『특별전 고구려』 한강 유역의 고구려 요새 기념강연회 발표요지.

도강을 막는 성이다.

(4) 양주 대모산성

경기 양주시 어둔동, 백석읍 방성리 일대에 위치. 경기도기념물 제143호이다. 양주산성이라고 불리기도 한다. 해발 212m의 대모산 정상부를 돌로 쌓은 테뫼식 산성이다. 이곳은 남쪽으로 한강의 요충지인 廣津과 북쪽 임진강가의 요충지인 積城과 매우 가깝다. 5세기 중엽까지 백제의 영역이었으며 신라가 당나라 군대를 격파한 買肖城으로 추정되고 있다.

2) 인천 지역권

인천 지역권은 한강을 타고 들어오는 적들을 막을 수 있는 위치이다. 이 지역에 위치한 중요한 성은 다음과 같다.

(1) 문학산성

이 산성은 내성과 외성으로 되어 있는데 외성은 석축으로 약 200m, 내성은 토축으로 약 100m이다. 성 안에 있는 우물을 『세종실록』 지리지에는 小泉으로, 『동사강목』에는 沸流井으로 표기하고 있다. 또 彌鄒王陵이라 불리는 고분이 남아있다.

(2) 계양산성

古山城이라고도 한다. 성의 축조형식은 산정식에 속하며, 방법상으로는 내탁식으로 외벽을 잘 다듬는 돌로 쌓았다. 산성 안의 우물에서 한성 도읍기의 것으로 추정되는 五角의 木簡이 발굴됐다.

3) 이천·진천 지역권

이 지역은 소백산맥을 넘어 충주를 거쳐오는 신라군과 보은, 청주를 거쳐 진군하는 신라군을 막는데 중요한 지역이다. 이 지역의 중요한 성은 다음과 같다.

(1) 이천 설봉산성

경기 이천시 사음동에 위치. 사적 제423호이다. 설봉산의 계곡을 감싸 안고 쌓은 包谷式 산성이다. 정상 밑 서쪽 능선 평평한 부분에는 주춧돌 이 원형대로 남아 있어 將臺址로 추정되며, 軍旗를 꽂았던 홈을 판 바위 와 돌싸움에 사용되었던 것으로 보이는 돌무더기도 3곳 남아 있다.

(2) 이천 설성산성

경기 이천시 장호원읍 선읍리에 위치. 경기도 기념물 제76호이다. 높이 5m, 둘레 1.51km 의 산성은 정상을 감싸안고 있는 포곡식 석성이다. 석 축부 하부 진흙 다짐층과 토축 하부에서 백제 연질토기편이 출토되었다. 백제시대 군사용 건물지와 생활용품들이 출토되어 당시 군인들의 구성 및 생활을 연구할 수 있는 토대를 마련하였다. 축조시기는 5세기초이 다.35)

(3) 진천 망이산성

이 성은 안성군·이천군·음성군의 경계에 있으며 해발 472m의 망이 산 정상에서 북쪽으로 낮은 능선을 따라 쌓았다. 남쪽으로는 멀리 진천 군 일대가 내려다보이는 군사요충지이다. 고구려성으로 추정되어 왔지만 2차례의 발굴조사가 결과 백제시대의 유물도 출토되었다.

4) 수원·화성 지역권

(1) 오산 독산성

경기도 오산시 지곡동에 위치. 사적 제140호이다. 『삼국사기』에 의하면 백제가 이곳에 축성한 것으로 나온다. 조선시대에 와서 改築 된 성 둘레

---

35) 이 성에 대해서는 이천시·단국대학교매장문화재연구소, 2004, 『이천 설성산성 2·3차 발굴조사 보고서』 본문 참조.

는 약 3.6km, 문은 4곳이 있었으나 현재 石城 약 400m와 성문지가 남아
있다.

VI. 고구려·백제 지배하의 한강유역 유적

1. 고구려 지배하의 한강유역 유적

1) 고구려의 한강유역 점령

472년 백제 개로왕은 북위에 사신을 보내 고구려를 공격할 군대를 일
으켜 줄 것을 요청하였다. 백제의 이러한 정책에 대응하여 고구려 장수
왕은 백제를 도모하기로 결심하고 승려 도림을 백제에 잠입시켰다. 개로
왕은 도림이 간첩인줄 모르고 그의 계책을 받아들여 도성을 새로이 축조
하고 궁궐을 장려하게 짓고, 아버지의 무덤을 새로 호화롭고 축조하고,
한강 연안에 대규모의 제방을 쌓았다. 이러한 대규모의 토목공사는 도리
어 民力을 피폐시키고 국가 재정을 고갈시켰다.

이때를 이용하여 장수왕은 475년에 3만명의 군대를 이끌고 백제를 공
격하였다. 고구려군은 먼저 북성을 공격하여 7일만에 함락하고 이어 남
성을 공격하였다. 개로왕은 더 이상 견디지 못하고 성을 나와 달아나다
가 고구려군에 붙잡혀 아차산성에 끌려가 죽임을 당하였다. 이에 문주왕
은 부득이 도읍을 한성에서 웅진으로 옮겼다. 이로써 500여년 가까이 백
제의 수도로서의 기능을 하였던 한성은 고구려의 수중에 들어가고 한성
시대는 막을 내리고 말았다.

2) 漢山郡과 北漢山郡의 설치

한성을 함락시킨 고구려는 일부의 군대를 몽촌토성에 주둔시키고 76년

동안 한강유역 일원을 지배하였다. 이 시기 고구려의 남쪽 경계선은 아산만에서 안성 - 진천 - 괴산을 잇는 선이었다. 이 지역에 고구려는 군제를 실시하여 한강 하류 지역에는 6군을, 한강 상류 지역에는 10군을 두었다. 이 가운데 하남위례성에는 漢山郡을 두었고 하북위례성 지역에는 북한산군을 두었다. 북한산군은 南平壤이라고도 하였다.

이러한 군현을 다스리기 위해 고구려는 각 지역의 유력자들을 지방관으로 임용하여 조세를 수취하고 노동력을 동원하였다. 그리고 필요할 경우 군사적 요충지에 군대를 주둔시켜 점령지의 안정을 모도하였다. 아차산 일대의 고구려 보루 유적과 청원 남성골 및 대전 월평동 고구려 유적이 이를 보여준다.

3) 유적

(1) 아차산보루군

서울 광진구 중랑구·노원구 및 경기도 구리시 일대 에 위치. 사적 제455호이다. 아차산일대보루군은 아차산보루, 용마산보루, 시루봉보루, 수락산보루, 망우산보루 등 17여 개인데 이 가운데 10여 개의 보루가 고구려의 것으로 추정되고 있다. 이 유적은 고구려 국경지대 요새의 구조와 성격, 국경방위체계, 군 편제, 고구려의 남하 루트 등을 밝히는데 중요한 자료가 된다.

(2) 서울 구의동 유적

구의동유적은 서울시 성동구 구의동의 해발 53m 정도의 구릉 정상부에 위치하고 있었다. 현재는 멸실되어 버렸다. 유적은 직경 14.8m, 둘레 46m 정도의 석축을 쌓고 그 내부에 직경 7.6m 의 수혈을 파고 건조물을 세운 형태이며 수혈 내부에는 22개의 柱孔과 배수시설 및 온돌이 확인되었고, 그 중심부에는 폭1.5m 깊이 2.3m 정도의 물을 모으는 시설이 있었다. 이곳에서는 400여점 달하는 고구려토기와 1천여 점 이상의 철제 화살촉과 무기류가 출토되었다.

(3) 연천 호로고루성지

경기도 연천군 장남면 원당리에 위치 경기도 기념물 제174호이다. 이 성은 임진강 북쪽의 현무암 수직단애 위에 있는 삼각형의 강안 평지성이다. 이 성이 접하고 있는 임진강은『삼국사기』에 '표천'·'호로하' 또는 '표하'로 나온다. 성의 전체 둘레는 대략 401m 정도이고 남벽은 161.9m인데 강을 따라 길게 형성된 석벽을 활용하였으며, 북벽은 146m, 동벽은 현재 남아 있는 부분이 89.3m이다. 성벽과 성내부에서는 많은 양의 고구려 기와가 출토되었다.

2. 신라 지배하의 한강유역 유적

1) 신라의 서울지역 점령

고구려에 밀려 웅진으로 갑작스럽게 천도한 백제는 초기에는 귀족반란이 빈번히 일어나는 등 정치정세가 매우 불안정하였다. 그러나 동성왕과 무령왕대를 거치면서 백제는 점차 안정을 이룩하게 되었고 이러한 안정 위에서 성왕은 16년(538)에 사비로 천도하였다. 사비천도를 계기로 성왕은 6좌평제, 16관등제, 22부제 등 중앙관제와 5방－37군－200성으로 이루어진 지방통치조직을 정비하고 또 계율을 강조하면서 불교교단에 대한 통제력도 강화하였다.

이렇게 다져진 국력을 바탕으로 성왕은 551년에 신라·가야군과 합동으로 한강유역을 되찾기 위해 고구려를 공격하였다. 이 공격에서 백제는 먼저 한성을 점령하고 나아가 平壤=楊州를 점령하여 한강 하류 지역의 6군을 차지하였고,[36] 신라는 한강 상류의 10군을 차지하였다.[37] 그러나 중국과의 직접적인 교통로 확보에 부심하고 있던 신라는 이때를 타서 백제가 차지한 한강하류 유역마저 점령해 버리고 말았다. 신라의 이런 배신 행위에 격분한 성왕은 554년에 신라 공격을 단행하였다. 그러나 관산성 전투에서 대패하여 백제는 왕을 비롯하여 3만에 가까운 사졸이 전사하는 패배를 입고 말았다. 이리하여 한강유역은 완전히 신라의 영역이 되었다.

2) 新州에서 漢州와 漢陽郡으로

한강유역을 차지한 신라 진흥왕은 이 지역에 신주를 설치하였다. 이 신주의 치소는 漢城이었고, 초대 軍主는 김유신의 할아버지인 金武力이었다. 이후 신주는 557년에는 한산주로, 568년에는 남천주로, 604년에는 다시 한산주로 개칭되었다가 경덕왕 16년인 757년에 한주로 개칭되었다.

한주는 9주의 하나로서 경기도 일대와 충청도 일부 지역을 포괄하는 광역의 행정구역이었다. 이 한주에 속한 행정조직은 모두 1주·1소경·27군·36현이었다. 이 가운데 서울지역에 설치된 것은 한강 이남의 한주와 한강 이북의 한양군이다. 한주의 치소는 오늘날의 하남시이다. 문무왕은 이곳에 晝長城을 쌓았는데 이것이 현재의 南漢山城의 전신이다. 신라는 한주가 군사방어적인 측면에서 중요하였기 때문에 漢山停, 南川停, 骨乃斤停, 漢山州誓, 漢州萬步幢 등 중요한 군부대들을 배치하였다.

한편 한양군은 고구려의 북한산군을 개칭한 것인데 漢陽이라는 명칭은 여기에서 비롯되었다. 한양군의 치소는 지금의 서울특별시 종로구 일대에 비정되고 있다. 신라 무열왕은 오늘날 紫霞門 밖 일대에 莊義寺를

---

36) 『일본서기』 권제19 흠명기 12년조에 "是歲　百濟聖明王親率衆及二國兵(二國謂新
　　羅任那也)　往伐高麗　獲漢城之地　又進軍討平壤　凡六郡之地　遂復故地"라 한 기사
　　참조.

37) 『삼국사기』 권제44 열전제4 거칠부전에 "十二年辛未　王命居柒夫及仇珍大角湌…
　　與百濟侵高句麗　百濟人先攻破平壤　居柒夫等乘勝取竹嶺以外高峴以內十郡"이라
　　한 기사 참조.

세웠다.

3) 유적

(1) 아차산성

서울 광진구 광장동과 구의동 에 걸쳐서 위치. 사적 제234호이다. 성 전체 길이는 1,125m이며, 성벽의 높이는 평균 10m 정도이다. 『삼국사기』 에는 아차산성을 백제가 처음 축조한 것으로 나오는데 1999년 조사에 의 하면 출토유물 가운데 토기류는 모두 신라토기이며 시기는 6세기 후반에 서 9세기 중반으로 편년되고 있다. 이 유적에서는 北漢, 漢山, 北漢山, 蟹 등이 새겨진 신라와 관련되는 銘文瓦도 출토되었다. 이는 현재의 산성은 신라가 한강 유역을 차지한 이후 만든 것임을 보여준다.

(2) 북한산성

북한산성이란 명칭은 백제 개루왕 5년(132)이다. 신라 진흥왕은 553년 에 한강하류 지역을 영역으로 편입한 후 이곳에 순수비를 세웠다. 603년 에 고구려군이 이 성을 포위했으나 곧 격퇴당했고, 661년 고구려 장군 惱音信이 말갈군과 함께 20여 일 동안 포위 공격했을 때 성주 冬陀川이 성안의 주민을 동원해 끝까지 성을 지켰다.

(3) 남한산성

일찍부터 백제 온조왕대의 성으로도 알려져 왔다. 553년 한강 유역을 차지한 신라는 신주를 두었고 문무왕 13년(673)에 漢山州에 晝長城(日長 城)을 쌓았는데, 둘레가 4,360보이다.

(4) 신라진흥왕북한산순수비

본래는 북한산에 있었지만 지금은 국립중앙박물관에 보존되어 있다. 국보 제3호이다. 신라 진흥왕이 한강유역을 영토로 편입한 뒤 왕이 이

지역을 방문한 것을 기념하기 위하여 세운 것이다. 현재 남아 있는 비
몸의 크기는 높이 1.54m, 너비 69㎝이며, 비문은 모두 12행으로 행마다
32자가 楷書體로 새겨져 있다. 비의 건립연대는 창녕비가 건립된 진흥왕
22년(561)과 황초령비가 세워진 진흥왕 29년(568) 사이로 추정되고 있다.
조선 순조 16년(1816)에 추사 김정희가 발견하고 판독하여 세상에 알려지
게 되었다.

Ⅶ. 맺음말

  본고는 한성백제박물관이 세워졌을 경우 서울 인근 지역의 유적들과
박물관을 가장 효과적으로 연계시킬 수 있는 방법에 대해 생각해 본 것
이다. 먼저 한성백제사의 특징을 10여가지로 뽑아 정리하고 이것이 인근
지역의 유적들과의 연계될 수 있도록 여러 방면에서 주제를 설정해 보았
다. 이러한 주제들을 통해 한성백제사의 특징들이 구체적으로 드러나게
하는 방법으로는 현장을 답사하는 체험코스 형태나 야외공간에 전시하는
형태 또는 판넬이나 영상으로 실내에 전시하는 방법도 생각해 볼 수 있
다. 이 문제에 대해서는 앞으로 계속적인 검토가 이루어져야 할 것이다.
  한성백제박물관이 건립되면 그 동안 상대적으로 관심 밖에 놓여 있었
던 한성백제사는 이제 그 빛을 발할 수 있는 토대를 얻게 된다. 이 토대
위에 한성백제사의 다양한 모습을 보다 구체적이고도 체계적으로 쌓아
올리는 과업은 연구자들의 몫이다. 그러기 위해서는 한성백제박물관은
연구와 자료 축적에 중점을 두는 박물관으로 特化되어야 할 것이다.
  발표자는 백제사를 연구하는 한 사람으로서 서울시가 한성백제박물관
을 건립하기로 한 것을 크게 환영하면서 이 사업이 적극 추진되어 역사
적인 開館을 볼 수 있는 날이 하루 빨리 오기를 간절히 바라는 바이다.

암사동과 풍납동 일대

암사동 선사주거지

암사동 선사취락지 복원 전경

백제밭유구(하남 미사리)

풍납토성(일제강점기)

풍납토성 내부 가-7호 주거지

몽촌토성

석촌동 고분군

홍련봉 고구려보루

구의동 고구려보루

花島鎭圖(19세기 말 제작, 국립중앙도서관 소장)에 보이는 능허대와 대진

능허대 해변(1937년경) – 사진엽서

'한성백제박물관과 인근유적의 연계 방안'을 읽고

임영진 전남대학교

노중국교수는 백제사 분야의 대표적인 연구자로서 그동안의 연구 성과와 다양한 경험을 바탕으로 향후 한성백제박물관과 서울 인근 지역의 유적들을 유기적으로 연결하는 효과적인 방안을 제시하고 있다.

이를 위해 먼저 한성백제의 역사를 개관하고 한성백제에 대한 시간적, 공간적 범위를 설정하였다. 시간적 범위는 서기전 18년부터 공주로 천도하는 475년까지로 잡았으며, 공간적 범위는 1단계에는 인천을 비롯한 한강하류지역까지(2세기초), 2단계에는 예성강(북), 춘천(동), 서해(서), 안성천(남)까지(3세기중반), 3단계에는 남으로 전북일대까지(4세기전반경), 4단계에는 전남일대까지(369년)로 설정하였다.

한성백제박물관과 연결시켜볼 수 있는 공간적 범위에 있어서는 공주, 부여를 도읍으로 하였을 때의 역사적 공간과 교통편이라는 현실적인 측면을 감안하여 남으로 안성천까지 상정하고 있다. 시간적인 범위에 있어서는 암사동유적과 같은 신석기시대의 유적에서부터 고구려나 신라의 지배를 받았던 기간까지로 설정하고 있다.

또한 한성백제의 특징을 천하관, 교통, 대외교류, 도량형, 토목기술 등 여러 가지 측면에서 일목요연하게 정리한 다음, 한성백제박물관과 주변유적의 연계에 대해 주제별, 지역별, 주제와 지역을 복합시킨 방안 등으로 구분하여 제시하고 있다.

여기서는 한성백제의 시간적, 공간적 범위와 다양한 문화적 특징들에 대한 엄격한 논의는 적절하지 않으므로 생략하고, 한성백제박물관과 연결시켜 볼 수 있는 시간적, 공간적 범위와 연계유적에 대해 발표자의 견해를 보완하는 입장에서 토론자의 소견을 개진해보고자 한다.

1. 시간적인 면에서는 한성백제 건국 이전의 시대적 배경을 반영하여야 한다는 점과 한성백제 직후의 변천상을 반영하는 것이 필요하다는 점에서 발표자의 견해에 동의하며 이는 한성백제박물관의 전시 대상에 있어서도 마찬가지로 적용되는 것이 좋겠다고 생각한다. 여기에 구석기시대가 추가되는 것도 무방할 것이다.

2. 공간적인 면에 있어서는 한성백제박물관에서 전시 자료를 통해 반영할 수 있는 공간적인 범위와 기본적으로 일치하지만 연계답사의 주체에 따라 달라질 수 있을 것으로 생각된다. 일반인들의 연계답사에 있어서는 광역권보다는 인접권이 바람직하다는 현실적인 요구가 감안되어야 하기 때문이다. 한성백제박물관을 찾아오는 대부분의 관람객들은 전문적인 연구자가 아닌 일반인과 학생들이라는 점, 이들은 국립중앙박물관이나 서울역사박물관을 이미 관람하였거나 추후 관람할 것이라는 점 등은 연계답사권 설정시 고려되어야 할 중요한 요소일 것이다.

토론자는 한성백제박물관을 관람한 다음 연계된 유적을 돌아보고자하는 일반 관람객의 입장을 감안한다면 2~3시간 정도의 길지 않은 시간 동안 돌아볼 수 있는 범위가 적절하다고 생각된다. 관람객의 입장에서는 박물관 관람, 연계 유적 답사, 점심식사 등 일련의 나들이 활동이 크게 부담되지 않은 시간 내에 이루어질 필요가 있을 것이다. 그 시간은 1일을 기준으로 하여 5~6시간이 적절하다고 보면 박물관 관람에 1-2시간, 점심식사에 1시간 정도가 소요된다고 보고 연계유적 답사에 2-3시간을 안배하는 것이 좋다고 보는 것이다.

3. 한성백제박물관을 중심으로 연계답사를 시행할 수 있는 유적으로는 발

표자의 지적대로 발굴이나 지표조사를 통해 성격이 확인되어 현재 보존되어 있는 유적을 중심으로 해야 할 것이다. 일반인들이 2-3시간 동안 답사하기에 적절한 유적을 선정하는데 있어서는 특정 주제에 따르기보다는 접근성을 따르는 것이 바람직하다고 본다.

이 경우 시대나 주제에 있어서는 다양한 유적이 선택될 수 있을 것이며 신석기시대의 주거유적인 암사동유적, 신석기시대부터 백제까지 이어지는 주거유적인 미시리유적, 백제의 도성유적인 풍납토성과 몽촌토성, 백제의 매장유적인 석촌동고분군, 백제와 고구려가 격전을 벌였던 아차산성과 고구려보루, 신라의 서울 진출과 관련되었다고 판단되는 방이동고분군 등이 적절하다고 본다.

이 가운데 가장 역점을 두어야 할 유적은 도성유적인 풍납동토성과 몽촌토성, 매장유적인 석촌동고분군이라는 점은 누구나 공감할 수 있을 것이다. 모두 국가사적으로 지정된 중요한 유적이지만 한성백제박물관과 연계하여 답사를 유도하고자 할 때에는 여러 가지 보완해야 할 점들이 많은 만큼 서울시나 한성백제박물관에서 보다 적극적으로 나서야 할 것이다.

기타 한성백제박물관을 중심으로한 한성백제문화벨트에 포함될 수 있는 유적으로 청동기시대의 가락동주거지나 역삼동주거지, 백제의 삼성동토성 등 중요한 유적들이 적지 않게 알려져 있지만 대부분 이미 사라져버린 것이다. 이러한 유적들을 연계답사권에 포함시키기 위해서는 현지에 자세한 안내판을 설치하거나 가능한 범위 내에서라도 복원시키는 작업들이 수반되어야 할 것이다.

또한 이 유적들은 교통이 복잡한 지역에 위치하는 만큼 연계유적의 답사에 있어 무료 셔틀버스를 운영함으로써 주 내방객이 될 서울시민에게 최상의 서비스를 제공하는 것이 바람직할 것이다.

4. 전문적인 연구자들을 위한 효과적인 연계 방안에 있어서는 보다 광범위한 지역에 걸쳐 보다 구체적이고 세부적인 유적들이 선정되어야 할 것이다. 발표자가 제시한 다양한 주제별, 지역별 유적들은 전문적인 연구자들의 요구를 충분히 수용할 수 있도록 망라된 유적들이다.

이 유적들은 주제별로 다양할 뿐만 아니라 지역별로 매우 광범위하기 때문에 일관된 기준에 따라 연계답사를 시행하기는 쉽지 않다. 따라서 한성백제박물관의 전시 공간에 유적간의 다양한 연계성을 최대한 반영하도록 하고 실제 답사에 있어서는 전문가들의 개인적인 관심사에 따라 선택적으로 할 수 있도록 하는 것이 바람직할 것이다.

전문적인 연구자들의 경우 서울지역 뿐만 아니라 국내 각 지역과 중국, 일본 등지에서 찾아올 것이므로 각 유적지에 대해 구조와 출토유물, 역사적 성격, 교통편(접근방법), 소요시간 등 현지답사에 필요한 최대한의 정보와 함께 음식점, 숙박시설 등을 엄선하여 소개하는 답사안내서를 제공하는 것이 좋을 것으로 생각된다.

이상 '한성백제박물관과 인근유적의 연계 방안'을 읽고 몇가지 소견을 제시하였다. 앞으로 한성백제박물관은 서울의 도읍으로서의 역사를 600년전에서 2,000년전으로 바로잡을 뿐만아니라 삼국 가운데 가장 불명확한 백제의 건국과 초기 발전 과정을 종합적으로 연구해 나가는 한편 새로운 연구 성과를 전시와 답사를 통해 일반인들에게 교육하는 중추 기구가 되길 기대한다.

"한성백제박물관과 인근유적의 연계방안"에 대한 토론요지

권오영 한신대학교

노중국교수님의 발표문은 한성백제사의 특징으로 9개의 항목을 적출하고 이를 기초로 삼아 서울과 인근지역의 선사시대 이후 통일신라시기에 이르는 유적들을 어떻게 연결지을 것인지에 대한 방안을 강구한 글이다. 따라서 발표문에 대한 토론 역시 이러한 흐름을 따라서 이루어져야 효과적일 것이다.

1. 한성백제사의 특징

발표자는 한성백제사의 특징으로 9개의 항목을 거론하고 있다.
* 간선교통로로서의 한강
* 활발한 대외교류와 선진문물의 수용과 전파 - A
* 후왕제를 바탕으로 한 천하관
* 발달한 토목, 건축기술
* 공예, 직조기술의 발달 - B
* 지식인층의 형성과 확대 - C
* 고구려적 문화전통에서 백제적 전통으로
* 금동관, 장식대도와 위세품
* 도량형의 통일과 시행

이상의 9개 항목에 대해 토론자 역시 공감하는 바이며 별다른 이견이 있을 수 없다. 다만 구체적인 사실에서 몇 가지 수정할 부분이 눈에 띄는 정도이다.

A항목에 대한 서술에서 "풍납토성에서 출토된 須惠器"란 부분이 있지만 실은 이것은 몽촌토성 출토품에 대한 오인으로 여겨진다.

B항목에 대한 서술에서 "몽촌토성에서 출토된 금동과대금구도 백제의 금속공예기술을 잘 보여준다"라고 되어 있지만 사실 이 유물은 백제에서 제작한 것이 아니라 중국, 좀더 좁히자면 동진에서 제작한 것으로 보인다.[1] 이와 유사한 유물은 武漢 熊家嶺, 南京 南京大 北園 東晉墓, 廣州 大刀山墓 등지에서 출토된 바 있는데 4세기 동진과 백제의 교섭을 상징하는 유물이다.[2] 아울러 풍납토성에서 출토된 心葉形 銙板垂飾 1점과 화성 사창리에서 수습된 1벌의 과대금구도 진식대구에 포함되며 그 성격 역시 백제와 동진의 교섭의 결과이다.

C항목에 대한 서술 중 인천 계양산성 출토 목간을 백제의 것으로 간주하고 있지만 이 자료의 연대는 아직 분명치 않은 듯 하다. 토론자는 아직 실물을 보지 못하였지만 "전형적인 한성백제 토기들과 함께 출토되어 그 연대가 3~4세기"라는 일부 언론의 기사는 신빙할 수 없다. 공반된 유물의 연대문제와 아울러 이 목간의 출토맥락에 대한 검토 없이 막연히 한성백제로 간주하는 것은 위험하다고 생각한다. 아울러 홍성 신금성 내성 남벽 판축토에서 출토된 벼루의[3] 국적 역시 백제가 아닌 신라일 가능성이 높다. 이 유물은 硯岡과 硯池의 경계가 뚜렷한 것으로서 중국에서는 隋唐代 이후 나타나는 형식이다.[4] 따라서 신금성의 벼루는 한성 백제와는 무관하다고 판단된다.

---

1) 朴淳發, 2001, 『漢城百濟의 誕生』
2) 權五榮, 2004, 「晉式帶具의 南과 北」『加耶, 그리고 倭와 北方』第10回 加耶史 國際學術會議
3) 李康承・朴淳發・成正鏞, 1994, 『神衿城』忠南大學校博物館
4) 山本孝文, 2005, 「韓國 古代 律令의 考古學的 硏究」부산대학교 박사학위논문, p.197

2. 한성백제의 공간적 범위와 서울 인근지역

발표문에 의하면 "백제는 서기전 18년에서 475년에 이르기까지 493년 동안 서울을 수도로 하였다"라고 되어 있다. 하지만 기원전 18년이라는 『三國史記』의 연대를 그대로 믿는 것이 가능한지는 의문이다. 이 문제는 앞으로 한성백제박물관의 전시 패널이나 도록 작성에서 어차피 한번은 부딪힐 문제이지만 『삼국사기』 초기기사의 취신 여부에 대한 이론이 존재하는 상황을 고려할 때 구체적인 수치를 나열하는 것은 공연한 오해의 소지가 있다.

아울러 김제의 벽골제를 4세기 초에 축조된 백제의 저수지로 보는 것도 부정적인 견해가[5] 많다는 점에서 신중할 필요가 있을 듯 하다.

발표자는 한성기 백제의 영역 확대과정을 1단계(초고왕대, 2세기 초), 2단계(고이왕대, 3세기 중반경), 3단계(비류왕대, 4세기 전반경), 4단계(근초고왕대, 369년경)로 나누어보면서 2단계의 공간범위(북으로는 예성강, 동으로는 춘천, 남으로는 안성천, 서로는 서해를 긋는 범위)를 한성백제박물관의 전시 대상으로 삼고 있다. 이러한 공간에 대해서는 토론자도 동감이다. 다만 이러한 공간이 확보된 시점을 3세기 중반 경으로 못 박을 경우 현재의 고고학적 지견과는 사뭇 어긋난 모습을 그리게 된다. 3세기 중반이란 시점에 한성 백제의 영역이 그 정도로 광역화되었다고 보기는 곤란하며 그 물질적인 증거는 어디서도 찾아 볼 수 없기 때문이다.

3. 인근유적과의 연계방안

본 발표문의 핵심적인 부분이라고 할 수 있는 내용이다. 이 중 사실 확인이 필요한 구절을 추출해 보았다.

* 호암산성 : 발표자는 이 산성에 대하여 "백제 초기의 것으로 추정되는 와편도 소량 출토되어 … 이 산성은 백제때부터 사용되었을 것으로 추정된다"라고 하지만 발굴보고자들은 6,556개체분의 기와 중 백제기와가 있다는 이야기는 전혀 하지 않았으며 대부분 통일신라의 것이고 일부 후대의 것이

---

5) 成正鏞, 2002, 『唐津 合德堤』忠南大學校博物館, p.50

섞여 있음을 이야기할 뿐이다.[6] 아마도 "6,556개체분의 와편이 출토되었는데 이 가운데에는 백제 초기의 것으로 추정되는 와편도 소량 출토되어 이 산성이 백제때부터 사용되었다는 것을 추정케 해준다"라는 보고서에[7] 의한 것으로 보이지만 토론자가 지금까지 확인한 바로는 이 유적에서 출토된 기와중 백제 기와가 분명한 것은 1점도 없다.[8]

 * 대모산성 : "통일신라시대에 축성된 것으로 보아 왔지만 … 초기철기시대의 주거지가 확인되어 축조 시기는 올라갈 가능성이 있다"라는 구절은 오해의 여지가 있다. 초기철기시대의 주거지 중에는 고지성 입지를 가져서 삼국시대 이후의 산성과 동일한 지점에서 발견되는 경우가 매우 잦다. 따라서 대모산성 내부에 초기철기시대 주거지가 존재하는 사실과 대모산성의 축조 시기는 무관하다.

 * 연천 삼곶리 백제 적석총 : 삼곶리와 함께 최근 발굴조사되어 보고서가 출간된 학곡리 적석총도[9] 포함시키는 것이 바람직해 보인다.

 * 토광묘 : 구체적인 유적이 누락되어 있는데 최근 발견된 용인, 화성 지역의 초기철기 - 원삼국기 목관묘와 목곽묘를 추가하는 것이 좋을 듯하다.

 * 미사리밭유적 : 서울시 송파구 미사리가 아니라 하남시 미사동이다.

 * 사당동 백제요지 : 사당동 가마를 백제 가마로 간주한 것은 백제토기와 (통일)신라토기의 변별이 불가능하던 시절의 오인에 불과하다. 사당동 요지에서는 백제토기가 출토된 바 없다. 발굴자들에 의한 약보에서도 명백히 신라토기요지라고 명명된 이 유적이[10] 어찌된 일인지 지금도 백제요지로 불리고 있고, 그 결과 이 유적에서 채집된 나말여초기의 토기가 별다른 검토없이 막연히 백제토기로 보고되는 일 조차 있다.[11] 현재 사적으로 지정되어 있는 이

---

6) 발굴보고자들은 6,556개체의 기와 중 고려시대에 유행한 어골문 C형과 기타문양을 제외한 전량이 통일신라시대의 것임을 기술하고 있다.
   任孝宰 · 崔鍾澤, 1990, 『한우물』서울大學校博物館, p.104
7) 서울역사박물관, 2005, 『서울특별시 문화유적 지표조사 종합보고서』제1권
8) 유독 이 유적만이 아니라 한성백제기의 산성에서 기와가 출토되는 예는 현재 한군데도 없다.
9) 畿甸文化財研究院 · 서울地方國土管理廳, 2004, 『漣川 鶴谷里 積石塚』
10) 金元龍 · 李鍾宣, 1977, 「舍堂洞 新羅土器窯址 發掘調査 略報」『文化財』11
11) 서울역사박물관, 2003, 『서울 한강이남 문화유적 지표조사 보고서』

유적의 명칭을 신라요지로 바꾸어 더 이상의 혼란을 방지하여야 한다.

  * 도미나루 : 『新增東國輿地勝覽』의 渡迷津을 『三國史記』 열전의 都彌와 연결짓는 일부의 견해를 수용하고 있으나 이 문제는 좀더 검토가 필요할 것으로 판단된다.

  * 중국과의 교류 : 석촌동고분에서 "중국 육조시대의 자기 항아리 목부분이 출토"된 사실을 예시하고 있는데 이는 3호분 출토품이고 이외에 3호분 동쪽 86 - 8호묘 주변에서 완형의 청자 사이호가 출토된 바 있다. 석촌동고분군에서는 총 9개체 분의 중국 자기류가 출토되었다.[12]

  원주 법천리유적에서도 청자 양형기를 들고 있으나 이밖에 靑銅鐎斗, 鐎壺 뚜껑 등이 포함되어야 한다. 홍성 신검성은 신금성으로 수정되어야 한다. 천안 화성리유적에서 출토된 것으로 전해지는 천계호와 반구병은 공반된 것이 아님이 이미 밝혀진 바 있다. 화성리에서 출토된 것은 반구병 뿐이고 천계호는 출토지불명이다. 서산 부장리유적의 경우도 청자 사이호 이외에 흑유호가 1점 더 있다.

4. 새 한성백제박물관에 대한 제언

  토론자는 발표자의 전체적인 견해에 대체로 동감하는 편이다. 따라서 본격적인 반론이나 토론을 펴기 보다는 보완적인 의미에서 평소 생각하는 바를 몇 가지 나열하고자 한다.

1) 시간적, 공간적 범위에 대한 고민

  새로운 한성백제박물관은 국립용산박물관 백제실과는 달라야 한다. 그것은 시간적, 공간적으로 한성백제에 초점을 맞추어야 한다는 것이다.

  시간적 범주의 설정은 비교적 용이한 편이다. 한성백제사의 시작을 『三國史記』의 연대관대로 기원전 18년으로 간주하건, 그러한 견해에 반대하여 기원후 3세기경으로 간주하건 간에 관계없이, 한성백제의 前史, 맹아기, 혹은 발전과정 등등에 대한 설명은 필요하기 때문에 필연적으로 서울 - 경기지역

---

12) 成正鏞, 2003, 「百濟와 中國의 貿易陶磁」 『百濟研究』38, p.29

의 청동기 내지 초기철기시대 문화에 대한 전시가 필수적이기 때문이다.

하한의 경우는 475년이란 연대에서 획을 긋건, "한성백제 그 후"라는 식의 컨셉으로 고구려, 신라 점령기를 다루건 큰 문제는 아니라고 본다. 충분한 논의를 거쳐 전시의 방향이 결정되는 대로 따르면 되기 때문이다. 따라서 서울, 경기 지역의 고구려, 신라 유적, 유물을 어떻게 엮고 배치할 것인가 하는 고민은 그리 큰 문제는 아니라고 본다.

문제는 공간적 범위에 대한 고민이다. 한성백제의 영역이 확대되는 과정을 유적과 유물로 보여준다는 기본 원칙이 수립된다 하더라도 구체적인 과정에서는 많은 어려움이 예상된다. 경기, 충청, 강원지역의 자료는 어느 시기의 것부터 포함시킬 것인지, 그리고 어느 정도의 비율로 서울과 지방(한성백제 당시의)의 자료를 배치할 것인가 하는 점이다.

2) 예상되는 유물 선정의 어려움

만약 서울 강남의 유적에서 출토된 자료가 충분하다면 많은 고민을 덜 수 있겠으나 몽촌토성과 풍납토성에서 출토된 유물의 압도적 다수는 토기류이다. 석촌동고분에서 출토된 유물 역시 한성 백제 최고 지배층의 화려한(?) 면모를 보여주기에는 역부족이다. 조금 공간을 확대시켜보더라도 사정은 마찬가지이다. 하남 미사동, 고양 멱절산, 의정부 민락동, 용인 수지 등의 자료를 추가하더라도 사정은 그리 달라지지 않는다.

여기에서 과감하게 천안 용원리와 화성리, 원주 법천리, 청주 신봉동, 공주 수촌리, 익산 입점리, 나주 신촌리 등 한성기 지방 수장과 관련된 유물의 수혈을 받아도 사정은 나아지지 않는다. 중앙 - 지방관계, 고분 부장품 내지 장신구, 위세품, 기술공예 등의 코너에서 전시될 이 유물들을 볼 때 관람객들은 백제 중앙세력과 지방 세력의 힘의 역전현상에 당혹해 할 것이기 때문이다. 개관 전에 서울지역에서 금동관이나 허리띠, 신발 등의 귀금속 장신구가 출토된다면 모르겠지만.

더 나아가 서울시 산하의 한성백제박물관에 서울 출토 유물은 별로 없거나 별 볼일 없고 다른 지역의 유물이 대거 침투해 "굴러온 돌이 박힌 돌 빼내는 현상"에 대한 서울시민들의 비판도 예상된다. 그나마 위에서 열거한 지방의 수장묘 출토 장신구나 위세품류는 이미 용산과 지방의 국립박물관, 그리고 발굴조사를 담당한 대학박물관에서 상설 전시중이기 때문에 서울 역사박물관이 대여한다는 것은 거의 불가능에 가까울 것이며, 복제품을 전시할 수밖에 없을 것이다. 서울에서 출토하지도 않은 유물의 복제품을 서울시 산하 박물관에 전시하는 기현상을 피할 수 없게 된다.[13] 복천동고분 부장품만으로도 전시실을 꽉꽉 채울 수 있는 부산의 복천박물관과는 사정이 다른 것이다.

3) 개관 이후에 맡아야 할 일

언제가 될지는 알 수 없으나 한성백제박물관이 개관한 후에 맡아야 할 가장 중요한 사업은 물론 상설전시의 운영과 특별전시의 개최일 것이다. 하지만 토론자는 이 자리를 빌려 그것 못지않게 한성백제 유적의 보존과 조사에 몰두할 것을 미리 요구한다. 그것은 현재의 문화재보호 체제나 학계의 분위기를 볼 때 한성백제의 유적, 유물에 대한 효과적인 보존 대책과 관심이 없다는 절망감 때문이다.

예를 들어 보자. 2000년 5월의 유적 훼손 사건 이후 풍납토성 내부에 대해서는 사전 시굴조사를 통해 재건축의 허용 여부가 결정되고 있다. 따라서 사전 조사 없이 유적이 파괴될 가능성은 크게 줄어들었다. 문제는 성 밖이다. 현재 각급 지자체나 문화재관련 기관에서 풍납토성과 몽촌토성의 외곽에 대한 조사와 보존의 의지는 제로에 가깝다. 풍납토성 내부의 조사와 보존에도 버거워하고 있는 사정은 이해할 수 있지만 과연 성곽 외부는 이대로 방치해도 좋을 것인가?

풍납토성과 몽촌토성 사이에는 두 성곽을 연결하는 도로, 민가, 경작지 등이 연이어져 있지 않았을까? 왜 우리는 두 개의 성곽 내부에만 주목하는 것일까? 풍납토성에서 출토된 그 많은 양의 토기와 기와는 어디에서 만든 것일까? 철기류나 유리, 금제품 등의 귀금속 제품을 만들던 공방은 성 내부에 존재하였을 가능성이 높지만 막대한 양의 토기와 기와를 만들던 공방과 가마

---

13) 무령왕릉 출토품이나 신봉동 출토품 등을 조잡한 복제품으로 전시하고 있는 현재의 몽촌역사자료관이 그 생생한 예이다.

는 성 외곽에 있었을 것이다. 당연히 최소한 성 외곽 반경 1km 정도의 범위
는 주목되어 마땅하다. 이 일대에서는 지금도 각종 개발공사가 이루어지고
있지만 앞으로 사전 발굴조사가 이루어질 가능성은 희박하다.

관련 기관들이 풍납토성 내부를 지켜냈다고 자위하는 이 순간에도 성 외
곽의 각종 유적은 무참하게 파괴되고 있을 것이다. 한성백제 도성의 경관을
복원하는 작업은 현재의 자료여건으로는 절대 불가능하다. 몇 년 지나지 않
아 우리의 후손들은 나무만 보고 숲은 보지 못한 우리 세대의 근시안을 준
엄히 심판할 것이다.

일본의 傳인덕천황릉(전장 486m)을 능가하는 초대형(길이가 500m라고 한
다) 전방후원분이 서울시내에서 발견되었다고 국영방송이 열을 올리는 한판
희극을 보면서 이러한 볼거리를 연출하고 관람할 시간과 돈이 있다면 풍납
토성과 몽촌토성 외곽에서 벌어지는 공사현장을 한 번 눈여겨 봐달라고 간
청하고 싶다. 앞으로도 한성백제박물관을 제외하고는 이 사명을 담당할 기관
이 없어 보인다.

불충분한 조사로 시종한 후 불분명한 복원과정을[14) 통해 6기의 고분만 보
존하고 주변에 존재하던 수많은 유구의 흔적은 찾을 길 없이 되어버린 석촌
동고분군도 이번 기회에 다시 살려야 한다. 이것 역시 한성백제박물관의 사
명이다.

4) 개관 이후에 맡아주면 좋을 일

한성백제박물관의 관할공간이 어디까지인지에 대해 토론자는 논할 위치에
있지 못하다. 다만 한성백제라는 명칭이 붙는다면 여기에 걸맞은 임무가 한
가지 더 있음을 밝히고자 한다.

경기도일원에는 서울 강남의 백제 중앙과 각종 관계를 맺어나가면서 결국
은 백제의 近畿地域으로 편입되는 다양한 정치세력이 존재하였다. 그 결과
경기도 곳곳에는 한성백제기에 해당되는 취락과 성곽, 고분과 각종 생산유적

---

14) 예를 들어 석촌동 5호분의 분형은 현재 복원된 형태의 원추형이 아닌 방대형일 가능
　　성이 지극히 높다. 어찌된 일인지 발굴조사에서 방형의 평면을 띠고 있음이 확인되었
　　음에도 복원 결과는 방추형으로 되어 버렸다.

등이 무수히 분포하고 있다. 그 중에는 이미 인멸되어 버린 경우도 있으며 (화성 일왕면 유물출토지: 현재 행정구역으로는 의왕시 부곡동)[15] 발굴조사 후 방치된 경우도[16] 있다. 史蹟으로 지정되었음에도 불구하고 파괴가 현재 진행형인 화성 마하리고분군도 있고, 토론자의 여러 차례에 걸친 노력에도 불구하고 제대로 조사 한번 이루어지지 못한 채 파괴되고 있는 화성 길성리 토성도 있다.

이러한 경기도지역의 한성기 유적에 대한 연구와 보존은 물론 경기도박물관이 담당할 수 있을 것이다. 하지만 한성백제박물관이란 이름에 걸맞은 활동을 꿈꾼다면 당연히 이곳에도 주목하여야 할 것이다.

5) 연구와 교육의 중심으로

한성백제박물관은 명실 공히 한성기 백제 고고학과 역사학 연구의 중심이 되어야 한다. 서울 시내의 각급 문화원이나 향토사학자들의 연구가 학문적 객관성을 유지할 수 있도록 도와주어, 이번 전방후원분 해프닝과 같은 일이 다시는 일어나지 않도록[17] 서울의 고고학, 고대사 연구의 토양을 건강하게 만들어주어야 한다.

다양한 사회교육 프로그램이 준비되어야 함은 물론이다. 어린 나이에 고향을 떠나 서울에 정착한 이농세대의 시대라면 서울시민이라도 서울의 역사와 문화에 대한 관심이 없겠지만, 서울에서 태어나서 서울에서 살고 있는 서울시민의 숫적 비중은 계속 늘어가고 있다. 이들에게는 서울이 고향인 셈인데 고향의 역사와 문화에 대한 관심이 증대될 것으로 예상되며 그렇지 못하다면 증대시켜 마땅하다. 사실 서울이야말로 다양한 사회교육 프로그램이 가동될 수 있는 좋은 조건을 갖추고 있기 때문에 한성백제박물관은 이 점에서

---

15) 尹武炳, 1960, 「京畿道 華城郡 日旺面出土의 百濟土器」『考古美術』1-2
   權五榮·韓志仙, 2003, 「儀旺市 一括出土 百濟土器에 대한 관찰」『吉城里土城』한신大學校博物館
16) 화성시 마도면 백곡리 고분을 예로 들 수 있다.
17) 2년 전 한 일간지에 의해 저질러진 하남시 춘궁동의 소위 능너머고분 오보사건이 그 후 어떠한 사과나 책임추궁 없이 흐지부지 되어 버린 결과 이번의 사건이 발생하였다고 판단된다.

만은 다른 국공립박물관에 비해 유리한 조건을 갖추고 있는 것이다.

석촌동고분군과 몽촌토성, 풍납토성을 연결한 한성백제 도성의 경관을 복원해 내고, 이를 시민들에게 체험하게 하는 프로그램의 개발은 한성백제박물관이 중심이 된 연구활동과 사회교육을 통해서만 이루어질 수 있다.

박물관 교육의 발전 방향

|최근성|

박물관 교육의 발전 방향
- 어린이 교육을 중심으로 -

최근성 경기도박물관

I. 들어가는 말

　박물관의 사회교육은 50년대 후반부터 시작하여 오랜 기간을 거쳐 많은 발전을 가져왔음은 부인할 수 없는 성과이다. 이것은 곧 우리의 전통문화를 바르게 이해시켜 올바른 가치관을 심어 주겠다는 관점에서 출발하여 이제는 평생교육의 장으로 탈바꿈하면서 점차 심화 교육과정으로 전이하는 추세에 이르고 있다. 뿐만 아니라 교육의 과정도 연령별·계층별로 다양화되고 있다. 이는 교육자 중심에서 교육생 중심, 즉 공급자 중심에서 수요자 중심으로 바뀌지는 교육 메카니즘(Mechanism)의 변화를 예고하는 것이다.

　특히 어린이에 대한 교육은 현장 체험교육과 참여 학습을 통한 전인교육을 목표로 지향하는 사회적 분위기에 발맞춰 많은 관심을 갖게 되었고 근자에는 참여정부의 제 7차 교육과정의 교육목표 중에 "우리 문화에 대한 이해의 토대 위에 새로운 가치를 창조하는 사람"이라는 단위 슬로건이 박물관 교육과정과 맞물리면서 교육 프로그램 개발은 물론 나아가 별도의 어린이박물관 건립이 이루어지고 지방 자치단체의 박물관까지도 그 건립계획을 발표하고 있다. 더욱이 금년부터 주5일 근무제가 실시됨에 따라 가족이 함께하는 문화 프로그램을 선호하게 됨으로써 많은 박물관에서 그 추세에 부응하여 주말을 이용한 교육행사 프로그램을 개발, 실시하고 있다. 이렇듯 박물관에서의 어린이 교육은 큰 비중을 차지하게 되었으며 나아가 박물관 이용객 수요를 증감하는 주요 요인으로 자리 잡아가고 있다. 실제로 도시형 박물관의 관람객 중 거의 과반 수 이상이 어린이가 차지하고 있으며, 그중에서도 절반 이상이 유치원생이 차지하고 있다.

이러한 추세에 힘입어 어린이 교육 프로그램의 다양성을 갖춘 양적인 발전에도 불구하고 이를 소화할 수 있는 전문 인력(Educator)과 어린이에 걸 맞는 교육 시설이 매우 부족한 실정이다. 또한 다양한 프로그램 개발을 위한 근시안적이며 단기간의 사업 추진으로 그 내용이 빈약한 결과를 초래한 면도 적지 않다. 이는 우리가 가진 빨리 문화의 사회적 속성에서 기인되는 것이기도 하지만 좁게는 문화사업에 대한 국가 시책의 조급성에 오는 귀결일지 모르겠다. 어린이에게 우리 문화에 대해 이해하고 향유할 수 있는 시스템 개발과 동시에 장기적인 마스터플랜이 지속적이고 계획적으로 이루어지지 않기 때문이다.

물론 이러한 문제를 단시일에 개선하기에는 매우 어려운 실정이다. 그러기에 여기서는 어린이교육의 문제점과 개선방안을 제시하면서 향후 어린이 교육의 현실적인 방안을 모색해 보고자 한다. 본고의 내용은 주로 유아와 초등학생을 대상으로 하면서 이들을 뒷받침하는 부모나 교사에 대한 교육도 어느 정도 언급해 보고자 한다. 이를 위해 제도적인 측면에서 어린이 교육 전문인력 확보방안을, 운영적인 측면에서 교육 프로그램 기획과 운영방안, 그리고 교육시설 측면도 짚어 보고자 한다.

본 발표는 박물관 현장에서 교육 프로그램을 운영하면서 보고 느낀 점과 다행히도 어린이 박물관 건립업무를 추진하는 과정에서 배운 사실들을 정리하여 보는 정도이다. 본 발표를 통해 박물관의 어린이 교육이 보다 활성화되고 참신한 교육내용으로 다듬어져 가기를 기대해 본다.

II. 하고 싶은 말

1. 박물관의 제도적 측면

우리나라 박물관의 경우 규모가 큰 국·공립 박물관을 제외하면 대부분 에듀케이터(Educator)나 뮤지엄-티쳐(Museum-Teacher)와 같은 전문 인력이 전무한 실정이다. 이렇다 보니 가장 기초적인 전시교육조차 이루어지지 못하고 인솔교사에 의해 교육되고 있는 실정이다. 물론 경우에 따라서는 문화자원봉사자나 문화해설사의 도움을 받아 교육이 이루어지는 경우가 있기도 하다. 그러나 이들 모두가 어린이를 지도하기에는 다소 무리가 있어 보인다. 우선 문화자원 봉사자는 나름대로의 전문성을 가지고 있기는 하나 어린이에 대한 학습 능력이 떨어져서 아이들에게 전통문화를 쉽게 이해시킬 수 없는 한계를 지니고 있다.

반면에 교사들의 경우 전통문화에 대한 전문 지식이 결여되어 유적·유물에 대한 피상적인 설명에 그치고 있다. 초등교사의 경우 학부에서 전통문화에 대한 학과목을 수강하는 경우가 거의 희박하며, 그중 사회학과의 경우 국사와 관련된 학과목 정도만 수강함으로써 우리 문화의 실상을 파악하기가 매우 어려운 형편이다. 요즘 일부 지방 교육청에서 박물관 체험학습 프로그램에 관련된 연구도서를 제작하여 이를 통해 교사들의 학습 지침서로 활용토록하고 있다. 그러나 그 내용이 단편적이고 소략하여 전시물에 대한 총체적 내용을 파악하기가 미진하여 아이들에게 전통문화를 충분히 습득시키기에는 다소 어려운 점이 있다.

이러한 현실을 극복하기 위해 의식 있는 몇몇 교사들이 중심이 되어 박물관 체험학습연구회를 결성하였다. 이들은 여러 박물관들의 현장 조사와 꾸준한 연구 활동을 통해 관련 보고서 발간이나 학습지를 제작하여 현장체험 학습에 활용하기도 한다.

한편 유치원 교사도 이와 비슷한 실정으로 지방 교육청에서 형식적인 교육 프로그램 책자를 제작·배포할 뿐 구체적인 학습교재 활용에 대한 연수까지는 실시하지 못하고 있는 형편이다. 유치원 교사 역시 학부에서 전통문화 교육에 대해 일부 관심을 가지고 교양강좌로 전통문화와 관련된 교과목(예 : 한국의 전통문양, 한국의 미술, 역사와 문화 등을)을 특별히 편성하고 있기도 하다. 그러나 그 내용을 살펴보면 한 두 학기에 한 두 과목을 배정함으로써 교육내용이 소략하게 되어 결국 학습 효과가 크게 떨어질 수밖에 없다.

그리고 교과목의 내용을 보면 단순한 강의가 주류를 이루고 있으며, 간혹 유적답사 정도에 그치고 있다. 물론 학과목에 따라서는 강의 중심의 학습이 이루어 질 수밖에 없겠지만 대개는 강의와 실습이 병존하는 학습이 이루어져야만 학습 성과를 극대화 시킬 수 있지 않을까 한다. 예컨대 미술사나 민속학 등에 속하는 학과목의 경우 실제 유물이나 공연·의식·놀이 등의 유형을 접할 수 있도록 박물관이나 미술관, 공연장을 활용하는 것이다. 그래야만 학생들이 후에 유치원 교사가 되었을 때 유아교육에 대한 학습내용을 보다 재미있고 알차게 꾸며갈 수 있는 발판을 마련하게 될 것이다.

따라서 교육대학이나 유아교육학과, 아동학과 등의 교과목 중에는 반드시 전통문화를 어린이 교육에 맞는 응용프로그램 과목(교육지침서나 교수법 등)을 개설하여 이에 대한 실기와 반복학습을 통해 현장교육 시 곧바로 활용할 수 있도록 해야만 비로소 전통문화 교육이 올바르고 효율적으로 이루어질 수 있을 것이다. 이를 통해 전통문화 교수법 습득은 물론 박물관과 연계한 어린이 현장 체험학습에 더 큰 상승효과를 가져오게 될 것이다.

한편 이러한 교과목을 담당할 전문 인력의 자격과 확보 문제인데, 물론 이것은 장기적인 관점에서 여러 분야에서 다양한 의견들이 서로 조율되어야할 것이지만 임시방편의 현실적 대안을 제시해 보고자 한다. 우선 교육학 관련 전공자가 일부 기초적이고 간단한 문화교육을 강의하는 경우도 있는데, 이들은 교육의 학습효과를 극대화시킬 수 있는 장점을 지니고 있기는 하나 전통문화에 대한 인식 결여로 교과 과정을 소화하기에는 어려운 문제를 안고 있다. 이에 비해 전통문화 관련 전공자들은 전문성이 뛰어나기는 하나 어린이교육에 대한 교육적 목표나 분위기를 충분히 이해하지 못한 상태에서 학습을 진행하게 되면 그 또한 학습 효과가 크게 반감하게 될 것이다.

박물관 교육의 전문가를 에듀케이터(Educator)라고 한다. 에듀케이터가 되려면 박물관 관련분야의 전문 지식을 가지면서 교육 분야의 전문지식을 겸비해야 될 줄로 안다. 더욱 바람직한 것은 이러한 전문지식을 지니고 학교나 교육현장에서 인턴이나 근무경력을 쌓는다면 금상첨화일 것이다. 미국과 영국을 비롯한 국외 박물관에서는 이러한 교육전문인이 박물관 교육을 담당하고 있으나, 국내 박물관에서는 최근에 와서야 박물관 교육의 중요성과 전문인의 필요성을 느끼고 있는 것이 사실이다. 이러한 이유로 관련 대학원 등에서 전문인 양성에 힘을 쏟고 있으나 국내 박물관에서 이러한 인력을 필요한 때에 충원하는 것은 현 시스템에서는 매우 힘든 일이다. 그렇다면 이러한 난제를 해결할 방안은 없는 것인지 나름대로 몇 가지 방안을 제시해 보겠다. 우선 박물관에서 교육업무를 담당하고 있는 연구사를 교육학 연수와 더불어 어린이 교육기관으로 연수를 거치게 하는 것이다. 교육기관의 연수는 지역 교육청과의 협의를 통해 해결이 가능할 것으로 여겨진다. 그것은 곧 이론과 실기를 겸비함으로서 체계적인 교육프로그램 개발과 학습과정을 지도할 수 있는 능력을 지니게 되는 것이다.

다른 하나는 뮤지엄-티쳐제도를 도입·운영하는 방안이다. 박물관에서 교육청과 연계하여 어린이 박물관 현장체험 학습을 지속적으로 실시하는 정책을 수립하여 운영에 필요한 인적 자원(경험이나 관심이 있는 교사)을 교육청으로부터 지원을 받는 것이다. 그 방법으로는 교사의 휴직 취업제도와 현장 파견근무 제도를 활용하는 것이다. 휴직 취업제도는 교사가 휴직을 내고 관련 기관에 재취업한 후 2년에 걸쳐 전문성을 제고시킨 후에 다시 복직하는 제도이다. 파견제도는 특정한 교육 목적을 달성하고자 일정한 곳에 적합한 교사를 선발·파견하여 소기의 교육성과를 올리기 위한 제도이다.

이들 뮤지엄-티쳐는 전시 안내교육뿐만 아니라 전시와 연관된 현장학습 프로그램을 개발·운영하면서 일반 교사들에게 현장학습 교수법을 이해시키는 역할을 수행한다. 물론 현장학습 프로그램 개발은 큐레이터와 충분한 협력 하에 이루어지는 것이다. 그리고 어린이에 대한 현장학습을 직접 실행하면서 단위별 현장학습 개발을 지속적으로 추진하는 것이다. 특히 이들은 일반교사와 동질성을 지니고 있는 관계로 다양한 정보 수집과 학습평가를 용이하게 수행함으로써 보다 알찬 어린이 체험프로그램을 제작할 수 있는 장점을 지니고 있다고 하겠다.

그밖에 문화자원봉사자를 활용하는 방안으로, 이들 중에는 교직을 역임한 분들이 종종 있는데 사전에 당사자와의 충분한 협의를 거쳐 선발한다. 이들 봉사자를 일정한 교육을 거치게 하여 현장학습 교육에 참여시키면 상당한 효과를 거둘 수 있을 것이다. 실제로 박물관에서 왕왕 어린이 여름문화학교나 특별전 체험 참여행사 교육에 참여하여 좋은 성과를 거두기도 하며, 국립민속박물관의 경우와 같이 아예 어린이박물관에 체험도우미로 활용하여 좋은 반응을 얻고 있다. 어쩌면 이들의 연세와 노련함이 어린이에게 친근감을 유발하여 자연스러운 교육 분위기를 연출한다는 점에서 고무적인 결과로 발전하게 되는 것이다.

다음은 인턴(Intern)을 활용하는 방안이다. 요즘에는 웬만한 박물관에서 거의 인턴제도를 활용하고 있으며, 더욱이 인턴도 점차 분야별로 전문적인 훈련을 받고자 하는 추세임으로 이들 중 교육 분야의 인턴을 선발하여 활용하면 보다 좋을 것이다. 물론 인턴은 배우는 교육생에 불과하지만 이들의 아이디어와 성실함을 체계적으로 교육하여 체험학습에 참여케 하면 뜻밖에 좋은 결실을 거둘 수 있을 것이다. 아마도 이미 이들을 활용하여 적잖은 성과를 올리는 박물관도 있을 것으로 여겨진다.

이러한 인적확보가 여의치 않다면 어린이 체험교육과 관련된 대학이나 전문연구기관과 연계하여 공동으로 과업을 수행하는 방안도 있을 것이다. 그나마 오늘날에는 이와 같은 사설 연구기관이 분야별로 다양하게 건립·운영되고 있는 만큼 이들과 연계하여 추진하는 것도 좋은 방편이 될 수 있겠다. 공동 작업으로 추진할 경우에는 그 박물관의 특성에 맞도록 사전의 의견 교환이 충분히 이루어진 연후에야 가능한 일이다.

이상과 같이 전문 인력확보와 전문연구기관과의 연계를 통해 박물관 어린이 현장체험 교육의 내용이 축적되어 다양한 프로그램 개발 및 교육의 질적 향상과 더불어 많은 어린이가 수혜를 받을 수 있는 교육의 활성화가 이루어 질 것이다.

2. 박물관의 운영적 측면

박물관의 어린이 문화체험 교육은 어린이들에게 미래 문화를 창조하는 밑거름이 된다는 점에서 매우 중요한 문제가 아닐 수 없다. 그럼에도 불구하고 지금껏 우리는 어린이에 대한 성장과 발달을 중심으로 한 교육

보다는 단순히 그들에게 전통문화를 이해시키려는 측면이 없지 않았다. 이로 인해 박물관이 어린이로부터 점차 외면당하여 마침내는 박물관의 교육적 역할까지도 약화되지 않을까 염려된다. 여하튼 이러한 여건을 개선하기 위한 몇 가지 방안을 나름대로 제시해 보고자 한다.

먼저 교육 목적으로서 새천년을 살아가는 어린이에게 전통문화의 체험을 통해 문화적 정체성을 길러주고 이성과 감성의 통합적 사고력을 개발, 미래지향적 가치관을 심게 하여 세계문화 속에서 문화 한국인으로서의 역량을 강화해야 한다.

교육의 방침은 다음과 같다.

1. 어린이가 자발적으로 참여할 수 있는 흥미로운 교육
2. 어린이와 가족을 위한 공동교육
3. 문화 소외계층을 포함하여 모두에게 평등한 기회를 제공하는 열린 교육
4. 교과목과 연계한 교육
5. 전시와 연계된 교육
6. 박물관의 성격과 부합하는 교육
7. 다채로운 연령별 교육 등이 되겠다.

교육의 유형으로는 전시장 교육, 가족 교육, 학교 연계교육, 소외계층 교육, 원거리 교육(찾아가는 교육) 등으로 구분 지을 수 있다.

① 전시장 교육은 도슨트와 보조강사(Teen-Teacher)가 인솔하는 전시 설명 프로그램으로 여기에는 박물관을 쉽게 소개하여 박물관을 여가의 장, 교육의 장으로 이용할 수 있도록 다양한 전시와 교육 프로그램을 소개, 재방문을 유도하는 하이라이트 프로그램이 있다. 또 전시장을 주제별로 선정하여 보다 집중화된 체험학습을 수반하는 심화학습 프로그램이

있다. 심화학습 속에는 경우에 따라 키드-아카데미(Kids-Academy)를 개설하여 초등학생을 대상으로 어린이 눈높이에 맞춘 교육내용과 방법을 놀이와 창의성 중심으로 학습한다.

그림 1. 경기도박물관 도슨트

② 가족 교육은 주로 주말과 방학기간에 이루어지는데, 어린이 교육에 부모가 직접 참여하는 공동학습 방법으로 부모가 교재를 이용하여 어린이와의 대화를 통해 셀프가이드 역할을 하면서 함께 배울 수 있는 프로그램이다. 또한 부모와 어린이가 공동으로 만들거나 특정 역할에 참여하여 가족애와 더불어 공동 성취감을 자극하여 자연스럽게 문화체험을 유도하는 프로그램이다. 예컨대, 서울역사박물관에서 이 프로그램을 개발하여 좋은 성과를 올린 줄로 안다.

③ 학교 연계교육은 그 대상에 따라 교사학습, 교원연수, 박물관 체험교실 등으로 구분하고, 학교와 박물관의 연계 정도에 따라 단체관람 교육, 시범형학교 연계교육(협업 교육) 등으로 나눌 수 있다.

◉ 교사 학습(워크숍)은 박물관의 전시, 교육 및 행사, 시설물 등에 관련된 각종 정보를 공유하면서 교육프로그램의 개발 및 운영에 관한 내용을 상호 협력하는 심화 단계의 교육 방법이다. 이는 대개 앞서 언급한 박물관 교사(도슨트 : Docent)나 시범형학교의 교사들이 여기에 참여하게 된다.

◉ 교원 연수는 전통문화에 대한 교양적인 이해를 도모하여 어린이 학습지도시 유익한 성과를 올리고, 나아가 어린이 전시장 학습에 필요한 체험학습 교수법을 교육하여 어린이에게 전통문화 학습의 흥미유발과 더불어 알찬 교육성과를 거두기 위한 프로그램이다.

다만 유치원 교사의 연수는 일반교사와 다른 유아를 다루는 특수한 영역을 가진 분야임으로 이 연수를 향상교육의 장으로 활용하는 것이 좋을 듯싶다. 이것은 전통문화에 대한 교사들의 자질을 향상시킴으로써 유아 지도 시 다양하고 알찬 양질의 교육 내용으로 꾸미게 될 수 있기 때문이다. 교육의 프로그램은 기초적인 학습과정과 심화과정으로 구분하여 단계적으로 편성하는 것이 좋다. 기초학습 과정은 전통문화 분야의 폭 넓은 이해를 도모하기 위해 역사, 고고, 미술사, 민속 등을 개설하되 영상을 통한 강의위주의 학습이다. 심화학습 단계는 기초학습의 내용을 확인하고 넓혀가기 위한 현장학습(유적지 답사나 특정 박물관 탐방활동 등)을 중심으로 하면서, 전통문화의 체험학습(전통 놀이, 음식, 음악, 예절 및 전통공예 만들기 등)을 수행하는 것이다. 그래야만 유치원 교사들이 올바른 역사인식 함양과 동시에 살아있는 전통문화를 체득하여 유아들에게 보다 알기 쉽고 재미있는 학습은 물론 창조적인 문화교육 개발을 이루게 하는 계기가 될 것이다.

경기도박물관에서는 2005년부터 경기도내 교원을 대상으로 연수를 실시하였다. 그 결과를 부록에 첨부하였으니 참고하기 바란다.

그밖에 교사의 학습 자료는 어린이들이 박물관에 방문하기 전에 교사들이 학생들에게 사전학습으로 제공할 수 있는 교안과 읽기, 쓰기, 말하기, 그리기 등의 내용을 담은 것이다. 이 자료는 각 학교 및 유치원에 배부하거나 박물관 홈페이지에 올려 무료로 활용할 수 있게 한다.

◉ 박물관 체험교실은 학교 단체관람이나 하이라이트 교육에 참가했던 어린이를 대상으로 특정 주제를 가지고 심화학습을 제공하는 프로그램이다. 대개 전시물을 심도 있게 관람한 후 그 주제와 연관된 창작물을 만들게 하는 학습방법이다. 이 학습은 연령별 교안을 만들어 각 눈높이에 맞춘 내용으로 교육한다.

※ 경기도박물관에서 실시한 체험프로그램 결과 부록 참고

그림 2. 경기도박물관 교원연수

그림 3. 교원연수 한지만들기 체험

그림 4. 초등학생 문화학교 (경기도박물관)

그림 5. 초등학생 문화학교

그림 6. 특별전시 체험관

● 단체관람 교육은 대개 학교의 현장 체험교육이 학년별 중심으로 이루어지는 현실적 추세에 맞춰 약 100여명 이상의 단체 어린이들을 위한 투어 프로그램이다. 이는 도슨트나 보조강사가 약 15명 내외의 조를 구성하여 전시장 설명을 중심으로 이끌어 가는 학습방법이다. 다만 동시다발적인 교육 진행이 어려우므로 가능한 사전 예약제로 운영하는 것이 바람직하다.

그림 7. 전시실 단체 관람

● 시범형 학교 연계교육은 학교와 박물관이 적극적으로 협력하는 프로그램으로 특정 학년의 학급을 선정하여 교과목과 연계한 박물관 체험교육을 장기간에 걸쳐 지속적으로 학습·관찰하는 방법이다. 이는 종전의 언어 중심의 학교 교육을 실물 중심의 체험교육으로 탈바꿈시킴으로서 교과의 학습 목표를 쉽고 빠르게 달성할 수 있는 학습형태이다. 이

시스템은 학교와 박물관이 심도 있는 협업과정을 통해 보다 발전된 프로그램을 설계하여 향후 많은 어린에게 질 좋은 학습내용으로 만들어 가려는 특성을 지닌다.

그림 8. 중학교와 연계한 수원화성 알기(경기도박물관)

④ 소외 계층교육은 크게 5개의 계층으로, 즉 장애 어린이, 보육 어린이, 탈북 어린이, 조선족 어린이, 외국 어린이 등으로 구분하여 각 대상별 특화교육 프로그램이다.

◉ 장애 어린이 학습은 유형별 장애인을 위한 프로그램이다. 경우에 따라서는 일반 어린이를 이 프로그램에 함께 참여하는 장애, 비장애 통합 프로그램을 실행하는 것도 바람직하다. 물론 프로그램 개발은 장애

그림 9. 중학교와 연계한 수원화성 알기(경기도박물관)

그림 10. 중학교와 연계한 수원화성 알기(경기도박물관)

어린이 교육자와 협업하여야 된다.

그림 11. 경기도박물관 장애인 교육 프로그램

◉ 보육 어린이 학습은 보육 어린이를 초청하거나 찾아가서 교육하는 프로그램으로 이들의 생활환경을 고려하여 교통편의를 제공하는 것이 좋다. 역시 프로그램 개발 시에는 보육교사의 협력을 받는 것이 바람직하다.

◉ 탈북 어린이와, 조선족 어린이 학습은 모두 하나의 민족임을 감안하여 한국의 문화를 보다 쉽게 이해하고 적응할 수 있도록 하여 한국문화의 정체성 회복과 정서 화합에 중점을 둔 프로그램이다. 다만 이들이 각기 다른 정서 속에서 전통문화의 정체성을 지니고 있음으로 이에 대한 세심한 배려가 요구된다. 즉 언어나 태도에 따라 감수성이 예민한 어린이에게 큰 충격을 주게 됨을 잊어서는 안 된다. 그리고 가급적 교육환경

에 쉽게 적응할 수 있도록 부모와 함께하는 방안을 모색해야 된다. 또한 향후에는 일반 어린이와 함께할 수 있도록 하여 상호간의 문화 동질성 회복에 기여할 수 있는 프로그램을 운영하는 방안도 검토하여야 한다.

⑤ 원거리 교육은 박물관에 직접 방문할 기회가 적은, 곧 물리적, 심리적, 정서적 거리감을 가지고 있는 어린이를 위한 프로그램이다. 여기에는 전시물 복제 및 학습 기자재를 제작·활용하는 원거리 교육과 온라인에서 박물관의 전시물과 소장품을 활용한 온라인 교육이 있다.

● 원거리 교육은 아직 박물관을 방문하지 않은 잠재적 어린이에게 찾아가서 박물관에 대한 소개와 더불어 패케이지 된 전시나 학습 프로그램을 운영하여 전통문화를 보다 폭넓게 이해시켜 생활문화로 자리할 수 있는 시스템이다. 중요한 것은 교육내용을 연령별·계층별로 다양화하여 교육 패케이지로 제작하여 활용한다. 찾아가는 박물관 운영 시에는 반드시 방문 기관과 사전에 협의를 하되 계획된 일정(운영 일정표)에 맞추어 운영하여야 한다.

특히 유치원 현장학습 시에는 다양한 교육 자료나 소품을 준비하여 유아들에게 여러 가지 형태를 만들어 보게 하거나 그려보게 하고, 혹은 행위나 율동을 통해 의사를 전달하는 것도 좋은 방편이다. 무엇보다도 중요한 것은 사전에 탐방 유치원의 교사들과 충분한 교육적 협력이 이루어져야 한다. 즉 탐방 유치원에서 교육하고 싶은 내용이 무엇인지, 교육 시 주의할 사항이 무엇인지, 어떤 시설을 활용해야 되는지 등의 사항을 주고받을 수 있어야 학습의 효과를 극대화 시킬 수 있다. 다만 유의할 점은 가능한 탐방 유치원의 교사와 학습을 함께 진행할 수 있도록 배려함을 잊지 말아야 한다. 그것은 유아들의 일회성 교육이 아니라 그 교육과정을 통해 교사가 체득하게 됨으로써 향후 그 교육이 지속적이고 창조적으로 이루어지게 하는 여건을 조성해 준다는 의미가 크기 때문이다.

◉ 온라인 교육은 어린이가 수업시간에 활용할 수 있는 박물관의 디지털 문화원형을 개발하여 외부 교육환경에서 활용하는 프로그램이다. 이 교육은 정규교과의 자료제공을 지원하는 뮤지엄-뱅크(Museum-Bank)와 어린이들이 자유롭게 접근하여 박물관 문화원형을 가지고 교육적 오락을 즐길 수 있는 뮤지엄-키드(Museum-Kids)로 나뉜다. 이러한 온라인 교육은 중장기적으로는 가상박물관(Virtual-Museum)으로 발전할 수 있다.

다음으로 교육 운영자 관리 프로그램은 박물관 어린이 교육을 담당하는 스탭들을 관리하기 위한 프로그램으로써 코디네이터가 담당한다. 코디네이터는 어린이 교육을 총체적으로 관장하면서 그 운영 인력들을 관리, 교육, 평가한다. 이를 통해 교육 프로그램의 질적 수준을 향상시켜 나간다. 이러한 관리 프로그램은 크게 도슨트(박물관 교사), 자원봉사자, 인턴, 보조강사(Teen-Teacher), 어린이 자문단으로 구분된다.

◉ 도슨트는 현장교육 시 책임자로서의 역할을 수행하게 됨으로 누구보다도 전문지식과 인품을 갖추도록 하는 체계적인 관리가 요구된다. 이들 교육 시에는 전통문화의 심화 학습과 전시주제는 물론 의사 소통법, 교수법 등 어린이와 소통하는 실질적인 내용으로 학습시킨다. 여기에는 앞서 언급한 휴직 취업교사나 파견교사도 이 교육에 참여하게 된다.

◉ 자원봉사자는 모집단계에서부터 교육적인 사명감을 가진 인력을 중심으로 선발하여 일정 기간 체계적인 교육을 받은 후 교육 활동의 제반 업무를 돕는다. 이들에게는 봉사의 노고에 감사를 전할 수 있는 간담회나 문화상품 등을 증정하는 것이 좋다. 또 박물관에서 제작한 각종 홍보물이나 전시안내 팜플렛, 혹은 전시도록을 제공하여 동참의식을 불어

넣고, 업무활동에 지식 정보를 충분히 가질 수 있도록 배려하는 것이 바람직하다. 한편으로는 자원봉사를 통해 그들 자신의 문화욕구와 사회 공헌의식이 충족될 수 있도록 정기적인 교양 프로그램을 제공한다.

◉ 인턴은 박물관 교육 관련학과의 대학생과 대학원생을 모집하여 실무 경험을 쌓을 수 있는 기회를 제공한다. 대개 대학생 인턴은 박물관 교육의 전반적인 업무를 폭 넓게 경험하도록 하고, 대학원생 인턴은 프로젝트 중심으로 전문적인 분야의 업무를 경험토록 하는 것이 바람직하다. 이들 인턴은 참신한 아이디어와 업무의 활기를 제공하는 긴요한 인력이 된다. 더욱이 이들이 차세대 박물관 교육을 담당할 주역임을 고려할 때 체계적이고 세심한 지도가 필요하며 일정 교육을 받은 대학원생이나 졸업자를 다시 연구원으로 채용함으로써 전문인 양성에도 한몫을 할 수 있다. 역시 자원봉사자와 같이 각종 홍보자료 및 발간도서를 제공하여 전문 지식을 습득케 하도록 하는 것이 좋다.

◉ 보조강사(Teen-Teacher)는 박물관 도우미에 관심이 많은 지역 중·고등학교 학생들을 선발하여 간단한 체험 도우미로 박물관의 서비스를 제공하는 임무를 수행한다. 장차 이들을 박물관 전문 인력으로 양성될 수 있도록 풍부한 지식과 경험을 넓히도록 유도한다. 따라서 이들에게 자긍심을 갖도록 자원봉사 점수를 인정하는 혜택을 제공하면서 정규교육과 차별되는 문화관련 교양교육을 실시하는 것도 바람직하다.

◉ 어린이 자문단은 지역의 초등학교 학생들을 선발하여 박물관의 전시와 교육의 기획단계에서 고객의 입장을 대변하는 역할을 수행한다. 나아가 박물관 운영 프로그램을 경험하고 어린이의 시각에서 새로운 아이디어를 제공한다. 그러므로 박물관에서는 이러한 일련의 작업을 평가하

여 박물관 문화체험 교육활동을 보다 능동적이고 효율적으로 발전시켜 나간다. 다만 어린이 자문단의 선발은 연령별·계층별로 각기 지적, 정서적, 감성적으로 격차가 있음으로 다양한 구성이 필요하다. 특히 문화소외 계층이 적극 참여할 수 있도록 널리 배려해 준다.

어린이 교육관련 대학이나 전문기관과 연계하여 프로그램을 운영하는 것도 의미 있는 좋은 방편이 될 것이다. 예컨대, 교육대학의 사회학과와 박물관이 공동으로 교육을 기획·운영한다면 어린이를 다루는 전문성을 살려 박물관의 문화 체험학습에 접목시키게 되어 새롭고 다채로운 프로그램이 마련되지 않을까 한다. 유아의 경우, 아동학과나 유아교육학과에서는 대개 매년마다 한 번씩 유아를 위한 축제행사를 실시하는데, 많은 인원이 여러 번 참석할 수 있다. 행사의 내용은 유아를 위한 구연동화, 율동, 인형극, 음악 등을 공연하는 것이다. 이러한 행사 준비는 학과 내에 각각의 팀을 구성하여 팀별 지도교수와 학생들이 오랜 시간을 가지고 프로그램 기획과 연습을 한다. 다만 그 각각의 내용은 대체로 현대적인 요소로 꾸며진 것이 흠이긴 하나 박물관과 연계한다면 충분히 전통적인 요소로 재구성할 수 있을 것이다. 이와 같은 공동 프로그램은 어린이 교육은 물론이려니와 공연을 준비하는 대학생에게도 좋은 체험을 안겨주는 시너지 효과를 가져 오게 된다. 나아가 프로그램 운영에 대한 예산절감과 함께 관람객 유치에도 크게 기여할 수 있다.

3) 교육시설의 공간구성

어린이 박물관 체험학습이 날로 증대되면서 점차 어린이박물관 건립이나 어린이 체험교실 등이 만들어지고 있는 추세이다. 그러나 대부분의 이러한 시설들이 사용자인 어린이의 성장 특징이나 눈높이에 맞추지 않고 관리자의 입장을 고려하여 만들어 지는 안타까운 실정이다. 이는 박물관 내적으로, 어린이에 대한 전문 인력이 거의 없으며 어린이 관련 시설 운영

의 노하우가 일천하기 때문이다. 그 외적으로는 건축이나 시설분야의 설계
사에 있어서도 어린이 시설 전문 인력이 거의 없다는 점이다. 여하튼 이러
한 문제는 그리 쉽게 개선되기가 어려운 관계로 여기서는 공간구성 시 고
려할 사항과 교육공간의 디자인 요소를 중심으로 간략히 언급해 본다.

① 실내환경

● 바닥 : 사고 위험을 줄이고 소음을 줄이기 위해 탄력성 있는 재료 사용
　　　　 미끄러짐 방지와 청결 유지가 용이한 소재 사용
　　　　 사고위험을 줄이기 위해 단차를 두지 말 것
　　　　 수분을 흡수하지 않는 재료 사용
　　　　 활동 공간과 이동로를 색깔, 질감 등을 이용하여 구분한다.

● 벽 : 벽의 색채는 실내의 조도를 높여 주는 연한 색상을 사용
　　　 교육의 효과를 높이기 위하여 방음시설을 한다.
　　　 가능한 혼란스럽지 않은(무광택) 소재 사용
　　　 페인트 사용 시 자연재료나 천연자료 사용
　　　 가능한 수분을 흡수하지 않는 소재 사용

● 문 : 유아를 고려하여 문의 무게를 가볍게 한다.
　　　 문의 손잡이는 손으로 쉽게 잡고 열리도록 한다.
　　　 손잡이의 높이는 50-60㎝ 정도가 좋다.
　　　 가능한 문턱이 없도록 한다.
　　　 문의 수를 2개로 하되 교구출입이 용이하도록 한 쪽은 넓게
　　　 한다.
　　　 가능한 채광이 용이하도록 한다.
　　　 창문은 어린이가 쉽게 여닫을 수 있도록 규모를 작게 한다.

유리는 채광이 되면서도 외부로부터 교육에 침해받지 않는 소재로 한다.

② 교실 구조와 공간연출

◉ 교실 규모는 어린이가 심적인 부담과 교육의 집중화를 위해 가능한 학교 교실 정도의 규모가 적정하다. 다만 역할 교육을 위한 무대장치가 필요할 경우에는 최소 50평 이상의 공간이 필요하다. 그리고 천정의 높이도 특별한 경우를 제외하고는 천정 마감에서 바닥까지 300㎝ 정도가 무난하다. 조명은 자연채광을 원칙으로 하지만 부득이 채광이 어려울 경우에는 조도가 200Lx 이상이 되도록 하되 조광이 고르게 하도록 유의 한다. 오염된 공기나 악취제거를 위하여 환풍장치가 필요하다. 대개 박물관 내에 공조기가 설치되어 있으나 박물관 전체를 공조하기 때문에 국부적인 공조를 빠른 시간 내에 처리하기가 매우 힘들다.

◉ 가구는 가급적 무게나 부피가 작은 것을 활용하되 곡선이나 모서리 부분을 어린이가 다치지 않도록 유선형의 형태로 제작한다. 특히 의자나 책상의 경우 연령별 신체 발달에 따라 차이가 있지만 평균치인 초등학교의 3~4학년생 정도에 맞추면 무난할 것이다. 어린이가 다치지 않도록 내구성이 강하고 견고한 소재로 제작되어야 한다. 비교적 물이나 습기에 강한 소재를 씀으로써 늘 청결 상태를 유지하기 쉽게 한다.

◉ 교육공간은 그리기, 만들기, 놀이 등 다양한 체험행사가 이루어지는 관계로 내부에 상하수도 시설이 요구된다. 물론 주위의 화장실을 사용할 수 있으나 대개 화장실은 다중의 관람객이 사용하게 됨으로 혼잡성과 청결을 유지하기 위하여 가급적 피하는 것이 바람직하다. 유의할 점은 교육활동에 간섭되지 않도록 별도의 공간에 설치하되 여러 명이 동시에 사

용할 수 있는 세면기를 두는 것이 좋다. 더불어 배수가 잘 이루어지도록
하되 냄새가 나지 않도록 각별히 신경 써야 한다.

◉ 교육 공간연출은 교육적 분위기를 조성하여 어린이의 심적 부담을
덜어 주면서 학습효과를 극대화 시켜준다. 연출은 교육 주제에 맞도록
실내 인테리어를 꾸미고 필요에 따라서는 유물이나 복제품을 전시하여
학습 효과를 배가 시킨다. 역할교육을 실시할 때에는 주제에 필요한 무
대를 설치하여 교육 분위기를 한층 고조시켜 준다. 특히 유아교육 프로
그램은 대체로 강의보다는 놀이형 학습이 중심이 됨으로 교육 연출이 거
의 필요하다. 예컨대 구연동화의 경우 간단한 무대연출로 아이들의 시선
을 집중화 시키고 호기심을 자극케 하면 좋은 학습효과를 거들 수 있다.

◉ 공간연출에 있어 무엇보다도 중요한 것은 조명시설이다. 조명은 일
반조명 외에 무대조명이나 전시를 위한 국부조명을 설치하여 교육연출에
일조한다. 조명기구는 조도를 조절할 수 있도록 설치하되 비교적 발열이
적은 제품을 사용한다. 물론 전시 조명은 자외선 차단 전구를 사용한다.

③ 교육의 편의시설은 학습활동을 보다 능률적으로 향상시켜 주는 보
조시설이다.

◉ 교육정보실은 교육에 관한 다양한 정보 제공은 물론 교육 관련 게
임 프로그램을 설치하여 놀이를 통해 자연스럽게 교육에 참여할 수 있도
록 유도한다. 여러 어린이가 동시에 사용할 수 있도록 충분한 수량의 화
상검색기를 설치한다.

◉ 한편으로는 여러 어린이가 삼삼오오로 모여 교육방법이나 교육 결

과를 자연스럽게 토의하는 이야기방을 설치한다. 필요에 따라서는 이들의 이야기를 청취하여 프로그램 개발에 자료로 활용한다. 그리고 별도로 작은 규모의 공간이라도 여가와 휴식을 위한 쉼터를 둔다.

◉ 락커룸은 아이들의 소지품과 신발 등을 보관하는 곳으로 각 함의 크기는 가방과 신발이 수납될 수 있도록 제작한다. 중요한 것은 수납장의 높이를 유아 수준에 알맞게 한다.

◉ 화장실의 경우 교실과 비교적 가까운 거리에 두어 어린이들이 손쉽게 다가갈 수 있도록 배려한다. 변기나 세면기는 비교적 작은 제품을 사용하여 어린이에게 심적 부담감을 주지 않도록 한다. 특히 바닥은 미끄러지지 않는 소재를 사용하되 쉽게 청소할 수 있는 소재를 선택한다.

◉ 현관은 다중의 어린이가 동시다발적으로 사용하게 됨으로 넓은 공간구성과 교육장 접근이 용이하도록 한다. 교육 공간이 단독 건물일 경우에는 우천에 대비하여 지붕을 설치한다. 역시 이곳이 교육 공간임을 자각할 수 있도록 간단한 인테리어와 전시연출을 하고 입구에 교육안내 데스크를 두어 교육안내 홍보물을 비치할 수 있도록 한다.

④ 안전시설

◉ 박물관의 어린이 교육은 거의 대부분 체험교육이 중심을 이루고 있다. 이러한 교육의 특성으로 말미암아 보이지 않는 안전사고가 발생할 빈도수가 높다. 경우에 따라서는 부상까지 당할 염려도 상존한다. 어린이들의 특성은 ❶ 어릴수록 몸의 중심이 높기 때문에 넘어지기 쉬움 ❷ 매우 활동적이고 주의력이 부족 ❸ 어른이나 동물 흉내를 냄 ❹ 전후 판단 능력이 떨어져 뛰어 다님 ❺ 행동이 자기중심적으로 무서움을 모름 ❻

호기심이 강하여 행동으로 실행 ❼ 기분 변화가 심하고 변덕스러움 등으로 요약 된다. 특히 유치원생의 경우에는 더욱 심함으로 유의해야 된다.

교육 시설의 안전한 구조와 배치는 어린이의 건강과 안전을 좌우하는 중요한 환경요소이다.

◉ 문은 가급적 여닫이 보다는 반닫이가 안전하며 가급적 실외를 향해 열리는 것이 공간 활용과 위급대피에 용의하다. 출입문의 닫힘 속도를 조절하는 장치를 설치하여 손가락이 문에 끼는 사고를 줄이도록 한다. 화재 등의 비상출구를 마련한다.

◉ 연결 통로는 가급적 경사로가 되도록 하되 부득이 계단을 설치할 경우 계단의 높이와 단의 너비는 유아에 알맞도록 낮고 넓게 한다. 또 난간 대를 설치하여 구르거나 추락 사고를 방지하고 장애인의 보행에 도움이 되도록 한다.

◉ 불안전한 가구는 고정시켜야 하고 바닥재와 벽재. 그리고 커튼은 방염재료를 사용하여야 한다. 부착물은 일상적인 사용으로 내구성이 약해지지 않도록 상시 확인하고 고정시킬 수 있도록 한다.

◉ 각종 콘센트와 배선은 어린이들의 손에 닿지 않도록 설치되어야 한다. 역시 전선이나 전화 줄도 손발에 걸리지 않도록 유의한다. 이미 설치된 콘센트는 반드시 안전덮개를 활용한다. 대부분의 작동장치는 안전을 위하여 자동식보다는 수동식으로 하는 것이 좋다.

◉ 안전 예방과 신속한 대응을 위하여 주요시설(현관, 난간, 승강기, 계단, 화장실 등)에 방범·방재 및 보안 감시활동을 위해 CCTV, SECOM 등

의 기계경비 시스템을 설치한다. 물론 위급상황에 대비한 호출 시스템도
구축한다.

　● 화재에 대비하여 구조물은 내화구조로 하며 사용자재는 불가연성
으로 한다. 반드시 소방관계 법령에 따른 소방 설비를 하고, 화재 피난
시에는 경보등, 유도등, 피난로 경보기 등의 설비를 갖춘다. 피난 통로는
어린이의 신체구조에 맞게 하여 신속하게 대피할 수 있게 한다.
　이러한 안전시설을 갖추었다 해도 어린이의 안전사고는 그 누구도 예
측할 수 없다. 다소나마 사고를 미연에 방지하기 위해서는 어린이에게
안전사고 의식을 깊게 불어 넣고, 무엇보다도 박물관 직원들이 어린이들
의 지도 관리를 철저히 해야 된다.

Ⅲ.　나가는 말

　지금껏 박물관 어린이 문화 체험교육에 관해 박물관의 제도적, 운영적
측면과 교육시설에 관한 사항까지 주마간산 식으로 두루 짚어 보았다.
그 중에는 이미 실행되어지거나 개선된 사항까지 포함되어 있어 식상함
이 적지 않다. 그러나 이미 알고 있는 지식이나 경험이 현실적으로 개선
되어지지 않고 있어 매우 서글픈 일로 남는다는 점이다.
　이것은 앞서 지적한 바와 같이 우리의 "빨리문화" 속성이기도 하지만
깊게는 제도화되지 못한 박물관 제도와 전문인력 양성 시스템을 갖추지
못한 국가적 시책의 한계라고 보여 진다. 물론 예산이 부족하여 교육시
설 개선이 안 되는 경우가 종종 있다. 작금 "우리문화 찾기", "우리문화
가꾸기", "우리문화 알리기" 등등의 많은 사회적 슬로건이 난무하고 있
다. 그러한 구호로만 우리의 문화가 세계적인 우수문화라고 치부하기에

는 너무도 안이한 생각에 젖어 있다고 느껴진다.

이즈음에 교육의 화두는 조기교육에 있다고 한다. 역시 전통문화의 교육도 유아시절부터 이루어져야 되지 않을까 한다. 어쩌면 영유아의 놀이도구도 우리 것으로 만들어 사용하는 것을 깊이 있게 재검토 되어야 할 단계이다. 여하튼 어린이 문화 체험교육은 수번을 강조해도 지나친 말이 아니다.

이제 우리는 이 교육에 깊은 관심과 애정을 가지고 보다 발전된 프로그램 개발과 운영 방안을 모색하여 어린이가 바라는 교육이 이루어졌으면 한다. 한 걸음 나아가 "어린이의 알 권리"를 존중하는 박물관 문화 풍토가 조성되어 지기를 기대한다.

본 발표는 치밀한 연구를 통해 얻어진 결과가 아니고 경험에 의해서 이루진 내용이라 적잖은 오류를 범했음을 자인하지 않을 수 없다. 선배 제현의 많은 가르침을 부탁드린다. 교육프로그램의 구체적 개별사항에 대한 연구는 앞으로의 과제로 삼으면서 본 발표를 통해 박물관 어린이 문화체험교육이 더욱 활발히 논의되어 지기를 바란다.

초·중등교원 박물관문화연수 설문결과

설문응답 인원 : 33명

◎ 성별 여(25) 남(8)

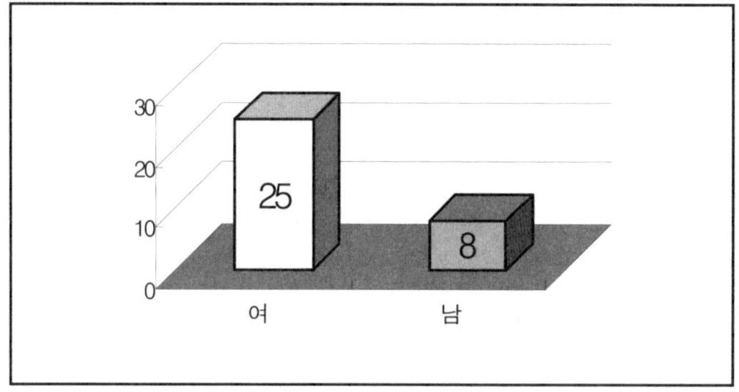

◎ 연령 20대(6) 30대(9) 40대(13) 50대(6)

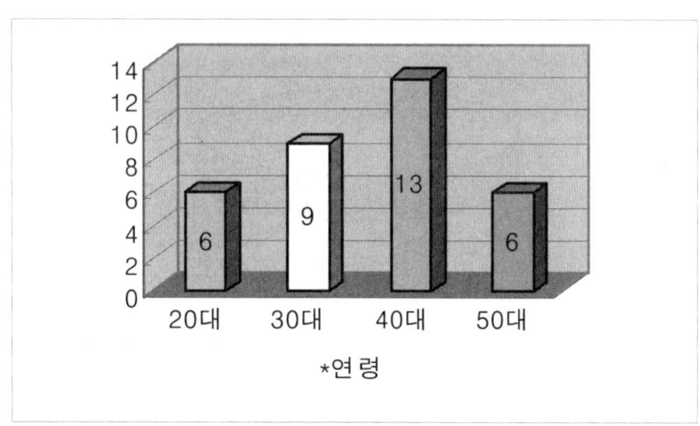

◎ 초등교사(17) 중등교사(10) 고등교사(6)

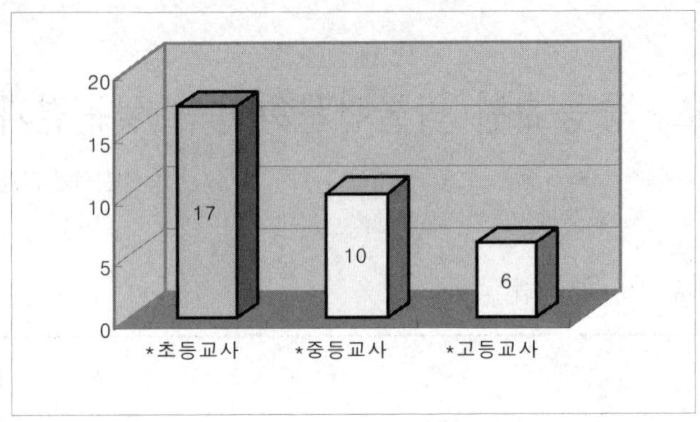

※ 제 1기 초·중등교원 박물관문화연수(이하 교원연수)의 강의에 관한 질문입니다. 해당하는 곳에 체크하여 주십시오.

1. 제1기 교원연수의 강의 내용, 방식에 대하여 얼마나 만족하셨습니까?
   ① 매우 만족 ② 만족 ③ 보통 ④ 불만족

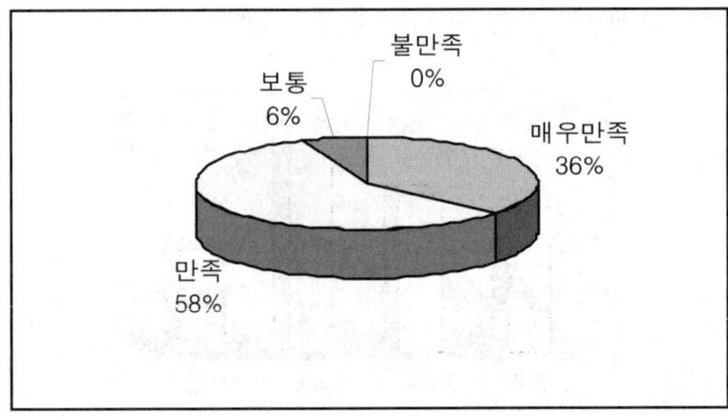

2. 인상 깊었던 강좌는 무엇이었습니까?(중복 체크 가능)

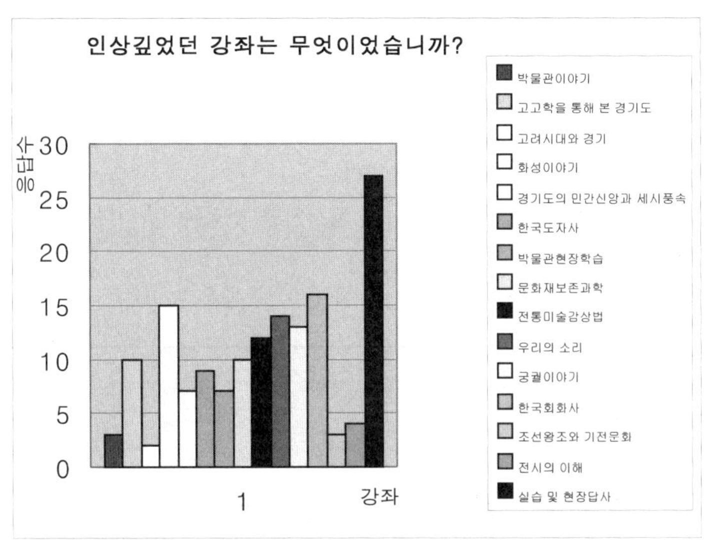

3. 교원연수시 배부해드린 교재가 강의 내용을 이해하는데 도움이 되셨습니까?

　　① 많은 도움이 됐다 ② 보통이다 ③ 불필요하다

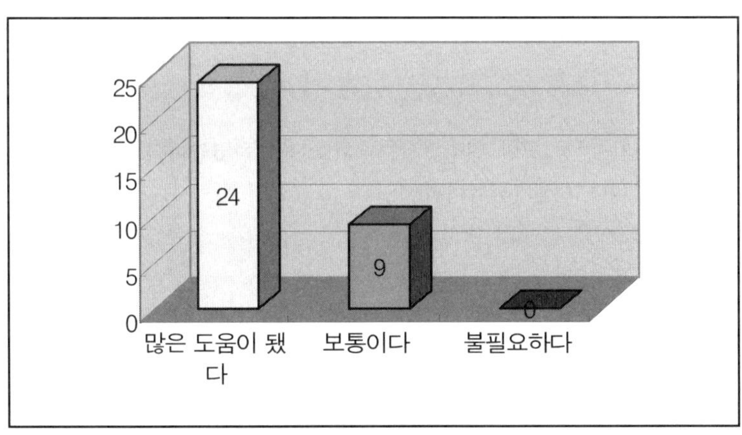

4. 본 연수 강좌 외에 듣고 싶은 강좌가 있으시다면 자유롭게 적어 주십시오.
  ☞ 미술사, 고건축, 고려·조선시대 사상 및 철학, 불교사 및 불교문화, 조
     선사, 고구려사, 발해사, 문화사, 석조문화, 전통염색, 옷감만들기, 경주의
     문화재, 고분 및 고분벽화, 박물관 체험학습(견학)

※ 실습 및 현장답사에 관한 질문입니다.
5. 매장문화재라는 주제로 회암사지로 답사지를 선정하였습니다. 답사지 선
   정에 만족하셨습니까?
      ① 매우 만족 ② 만족 ③ 보통 ④ 불만족 ⑤ 매우 불만족

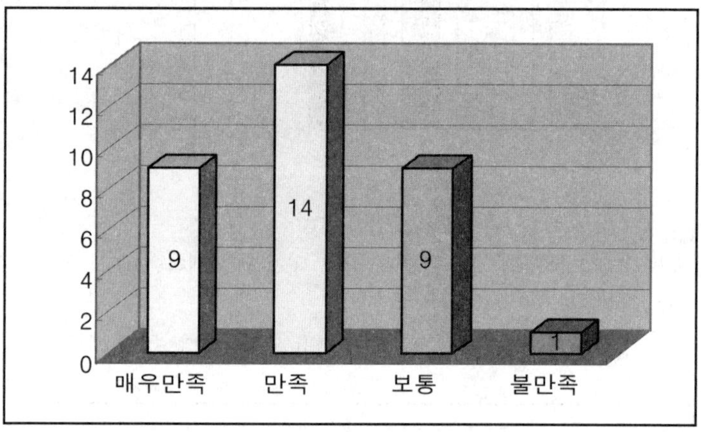

6. 8일간의 연수일정 동안 현장답사는 1회로 운영하였습니다. 현장답사는 몇
   회가 적당하다고 생각하십니까?
      ① 1회 ② 2회 ③ 3회 이상

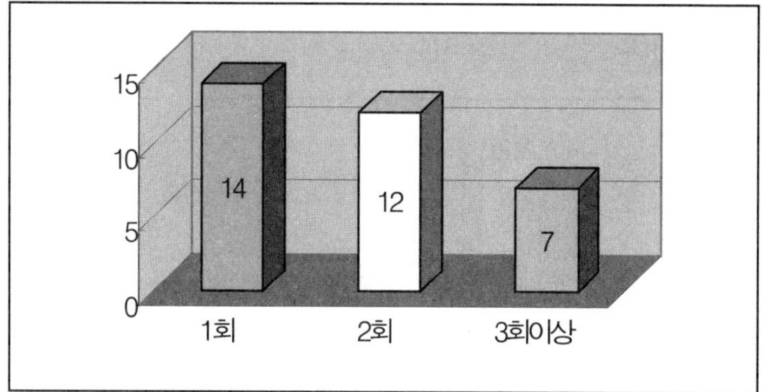

7. 현장답사로 답사하시고 싶은 곳이 있으시면 자유롭게 적어주십시오.
☞ 궁궐(경복궁, 창덕궁, 창경궁), 수원화성, 국립중앙박물관 등의 타박물관,
  왕릉, 사찰, 광주분원도요지, 남한산성, 강화도, 도자기체험, 서산, 여주,
  몽촌토성, 백제고분군, 삼전도비, 경기도내 유적 발굴현장, 삼국간의 전쟁
  이 벌어졌던 산성 등

8. 현장답사가 강의와 관련하여 도움이 되셨습니까?
  ① 많은 도움이 됐다 ② 보통이다 ③ 불필요하다

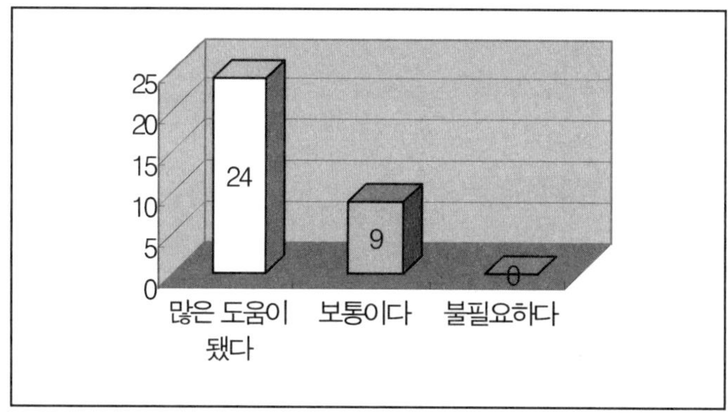

9. 연수 일정에 '토기복원해보기' 등의 실습활동들이 유익했다고 생각하십니까?
① 유익했다 ② 그저 그렇다 ③ 불필요하다

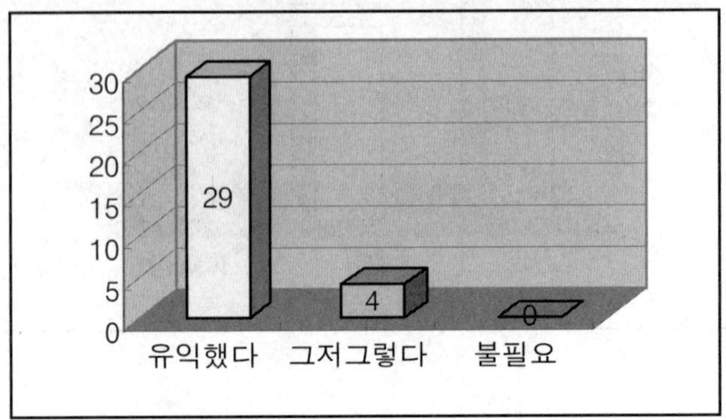

10. 배워보고 싶은 실습활동들이 있다면 자유롭게 적어주십시오.
☞ 전통국악기, 풍속화그리기, 세시풍속체험, 발굴체험, 민요배우기, 탁본, 전통염색, 한국화그리기, 도자기체험, 우리춤체험, 왕조실록작성해보기, 타박물관견학

※ 교원연수의 전반적인 운영이나 진행에 관한 질문입니다.
11. 전반적인 교원연수의 운영이나 진행에 있어 만족하셨습니까?
① 매우 만족 ② 만족 ③ 보통 ④ 불만족 ⑤ 매우 불만족

12. 교원연수는 총 8일동안 46시간을 이수하여 3학점을 취득하도록 운영하였습니다. 연수 시간 및 기간에 대하여 만족하십니까?
① 매우 만족 ② 만족 ③ 보통 ④ 불만족

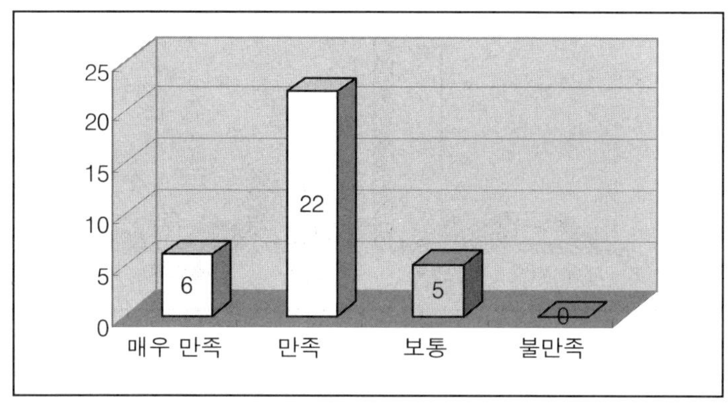

13. 연수 시간은 몇 시간이 적당하다고 생각하십니까?
① 15시간 ② 30시간 ③ 45시간 ④ 60시간 이상

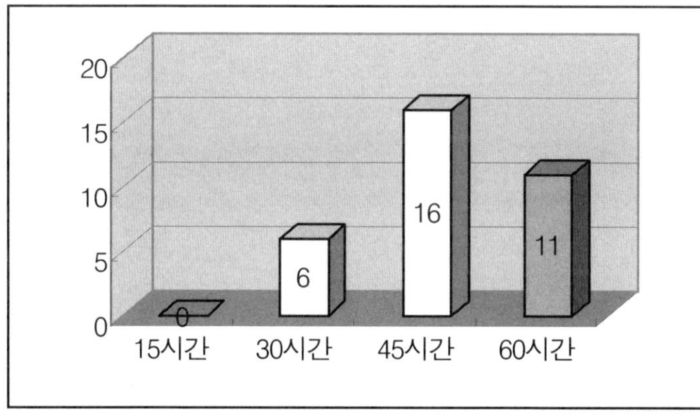

14. 연수(박물관 회의실 등) 시설 등에 만족 하셨습니까?
① 매우 만족 ② 만족 ③ 보통 ④ 불만족

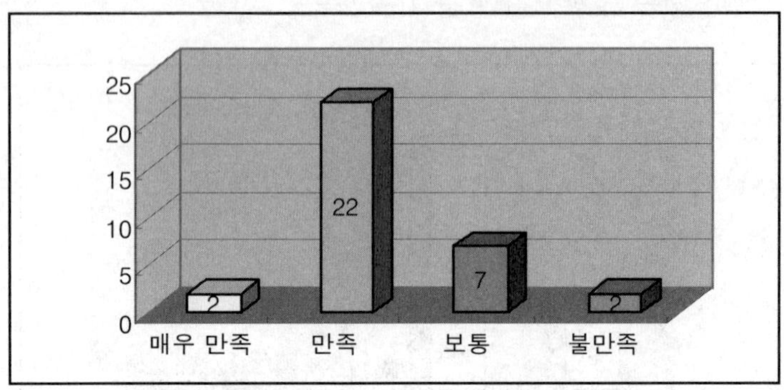

"내 손으로 만드는 우리 집, 옷, 책" 설문 조사 결과

○ 설문내용 : 2005 여름방학 어린이 체험전 "내 손으로 만드는 우리 집, 옷, 책"
　　　　　　의 체험 프로그램 관련 및 기타 의견
○ 설문대상 : 체험 프로그램에 참가한 경기도내 초·중학생
○ 작성인원 : 348명
○ 조사방법 : 설문지에 직접 기재(총 10문항)
○ 설문목적 : 체험 프로그램과 관련된 설문조사를 토대로 개선 및 문제점 보완, 향
　　　　　　후 체험 프로그램의 기획 및 연출, 진행을 위한 자료로 활용하고자
　　　　　　함

◎ 내용분석
　○ 제 8항목 : 여름방학 어린이 체험 전시에 참가한 연령층
　　　☞ 초등학교 1~4학년이 주를 이루고 있음

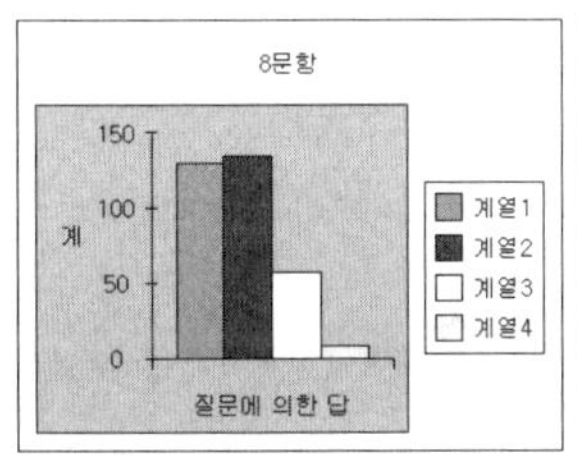

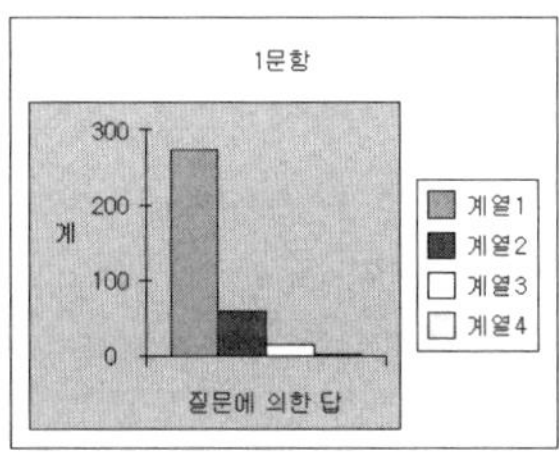

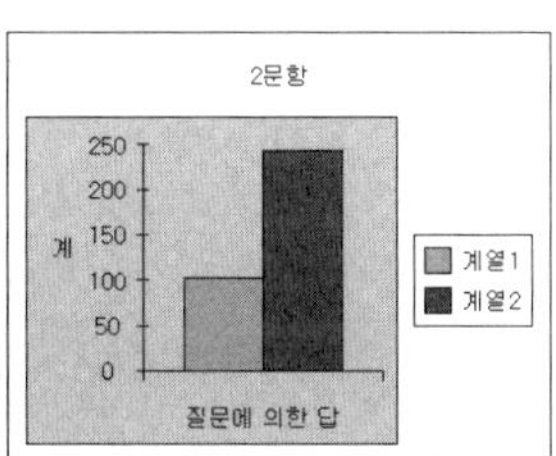

　○ 제 1, 2항목 : 체험 프로그램에 대한 만족도와 참가경험의 여부
　　　☞ 응답자의 78%가 넘게 체험 프로그램에 만족하고 있으며 70%정도가
　　　　체험경험이 없는 것으로 나타나 체험 프로그램에 대한 관심이 매우
　　　　높음을 알 수 있음

　○ 제 3, 4, 5문항 : 선호하는 체험 프로그램과 적당한 체험기간, 교육수준

의 만족도

☞ '통나무 흙집 짓기'나 '내 손으로 만드는 우리 옷'과 같은 체험기간
이 길고 체험학습 난이도가 높은 체험 프로그램에 높은 선호도를
보이고 있으며 90%가 높게 교육수준에 만족하고 있다고 응답

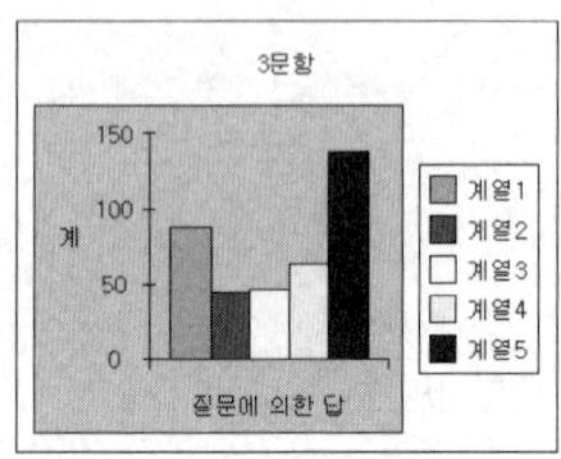

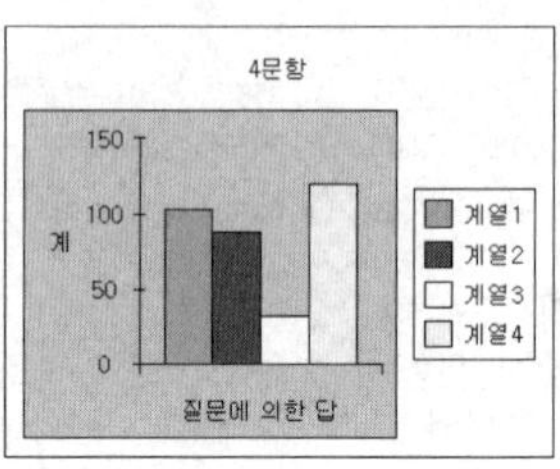

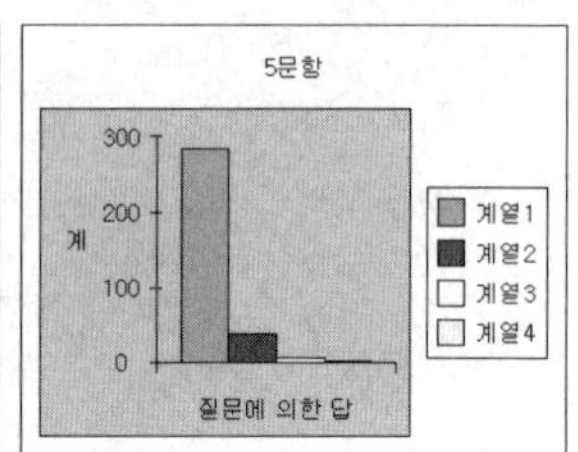

※ 참고

우리 집 만들기 - '통나무 흙집 짓기'

우리 옷 만들기 - '내 손으로 만드는 우리 옷', '황토로 두건 염색하기'

우리 책 만들기 - '나만의 화첩 만들기', '오침법을 이용한 우리 책 만들기'

○ 제 6, 7문항 : 어린이가 생각하는 박물관의 이미지와 체험 프로그램 관
련 전시 선호도

☞ 역사 및 예술, 자연(환경, 우주 등) 등의 전시와 전시 관람의 이해를
높일 수 있는 체험 프로그램이 운영되길 원함

○ 제 9항목 : 체험 참가 경로

☞ 체험 프로그램의 참가 경위의 45%이상이 홈페이지를 통해서였음

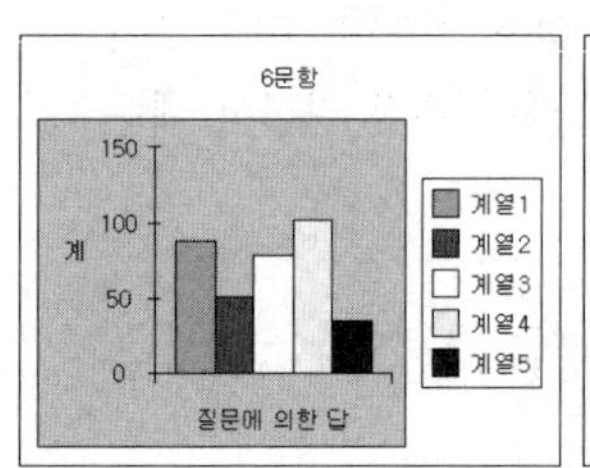

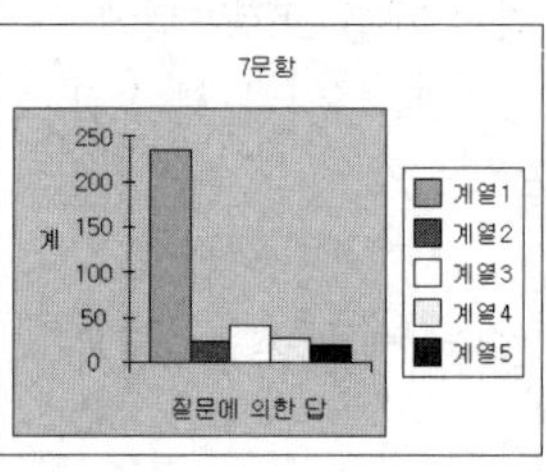

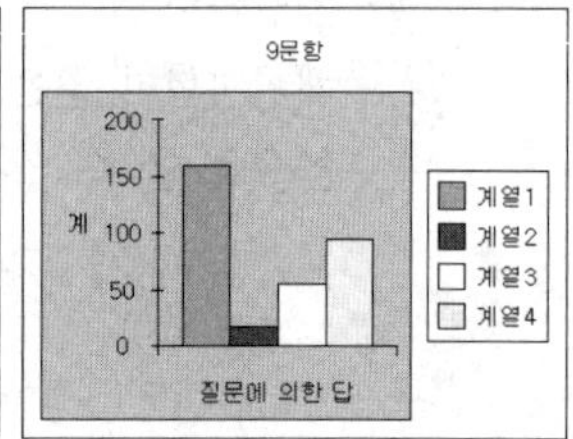

○ 마지막 문항은 새로 건립될 어린이박물관의 새 이름을 묻는 설문으로
  흥미롭고 재미있는 박물관외 어린이들의 바램이 담긴 이름이 대부분임
  (예 : 재미있는 우리 박물관, 어린이 세계, 가족 흥미 박물관, 즐거운 어
  린이 박물관, 꿈의 박물관 등)

「박물관 교육의 발전 방향-어린이 교육을 중심으로-」를 읽고

이내옥 국립부여박물관

　근자에 들어 우리나라에서도 어린이를 위한 박물관 교육의 중요성에 눈 떠가고 있다. 어릴 때에 함양된 관심과 정서가 개인의 성장과 인성에 매우 중요하기 때문이다. 또한 건전한 사회인으로서 문화를 향유하고 즐길 수 있는 기초를 마련해준다는 점에서도 매우 의미있는 일이다.

　그러나 이런 중요성에도 불구하고 우리의 현실은 어린이에 대한 박물관 교육이 초기 단계에 머무르고 있어서 여러 모로 부족한 것이 현실이다. 게다가 어떠한 박물관 교육보다도 어린이를 대상으로 하는 교육이 가장 어렵다는 데에 문제의 핵심이 있다. 그래서 이런 여러 문제점을 지적하고, 그 발전 방향을 모색했다는 점에서 최근성 선생님의 글은 앞으로 이 분야에서 많은 참고가 되리라 생각된다. 다만 이 글을 읽으면서 보다 구체적인 방향 제시가 이루어졌더라면 더욱 바람직하지 않았겠는가 하는 아쉬움을 가지면서 다음과 같이 몇 가지 의견을 제시하고자 한다.

　1. 최근성 선생님은 우리나라 박물관의 어린이 교육 전문인력의 부족을 가장 큰 문제점으로 지적하고 그 대안을 모색하였다. 이를테면 에듀케이터나 뮤지엄티처, 인턴 등을 양성해야 한다는 것이다. 그러나 양성을 위해 제시한

방법에 있어서는 우리의 현실에서 실제적으로 효과를 보기에 어려운 점이 많다. 문제는 양성을 위한 교육을 하는 데 있어서 무엇을 누가 한다는 것이다. 예를 들어 박물관의 고고학이나 미술사 전문가가 어린이 교육학 전공자에게 박물관 유물에 대해 설명한다고 해서 교육이 효과를 거둔다고 볼 수 없다. 한 마디로 우리의 현실은 어린이 박물관 교육에 대한 연구가 없다는 것이다. 따라서 많은 여러 전문가들이 참여하여 이런 연구가 선행되어야 한다. 그리고 이 연구를 토대로 전문가 양성 교육이 이루어져야 할 것이다. 이 연구는 국가적으로도 매우 중요한 일이다. 따라서 국립기관에서 연구를 추진해야 하며, 그 주체는 국립중앙박물관이 적절하다고 본다. 국립중앙박물관은 이런 연구를 축적하고, 또 그 축적된 연구를 토대로 전문가 양성 교육 프로그램을 운영하여, 전문가의 전국적 확산을 위해 노력해야 한다.

2. 최근성 선생님은 박물관의 운영적 측면에서, 어린이에게 전통문화의 체험을 통해 문화적 정체성을 길러주고 바람직한 사고력과 가치관을 심어주어 한국인의 역량을 강화해야 한다고 지적했다. 그리하여 교육의 방침을 제시하고, 아울러 전시장 교육, 학교연계교육, 원거리교육 등 교육의 유형을 제시하였다. 그러나 이런 교육들이 지나치게 전수의 의미를 띄고 있다는 문제점을 지적하고자 한다. 물론 궁극적으로는 교육이지만, 어린이들에게는 박물관이 놀이터이자 쉼터로서 기능해야 한다는 것이다. 어린이 박물관 교육이란 당의정(糖衣錠)과 같아서 먹을 때는 달지만 몸 속에 들어가서는 약이 되는 그와 같은 것이 되어야 한다. 외국의 어린이박물관이 대부분 놀이 위주로 전시되어 있는 반면 우리나라의 어린이박물관은 대개 교육 위주로 전시된 것을 대비해서 살펴 볼 문제이다. 박물관이 편안하고 즐거운 장소라는 인식이 커서도 박물관을 쉽게 찾아오게 만든다는 점을 인식해야 할 것이다.

3. 최근성 선생님은 교육시설의 공간구성에서 실내환경과 공간연출에 대해 몇 가지 의견을 제시했다. 예컨대 실내환경에서 안전을 강조하고 또 어린이에 적절한 색깔과 조명 등을 예시하였다. 이는 매우 당연한 이야기이다. 어린이를 위한 시설이나 환경을 꾸미는 데에 이에 대한 기초 지식 밖에 없

는 담당자가 결정해서는 안 된다. 여기에서도 전문가의 활용이 절대적이다. 실내 색깔을 선택하는 데에도 색채 전문가가 꼭 참여해야 하고, 안전시설에도 안전전문가의 자문이 절대적으로 필요하다. 이런 점에서 어린이 박물관 교육에는 관련 전문가의 양성과 참여가 필수적이다.

"박물관 교육의 발전 방향-어린이 교육을 중심으로"을 읽고

유병하 국립경주박물관

발표자께서는 경기도박물관의 운영 경험을 토대로 '박물관에서의 바람직한 어린이 교육의 발전 방향'을 충실하게 제시하여 주었다. 국립경주박물관의 부속시설의 하나로 어린이 박물관을 운영하고 있는 사람의 하나로서 많은 시사를 받을 수 있었다. 특히 제도와 운영, 교육이라는 측면에서 세밀하게 살폈기 때문에 하나하나가 실제 운영에서 모두 귀중하게 이용될 수 있는 지침이 될 수 있을 것 같다.

그럼에도 불구하고, 특별한 쟁점을 찾아내기가 어렵기 때문에 토론문을 작성하는데 상당한 어려움이 있었다. 그래서 발표자가 제시한 내용 중에서 좀더 논의가 필요한 부분을 먼저 살펴보고, 아울러 박물관에서의 어린이 교육과 관련하여 발표자가 미처 언급하지 않은 부분을 간략하게 제기함으로써 토론자로서의 소임을 다하고자 한다.

1. 실제 어린이 박물관 교육을 내실이 있게 운영하기 위해서는 발표자가 제시해 준 대로 museum teacher, volunteer, intern, teen teacher 등과 같은 전문 인력을 확보하는 것이 매우 중요한 과제이다. 그중에서도 매우 유용한 인적

자원으로 생각되는 뮤지엄—티쳐(museum—teacher)를 확보하는 방안으로 교사의 '휴직 취업제도'와 '현장 파견근무제도'를 이용하는 것이 매우 효율적이라고 생각되는데, 현재 이러한 방안을 활용하고 있는 기관별 사례와 문제점 등에 대한 보다 세부적인 내용을 알고 싶다. 다른 한편으로 이들을 수급해줄 교육청·관련 협회·학교·지방자치단체와의 협력 관계를 구축하는 것도 중요하지만, 내부적으로는 어린이 교육에 투입할 만큼 이들에게 충실한 교육을 시켜줄 수 있는 여건을 확보하는 것도 매우 중요하다고 생각한다. 특히 이들은 끊임없는 재교육이 필요한 집단이라고 생각하기 때문에 박물관이 준비한 일정한 교육과정을 통해서 실무적인 집단으로 탈바꿈시켜야 한다고 생각하는데 이에 대한 발표자의 생각은 어떠한가? 그리고 구체적인 실행 방안으로는 어떤 것이 있겠는가?

2. 발표자는 미래 문화를 창조하는 밑거름이 되기 위해 박물관 어린이 교육의 기본 방침으로서 모두 7개의 항목을 제시하였다. 비록 여기에는 빠져 있지만 중요하게 다루어져야 할 또 하나의 교육 방침으로 '박물관 전시관람 질서의 준수'와 같은 예절 교육을 포함시켜야 할 것 같다. 사실 대부분의 대형 박물관은 유치원생과 초등학생의 단체관람으로 인해 큰 어려움을 겪고 있다(국립경주박물관의 경우 <붙임> 참조). 전문적인 어린이박물관(children's museum)이 아니기 때문에 관람에 제한을 두기도 어려우며, 행동에 일탈이 쉬운 학생들이기 때문에 통제 또한 쉽지 않다. 전시 관람에 의한 기대효과도 그다지 높지 않고, 다른 선의의 관람객에게 커다란 불편도 끼치기 때문에 박물관 운영에 어려움이 많은 것이 사실이다. 따라서 전시장과 같은 다중이용 시설에서 지켜야할 예절교육은 어릴 때부터 지속적으로 이루어져야 한다고 생각하는데, 어린이들이 박물관을 찾는 기회(교육과정)에 이러한 것도 교육 내용에 적극적으로 포함시키는 것이 어떠한가? 이것이 어린이들로 하여금 미래지향적인 문화인으로 성장할 수 있도록 돕는 길이라고 생각한다(국립경주박물관은 2006년도부터 추진 예정).

3. 모든 어린이 교육은 어린이의 연령대별 행동특성에 따라 서로 다르게

접근해야 하는데 발표자의 논의 내용 가운데에는 이에 대한 언급이 없이 유아·저학년층과 고학년층을 같이 다루고 있다. 주지하다시피 어린이의 행동특성은 초등학교 3-4학년을 기점으로 커다란 차이를 보이고 있으며, 이 때문에 국립박물관 중에서도 국립경주박물관·국립중앙박물관·국립청주박물관은 대상층을 구분·설정하여 어린이박물관을 운영하고 있다. 교과과정에서도 4학년은 되어야 우리 고장의 문화유산에 대한 교육이 실시되고, 6학년은 되어야 체계적인 한국사와 한국문화에 대한 공부가 시작되기 때문에 보다 차별적인 접근이 필요하다고 생각한다. 따라서 전문인력, 교육시설, 교육프로그램의 기획 및 시행의 모든 면에서 연령대에 따른 차별적인 접근이 매우 중요하다. 특히 대형박물관에 부속기관으로 설치된 어린이 전문교육장(혹은 어린이박물관)의 경우, 때로는 유아·저학년층 혹은 고학년층을 별도의 전시체험교육장이 없이 교육하게 되는 사례가 발생하게 된다. 이런 문제에 대해서는 어떻게 대처하는 것이 바람직한가?

4. 현대 박물관은 어린이 교육에 대하여 많은 압박감을 느끼고 있는 것이 사실이다. 그 이유는 21세기형 박물관에서 주요하게 다루어야 할 가치로 이용자가 중심이 되어야 하고, 그 중에서도 미래를 이끌어갈 주인공으로서 어린이층에 대한 배려가 특히 필요하다고 생각하기 때문이다. 그렇기 때문에 다양한 프로그램을 만들고 접근방식에서도 차별화가 이루어지고 있지만, 보다 중요한 것은 어린이와 문화교육에 대한 애정을 갖고 이를 지속적으로 실시해 나가는 것이라고 생각한다. 이러한 관점에서 지역의 향토문화연구가들이 주도해나가는 최소 1년 과정(원하는 경우 2~3년 수강 가능)의 '박물관학교'를 내실 있게 운영해 나가는 것이 어떠한가? 경주 지역의 경우 신라문화동인회가 주도하여 운영하는 어린이박물관학교가 약 40년의 역사를 갖고 운영되어 오고 있으며, 이들이 교수, 큐레이터, 향토연구자, 문화유산해설사 등으로 성장하여 지역문화의 발전에 지대한 공헌을 하고 있다.

5. 마지막으로 어린이 교육과정의 운영에 대한 개방성을 생각해보고 싶다. 발표자가 제시한 안에 따르면, 어린이자문단의 자문 혹은 관련대학과의 공동

기획 및 운영과 같은 개방적인 제도의 운영을 통해 보다 전문적인 교육을 기할 수 있을 것이다. 이와 관련하여 지역인사의 '명예관장 임명'이나 전문 인적자원으로 구성된 '운영위원회', 지역인사를 기반으로 한 '후원회'를 결성하여 운영방향·프로그램의 구성·지역민의 자발적인 참여·교육재료의 구비여건 확충 등에 도움을 받을 수 있다고 생각한다. 따라서 발표자가 제시한 방안과 함께 교육운영의 내실화도 기할 수 있을 뿐만 아니라, 지역문화기관으로 탄탄하게 자리를 잡을 수 있는 방안이 될 수 있을 것으로 생각한다. 이에 대한 발표자의 견해는 어떠한가?

● 연도별 관람객 수의 변동

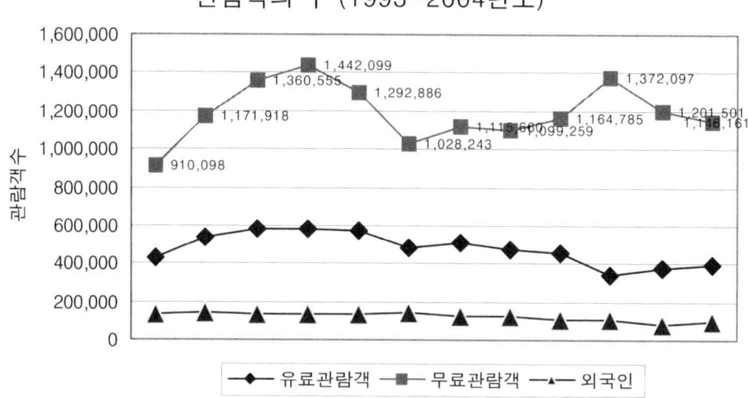

● 단체관람객의 구성

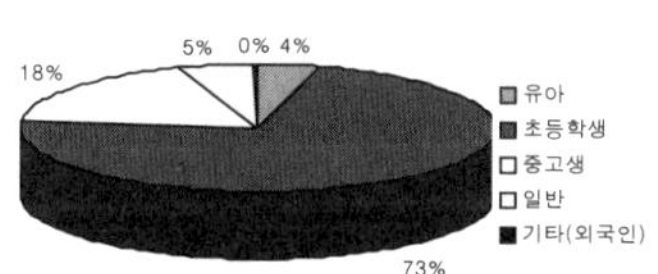

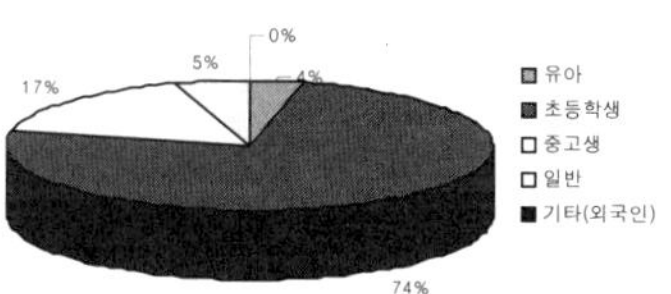

종합토론 녹취록

연갑수 : 지금부터 종합토론에 들어가겠습니다. 그 전에 한성백제박물관 건립의 추진 주체인 서울시의 입장을 간단히 들어볼 필요가 있는데, 그 일을 담당하고 있는 책임자인 문화재 과장인 김홍기 문화재과장이 여러분께 그 동안의 진행과정이나 현재 어디까지 와 있는지를 설명하기 위해서 원래 교육 중인데도 여기 와 있습니다. 김홍기 문화재과장이 진행상황에 대해 잠시 설명해 주시겠습니다. 그걸 듣고 종합토론에 들어가도록 하겠습니다.

김홍기 : 서울시 문화재과장입니다. 오늘 한성백제박물관 전시설계와 관련된 세미나에 이렇게 와주셔서 대단히 고맙게 생각합니다. 그만큼 우리 한성백제박물관 건립에 대해 사회, 시민 여러분의 관심이 많다는 것을 보여주는 것입니다. 제가 문화재과장으로 부임한 이후에 가장 역점을 두고 추진했던 일 중에 하나가 이 한성백제박물관 건립입니다. 서울 역사가, 아까 우리 노중국 교수님 주제발표에서 말씀이 있으셨지만, 600년 수도가 아니라는 것이죠. 그래서 작년에 시장님께서 서울역사 2000년 찾기 사업의 일환으로, 그 중심 사업의 하나로서 한성백제박물관 건립을 발표하셨고, 그 이후에 서울시에서는 사계의 권위자, 전문 교수님들로 자문위원회를 구성했습니다. 금년 5월까지 일년이 넘는 기간동안 9차례에 걸쳐서 회의를 진행했고, 그 회의에서 우리 위원님들이 의견을 모아서 송파구 88공원에 있는 지구촌광장이라고 하는, 올림픽 미술관 바로 옆에 있는 부지인데요, 그 부지가 한성백제박물관 건

립의 상징성, 취지, 역사적 맥락에서 가장 적정한 부지라고 추천을 해 주셨습니다. 약 4,000평정도 되는 그 부지를 후보지로 결정했고요. 또 건립규모에 대해서도 논의를 거친 결과, 주변여건과 다른 국립박물관, 이런 여러 가지를 감안했을 때 처음부터 크게 짓는 것보다는 일단 한 3,200평 내외로 짓는 것이 좋겠다 라는 의견을 모았습니다. 그래서 금년 6월 이후에 건립후보지와 규모에 대해 결정을 하고, 그 방안을 가지고 국민체육진흥공단과 협의를 시작했습니다. 물론 저희가 그 과정에서 송파구청과도 협조를 하고, 문화재청 사적과를 방문해서 건립의 취지와 자문위원회의 결정사항에 대해서 충분히 협의를 했습니다. 체육진흥공단에서는 후보지가 조각공원으로 조성이 되어있기 때문에 그 점에 대해서 아직은 그 부지 이외에 다른 부지를 사용해줬으면 좋겠다고 하는 것이 현재까지의 입장입니다. 그래서 저희가 충분히 협의를 거쳐서 그 부지, 내지는 그곳과 인접해 있는 적정 부지를 놓고 체육진흥공단과 지금 계속 협의를 해오고 있습니다. 조각공원의 관계단체나 미술계의 의견들이 있을 테니까 무리하게 추진을 해서 마찰을 일으키는 것보다는 여러 가지 의견들을 종합적으로 감안해서 상호 적정한 어떤 절충점을 찾아내서 건립을 추진하려고 합니다. 이런 과정들이 저희가 예정한 시기보다는 좀 늦어졌습니다. 그렇지만 순리에 따라서 협의점을 찾아내서 추진하는 하나의 모델을 보여주고, 이런 건립과정이 또 박물관 건립의 하나의 좋은 모델이 되었으면 하는 바람으로 무리하지 않고 순조롭게, 그렇지만 절차를 꾸준히 밟아나가면서 한성백제박물관 건립에 관련된 여러 전문가와 시민의 염원이 고스란히 반영될 수 있도록 담당과장으로서는 최선을 다할 계획입니다. 오늘 세미나에 와주셔서 다시 한번 감사드립니다. 고맙습니다.

연갑수 : 네, 수고하셨습니다. 그러면 종합토론 시간을 갖도록 하겠습니다.

충북대학교 양기석 교수님께 토론 사회를 부탁드리도록 하겠습니다.

양기석 : 네, 감사합니다. 오늘 이 행사는 서울특별시가 그동안 건립하기로 방침을 정하고 현재 추진 중에 있는 한성백제박물관을 앞으로 어떤 내용으로 전시할 것이며, 또 이와 관련한 인근 유적과 어떻게 연계관계를 가질 수 있으며, 앞으로 세워질 한성백제박물관의 운영은 어떻게 할 것인가 등등 여러 가지에 관해서 의견을 제시하고 수렴하는 세미나가 되겠습니다. 오늘 1시 반부터 시작해서 모두 네 가지의 주제가 발표됐습니다. 아시는 바와 같이 행사는 6시까지 예정이 되어있고, 또 한 주제에 두 분의 토론자께서 참여하시기 때문에 시간이 대단히 빡빡한 실정입니다. 또 오늘 발표해주신 분들이나 토론에 나선 선생님들은 주로 박물관과 관련하여 현재 종사하고 계시거나, 아니면 문화재위원이시거나, 대학교에서 이와 관련된 공부를 하고 계시는 분들입니다. 여러 측면에서 많은 도움과 시사를 해 줄 것으로 기대합니다. 우선 발표진행은 네 분 발표에 대한 지정토론을 진행하고, 나머지 남은 시간의 일부에 대해서는 플로어에 계신 여러 선생님들께서 좋은 의견이나 질의를 주신다면 그것을 수합해서 응답하는 시간으로 진행하겠습니다.

　제일 먼저 한성백제박물관 건립을 실무적으로 담당하고 계시는 김기섭 선생님께서 <한성백제박물관 전시주제 시안>이라는 글로 발표해주셨습니다. 여기에 대해서는 국립문화재연구소 한성백제 학술조사단장이신 윤광진 선생님과 인천시립박물관의 학예연구실장이신 윤용구 선생님께서 지정토론으로 나와 계십니다. 그럼 먼저 윤광진 선생님께서 김기섭 선생님의 발표에 대한 토론을 해주시겠습니다. 시간절약을 위해서 각 발표마다 그 끝 면에는 발표요지가 제시되어 있습니다. 그런데 선생님들에 따라서는 좀 길게 쓰신 분도 있고, 간략하게 쓰신 분도 있어 차이가 있습니다만, 주어진 시간이 한 분당 한 5, 6분 정도 넘기기가 어려운 실정입니다. 그래서 그것을 좀 요약해서 핵심적인 것을 중심으로 말씀해주시기 바랍니다.

윤광진 : 예, 윤광진입니다. 먼저 오랜 산고 끝에 한성백제박물관이 이렇게 잉태하게 된 시점에 놓여 있고, 그 시점에서 제가 토론자로 참가하게 된 것을 무척 영광으로 생각합니다. 제가 오늘 여기 와서 발표 요지문을 봤습니다만 실은 제가 양양 낙산사 발굴을 5개월째 하다가 어제 왔습니다. 거기서 발표문을 급히 받다보니 토론요지가 조금 미약합니다. 그리고 박물관에서의 경험적인 부분과 또 문화재청 국립문화재연구소에서 있으면서 조직 시스템에서 오는 것들을 통해 제가 경험으로 얻은 것은 헌신적으로 도울 것이고, 시스템에서 오는 것은 제가 소신껏 한성백제박물관 태동에 도움을 주고자 합니다. 제가 오늘 맡은 소임에 대해 간략하게 말씀드리겠습니다.

김기섭 발표자께서는 백제사를 전공하셔서 저도 그 발표문을 보고 많은 것을 공부했습니다. 그렇지만 어쨌든 한성백제박물관이 어떤 목적과 목표를 가지고 개관을 한다면 그 목적에 맞게끔 구성되고, 구성되어진 것이 결국 그 목적에 부합되어야 된다고 봅니다. 물론 발표자께서도 한성백제박물관이 개관하게 될 존재의 이유에 대해서 강조하셨는데, 목적은 크게 세 단락으로 선사시대부터 고대의 끝자락까지 시간적으로 긴 폭을 잡고 있습니다. 그러나 핵심은 결국 '定都 600백년'이라 이름되었던 것에서 벗어나 2000년 서울입니다. 서울이 백제의 수도인 고대에서부터 정치·경제·문화 중심도시로서 민족사 문화발전에 크게 기여했음을 밝히는 것이 아마 가장 주된 목적이라고 생각한다면 700여 평이 그리 크지는 않을 것 같습니다. 그래서 원래 발표자는 따로 있고 토론자는 거기에 대한 반론 내지는 반대의견을 냅니다마는 제가 발표자의 입장에 놓여있을 수 있고, 어떤 식으로든 제가 도움이 되어야 하는데 행여나 거기에 힘을 끊는 부분이 될까봐 발표자체가 조금 조심스럽습니다. 모든 것이 첫술에 배가 부르지 않는 것처럼 이런 세미나가 여러 차례 있다면 좋은 전시관으로, 또 박물관으로 거듭나지 않겠나 싶습니다.

　그래서 저는 구석기 즉, 선사시대부터 백제가 망하고 통일신라 시대 때 서울의 모습까지 담겠다는 원대한 구상에는 저도 전적으로 동감합니다. 그러나 선사시대부터 서울이 수도였다는 것을 강조하는 면이 있다면 과연, 선사시대도 수도로서 서울역사가 부각될 수 있는지, 아니면 이것이 오히려 전시목적을 약화시킬 우려가 없는지, 이것도 제가 조금 걱정되는 부분입니다. 그래서 저는 그 존재 이유가 한성백제박물관이 '한성'이라는 명칭을 앞에 붙였을 때는 종합박물관보다는 전문박물관 내지는 특화되고 특성화된 박물관으로 나가야 되지 않겠나 하는 것이 저의 생각입니다. 개괄적인 내용이 많아지면 특성화에 맞지 않고 어색한 분위기도 될 수 있으니까요. 따라서 여러 가지 얻는 것도 있겠지만 잃는 것이 더 많을 테고... 국립중앙박물관을 보면 산하에는 지방박물관이 있습니다. 그 중 국립진주박물관은 임진란으로 특화되어 갑니다. 전국에 있는 모든 박물관들이 홍길동박물관처럼 구석기시대부터 쭉 나오는 것을 지양하는 편이기 때문입니다. 한성백제박물관이 물론 서울역사박물관과 서로 양어깨로서의 역할을 하는 부분이 있겠습니다만 그래도 시간적 이동, 공간적 이동, 이 모든 것이 한성백제에 초점이 맞춰져야한다는 것을 거듭 말씀드립니다. 그래서 제 생각입니다만 전시의 기본방향을 1존에서 3존까지 나누셨는데, 이 부분에 대해 발표자가 아직 확정된 것이 없고, 결론부에서도 전시연출의 구체적인 방법까지 설정되지 않은 것을 분명히 하셨습니다. 앞으로 여러 차례 검토를 거쳐서 결정한다고 하셨기 때문에 힘을 얻어서 제 생각을 담아봤습니다.

제 생각에는 제1존, 2존, 3존이 있는데 한성백제 쪽으로 초점을 맞춘다면, 제1존은 백제의 건국과 성장. 이것은 결국 백제국가의 성립기로서 여기에는 초기철기시대와 고고학적으로 나누는 원삼국시대가 같이 포함될 것입니다. 제2존에서는 백제의 중흥기라고 해서 서울과 주변 유적, 아까 발표에도 있었습니다만, 여기서는 토성의 축조라든가 도성 사람들의 생활풍습에서 모든 것을 담을 수 있는 어떤 중흥기, 그리고 대외교역 부분도 같이 들어갈 것입니다. 제3존에서는 백제의 쇠퇴기라 해서 웅진·사비천도. 여기는 삼국항쟁 및 백제의 남천, 그리고 통일신라기의 서울, 이런 모습입니다. 그래서 저는 건국과 성장, 그리고 중흥기와 쇠퇴기, 이렇게 해서 뭔가 한성에 좀 맞추고 나머지 다르게 알려야 할 것은 특별전이나 기타 다른 기획 전시로 많이 할 수 있으니까요. 구석기시대부터 전시하는 것은 너무 포괄적이고, 그 공간에서 그것을 다 연출할 수 있을지. 또 실제 유물이 없는 상황에서 실제 유물에서 벗어난 전시를 했을 때의 문제도 있고. 그래서 제 생각에는 이렇게 특화박물관 내지는 특성화박물관이라고 했을 때는 국립중앙박물관이나 국립문화재연구소, 그리고 한신대, 서울대 이런 기관들이 풍납토성, 몽촌토성 등 백제 초기 유적에서 발굴한 유물을 가지고 있는데, 이것을 한곳에 모아서 전시할 수 있는 기능을 한성백제박물관이 담당하지 않겠나. 저는 이렇게 한번 생각해봤습니다.

일차적으로 제가 토론요지에도 몇 개 넣고 아까 사야마이케 이야기도 있었고, 기타 많았습니다. 기술적으로 그리고 실질적으로 사야마이케박물관의 경우는 완전히 특성화된 박물관이고, 한성백제박물관은 거기에 초점을 맞춘 것은 아닙니다. 그리고 풍납토성의 규모가 성벽의 폭이 40m가 넘고, 높이가 11m, 현재로서는 11m이지만 추정높이는 15m가 되는데, 이 부분에 대해서는 저희들이 된다, 안된다고 하기 보다는 많은 공론을 거쳐서 실현성, 타당성 여부를 검토해보는 것이 좋지 않겠나 생각합니다. 두서없지만 제 이야기는 여기서 마치겠습니다.

양기석 : 네. 윤광진 선생님께서는 발표요지 26과 27쪽에 보면 네 가지를 제시하셨지만, 그중에 가장 중요한 것이 흔히 박물관이 그렇듯이 종합적인 것을 보여주는 그런 박물관보다는 특성화된 박물관이 되어야하지 않겠는가 하는 이런 차원에서 말씀이 있으셨습니다. 그런데 이것을 발표자께서 또 말씀하시면 시간이 걸립니다. 한 주제에 두 분의 토론자가 배정이 되어 있으니 다음에 윤용구 선생님께서 토론요지를 말씀해주시고, 김기섭 선생님이 종합적으로 답변을 해주시는 것으로 진행하겠습니다.

윤용구 : 네, 소개받은 윤용구입니다. 저는 백제사를 전공한다고 하기도 어려운 연구자이고, 또 제가 지금 박물관에 종사하고 있습니다만 연류이 아주 일천한 그런 사람입니다. 그래서 오늘 김기섭 선생님께서 말씀해 주신 것에 제가 얼마만큼 도움이 될만한 이야기를 할지 걱정이 됩니다. 사실상 오늘 저는 의견을 제시하러 왔다기보다는 같은 박물관에 종사하는 입장에서 좀 더 많은 것을 배우고 가는 셈이 되었습니다. 솔직히 감사를 드리면서 제 소임을 다하고자 한 두 가지 말씀을 드리도록 하겠습니다. 제가 말하고자 하는 것은 발표요지 23쪽에서 25쪽에 있는데요, 읽지 않고 간단히 말씀을 드리도록 하겠습니다.

　앞서 윤광진 선생님께서 말씀하신 내용과 사실상 중복이 되는 부분인데요. 발표자의 발표 시안에 따르면 현재 한성백제박물관은 서울역사박물관과 시대적으로나 공간적으로 서로 차별을 두려고 하시는 것 같습니다. 대체로 아까 관장님 말씀도 있었습니다만 고려 이전, 그리고 공간적으로는 서울역사박물관이 중세사 중심의 강북을 대상으로 한다면, 한성백제박물관은 고대를 중심으로 해서 강남지역을 마치 지향하는 듯한 그런 뉘앙스의 발표가 있으셨습니다. 물론 여러 가지 고민을 하시고 서울역사박물관과 어떤 형태로든지 조직이나 인력이 연계될 수밖에 없기 때문에 그것을 고려한 듯싶습니다. 그러나 어느 경우든 선택하시기 전에 좀 더 신중한 고려를 해주셨으면 하는 생각이 듭니다. 자칫하면 또 하나의 서울역사박물관이 생기게 되고, 또 모자라는 시기에 대해서는 근·현대지역을 하나 더 만들어야 된다는 논리도 성립될 수 있기 때문에 그 점은 유념할 필요가 있다고 생각하고요. 한성백제박물관에 맞춘다고 하더라도 지금과 같은 모습은 전체에서 차지하는 백제사 부분이 지엽적이기 때문에 너무 많은 시대를 다루게 되어 있습니다. 이 점은 윤광진 선생님께서도 말씀하신 바인데요. 그 점에 대해서는 실무를 담당하신 입장에서 신중한 고려를 해 줬으면 좋겠다하는 생각입니다. 저도 어떤 것이 옳은지는 금방 답변이 나오지 않습니다만 선택의 시간을 조금 더 가지고 여러 의견을 들어봤으면 하는 그런 마음이 듭니다. 저 뿐만 아니라 지금 백제사를 전공하시고 박물관에 종사하시는 여러 선생님들이 여기 나와 계시기 때문에 이 문제에 대해서는 지정토론자 외에도 다른 분의 의견도 같이 구했으면 하는 생각이 듭니다.

두 번째는 전시의 기본방향에 대해서 설명을 해주셨는데요. 그 말씀에 대해서는 특별하게 이의가 있거나 반대의 뜻은 전혀 없습니다. 어느 선생님의 발표요지에도 표현되어 있는데 박물관에는 모형을 보러 오거나 패널을 보러 온 것이 아니라 유물을 보고 감동을 받고자 오는 것입니다. 박물관에 있어서 유물은 그 기본이 되는 것이기 때문에 유물을 보조하는, 유물이 설명해주지 못하는 것을 보조하는 역할들을 여러 가지 생각할 수 있습니다만, 역시 유물확보가 최우선이라는 생각을 하게 됩니다. 따라서 이 유물 확보는 여러 가지 제도적인 문제도 있기 때문에 시당국이나 박물관 차원에서 좀 더 정책적인 노력이 필요하다 이런 말씀을 강조해서

드리겠습니다.

　또 하나는 다 아는 이야기가 되겠습니다만 관람 대상자가 대개 초등학생들이나 유아가 많고 또 단체관람객이 많다보니까 짧은 시간 내에 많은 것을 시각적으로 보여주기 위한 보조수단들이 최근에 많이 발전해오고 있는데요. 그런 것들이 개관 초기에는 경쟁적으로 새로운 기법을 동원해서 만들고 있긴 합니다만 사실상 표현을 좀 저속하게 하면 장난감은 한 번 갖고 놀면 그 다음엔 바로 싫증이 나게 되는 물건입니다. 또 그러한 첨단 영상물은 구사하는 사람들이 기계의 특성을 알고 하는 것이 아니라 다소 마구잡이로 쓰는 경향이 많기 때문에 고장도 잦고, 고장에 따른 수리비용도 막대하게 들어가게 되어 있습니다. 그래서 이런 영상물관이나 보조수단은 특정한 공간에 제한적으로 사용하는 것이 어떤가 하는 생각을 갖게 됩니다. 실제로 유물확보가 얼마만큼 되느냐가 중요한 관건이 되겠습니다만, 아까도 몇 차례 그림에 여러 가지 디오라마라든가 모형이 많이 나오게 되어 있습니다. 그래서 모형의 크기라든가 모형과 실물의 배치에 대해서 아까 말씀하신 것을 듣고 여러 가지 고민을 하고 계신다는 것을 역력하게 느끼고 있기는 한데요, 역시 우리나라에서는 모형을 만드는 제작회사가 제한되어 있고, 특히 대형박물관을 수주하는 업체들은 그 중에서 또 제한되어 있습니다. 그러다보니 사실상 아까 전국의 박물관이 다 홍길동이라고 하듯이 모형이 전국적으로 보편화되는 그런 것이 있습니다. 보여주는 내용만 다를 뿐이지 실제로 거기에 있는 모형의 동작이라든가, 표정이라든가, 입고 있는 옷이라든가, 또는 그 모형이 나타내는 주변 환경의 수목의 모습, 이런 것들이 거의 동시 패션 형태로 가고 있기 때문에 그 점은 제가 굳이 강조하지 않아도 그것이 가진 폐해나 문제점은 잘 알고 계시리라고 생각합니다. 그래서 같은 전시기법 중에서도 모형부분에 대해서는 특별히 더 전문가 집단의 자문을 별도로 받으시는 것이 어떤가 하는 생각을 해 보았습니다. 이와 관련해서 최근에 제주도 삼양동에 전시관을 만든 모양인데요, 가보지는 못했습니다. 그런데 꽤 잘 만들었다는 말씀을 들었는데, 다녀오신 분들의 대체적인 의견이 일본 구주(九州)에 있는 요시노가리하고 여러 가지 흐름이 상당히 유사하다 그런 말씀을 들었습니다. 그러니까 박물관을 제대로 짓기 위해서는 여러 가지 고민을 하시겠습니다만 실제로 일을 실무적으로 하는 입장에서는 어떤 한 박물관을 벤치마킹하게 되는데요, 그것이 역시 장단점이 분명하기 때문에 박물관 전시와 건립에 주체적인 분들이 가급적이면 많은 박물관을, 여러 문화권의 많은 박물관을 견학할 수 있는 그런 기회를 시당국이나 박물관 주최측에서 배려해주셨으면 하는 바람이 있습니다. 이상입니다.

양기석 : 네, 윤선생님께서도 앞서 말씀하신 윤광진 선생님과 마찬가지로 이 박물관의 특화된 전문성을 요구하시면서 세부적으로 여러 가지 전시기법상의 유의할 점이나 또 운용 주체의 견문 확대를 위해서 견학의 기회가 필요하다는 등 몇 가지 제안을 하셨습니다. 여기에 대해서 김기섭 선생님께서 말씀해 주시기 바랍니다.

김기섭 : 네, 말씀 감사합니다. 발표 한 명당 토론 두 명씩. 이게 좀 빡빡하죠. 시간적으로는 빡빡합니다만 저희 주최측에서는 보여주는 것보다 훨씬 더 많은 이야기를 들어서 그걸 앞으로 저희가 발전하고 구성하는데 밑거름으로 삼겠다는 것입니다. 그래서 두 분 말씀하신 것에 대해서는 선은 이렇고 후는 이렇고 그렇게 말씀드릴 내용도 없지만, 또 그럴 의사도 전혀 없습니다. 말씀하신 부분들은 이제 곰곰이 앞으로 따져보고요, 두 분 선생님께서 아주 가려운 곳을 적절하게, 아주 시원하게 긁어주신 부분들도 있어서 저로서는 들으면서 좀 따끔한 부분도 있지만 또 시원한 부분도 있었습니다. 다만 이제 두 분 선생님께서 말씀을 하셨으니까 거기에 대

해서 저희들 입장을 조금만 말씀 올리도록 하겠습니다.

 점잖게 표현을 하셨는데 전체적으로 시간 폭이나 공간 폭을 너무 크게 잡은 것이 아니냐. 특히 시간 폭 같은 경우, 선사부터 고대까지를 전체 커버한다는 게 700평 규모로선 지나친 욕심 아니냐. 그렇게 하다가 이도저도 안되고 결국 잘못될 가능성도 있지 않느냐. 그런 우려를 말씀해주셨습니다. 또 친절하게도 윤광진 선생님께서 1존, 2존, 3존의 대안까지 말씀을 해 주셨는데 대단히 감사합니다. 이런 부분들은 앞으로 고민을 더 해봐야 되겠습니다마는 하나의 전제가 있습니다. 앞으로 만들어질 한성백제박물관은 명칭은 한성백제박물관입니다만 서울시에서 앞으로 설립하고 운영할 기관이라는 것이지요. 그래서 서울지역의 문화나 역사를 대변해줄 수 있고, 정체성을 설명해줄 수 있어야 되고, 교육할 수 있어야 하는 기관인데, 백제만으로 서울 역사의 고대 부분을 한정 짓는다는 비판도 사실 저희로서는 대단히 염려가 되는 부분입니다. 그래서 일차적으로 시간 폭을 조금 넓혔습니다. 넓히다보니까 공간도 모자라고 이게 이쪽으로 가야될지 저쪽으로 가야될지 삼각지 가운데 서 가지고 지금 조금 더 고민이 깊어져야 된다는 필요성만 느끼고 있습니다. 이 부분에 대해서는 차후, 올해는 다 갔지만 내년에 보다 심도 있는 논의를 거쳐서 좀 더 다양한 사람들이, 많은 사람들이 공감할 수 있는 방법을 앞으로 좀 모색해 보겠습니다.

 또 하나 말씀드릴 것은 유물확보가 관건이라는 부분인데요. 정말 저희로서는 난제입니다. 아까 그림 자료는 대체로 모형중심으로 보여드렸습니다만 그것을 그대로 흉내 내서 따라 가겠다 라는 뜻은 아닙니다. 이런 전시들이 있는데 나름대로 가서 흥미를 느꼈다고 하는 것이고요. 그걸 원용해서 다른 방법을 우리가 한번 찾아보겠다는 참고자료로서 일단 자료를 채록해 온 것이죠. 그런 것들을 바탕으로 해서 역시 박물관에서는 유물만 가지고 있으면 감

상 위주의 박물관이 되는 것인데, 그렇게 되면 대체로 교육 기능
이 약하다는 비판을 면하기 어려울 것 같습니다. 그래서 저희는
마침 옆에 계십니다만 서울에 국립중앙박물관이 번듯하게 개관을
했고요. 지금 그것 때문에 아까 관장님이 말씀하셨는데 서울역사
박물관에는 관람객이 1/4로 확 줄어버렸단 말이죠. 속된 말로 장
사가 안 되는 그런 상황인데, 이런 경우 그러면 우리도 좋은 유물
로 해서 대응하겠다, 이렇게 하기는 또 어렵죠. 어려울 뿐만 아니
라 별로 효율적이지도 못한 것 같습니다. 그래서 기왕에 중앙박물
관이 지금 용산에 있는데 거기서 그렇게 멀지 않은 강남 송파에
세워질 한성백제박물관은 중앙박물관에서 다 보여주지 못한 부분
들이 분명히 있으니까, 또 서울에 관한 부분들은 상당히 약하니
까, 그런 부분들을 우리가 대신해서 좀 효율적으로 보여주겠다고
하는 것입니다. 서울 시민에게 좀 더 가까이 가서 교육하기 위해
서는 뭔가 분명히 확신할 수 있는 어떤 거리가 있어야 되는데, 아
까 윤용구 선생께서 아주 정확하게 지적을 하셨습니다. 연구를 깊
이해서 안정감 있는 뭔가를 제시할 수 있어야 된다. 막연하게 모
형을 대충해 가지고는 한번 보고 경쟁력이 없다 라는 말씀을 하
셨는데, 역시 연구가 대단히 중요하다는 부분을 저희가 절감하고
있습니다. 만들어지기 전에 많이 모셔서 많은 말씀을 듣는 것도
중요합니다만, 박물관을 만들고 나서도 끊임없이 연구해서 그것을
따끈따끈하게 내보일 수 있는 그런 박물관을 좀 지향해야 되겠다
고 하는 것이 지금 추진반의 입장이고, 그것이 곧 서울시의 입장
인 것으로 알고 있습니다. 그래서 그런 측면에서 앞으로 좀 더 고
민해 가지고 말씀하신 부분들을 채워 넣도록 하겠습니다. 감사합
니다.

양기석 : 네, 지금까지 첫 번째로 무엇을 전시할 거냐 하는 전시주제에 대
　　　　한 토론이 있었습니다. 역시 제기되는 문제가 이름대로 한성백제

에 국한해야 할 것이냐, 아니면 서울시의 요구대로 폭넓게 대중
교육에 맞춰서 전시할 것이냐, 이런 문제가 당장 대두되고 있습
니다. 여기에 대한 많은 의견을 수렴하고 싶습니다만 시간이 없
습니다. 죄송합니다. 시간 타령만 자꾸 해서. 그래서 한 분의 얘기
만 듣고 하나의 문제점 제기로 해결되기는 어렵겠습니다만 넘어
가도록 하겠습니다. 이번에 한성백제박물관 건립에 아마 음으로
양으로 많은 관여를 하시고 지금 문화재 위원으로 계신 노중국
선생님께서 이 문제에 대해서, 아주 중요한 문제라고 생각되는데,
어떤 생각을 갖고 계신지 좀 간단하게 말씀해주시기 바랍니다.

노중국 : 네, 지정이 되었으니까 말을 하지 않을 수 없게 되었는데요. 사실
참 이 부분은 고민을 좀더 해야 될 부분입니다. 서울의 역사를 보
여준다고 하는 측면에서는 시간 폭이 넓어질 수밖에 없고, 특화라
고 하는 측면에서는 다 나온 이야기입니다만 한성 도읍기 백제사
를 중심으로 할 수밖에 없는데, 현재 굳이 이쪽이냐 저쪽이냐 양
당간을 따져야 된다고 했을 때는 엉거주춤하기 보다는 특화 쪽을
고려해야 되지 않을까, 이런 생각을 조금 하고 있습니다. 이 부분
은 사회자님 오늘 혹시 시간이 되면 지정 발표가 끝나고 나서 여
러 가지 의견을 들어볼 수 있는 그런 기회를 가질 수 있었으면
어떨까 싶습니다.

양기석 : 예, 오늘 발표나 토론해주신 분들의 글을 보면 나름대로 특화된
전문박물관으로 가야 되지 않겠느냐. 왜냐하면 주변 여건도 서울
용산에 중앙박물관이 이전했고, 앞으로도 각 지역단위로 작고 큰
많은 전시관들이 생겨날 겁니다. 여기에 중요한 것이 역할 분담
이죠. 플로어에 계신 분들도 여기에 대해서 생각을 하셨다가 혹
시 시간 있으시면 좋은 의견을 주시기 바랍니다.
　첫 번째 전시주제에 대한 문제는 이걸로 끝내고, 두 번째는 그

럼 어떻게 전시할 것이냐, 하는 전시기법에 대한 문제로 넘어가겠습니다. 함순섭 선생님께서 체계적인 전시기반 구축을 위한 제언이라는 글을 발표하셨습니다. 최근에 국립중앙박물관 이전에 기획업무에서 중추적인 역할을 하셨기 때문에 그런 경험, 노하우, 전문지식을 통해 하나의 도움이 될만한 많은 말씀을 해주셨습니다. 여기에 대해서 토론은 국립대구박물관 학예연구실장으로 계신 박방룡 선생님과 서울역사박물관 전시운영과장인 김영관 선생님께서 지정토론으로 되어 있습니다. 먼저 박방룡 선생님께서 말씀해 주시기 바랍니다.

박방룡 : 예, 대구박물관 학예실장 박방룡 입니다.

　먼저, 오늘 발표하신 함순섭 연구관은 학예사로 부임한 이래로 지방 신설박물관만 많이 다녔습니다. 그러다가 1995년도부터 중앙박물관 용산오픈을 맞추어서 약 10년 가까이 근무했는데, 지금도 중앙박물관 개관 전시팀장 보직을 맡고 있습니다. 내일 모레면 다른 곳으로 발령나서 옮긴다는 이야기를 듣고 있습니다만. 일단 지금까지 전시팀장을 맡고 있어서 누구보다 전시관계는 국내에서 가장 잘 알고 있는 분 중에 한 분이라고 생각하고, 이번 발표에 최적임자라고 생각합니다. 그리고 저 또한 발표문을 듣고 오늘 많은 것을 배웠습니다. 앞서 윤광진 문화재청 한성백제학술조사단장께서도 적극적으로 도와주시겠다고 하셨는데, 저희 국립박물관측에서도 한성백제박물관 건립에 대해서는 여러 가지 많은 조언도 해드리고 적극적으로 도와드리고 싶은 것은 저 개인 생각뿐만 아니라 국립박물관 전체의 생각이라고 생각됩니다.

　오늘 발표하신 내용은 아까도 말씀하셨습니다만, 크게 전시부분과 수장고 격납시설에 대한 두 가지를 가지고 발표를 했습니다. 전시관계에 대해서 몇 가지 더 말씀드리고 싶은 것도 있었지만 우선 할로겐 광섬유 조명과 관계되는 몇 가지를 질문이라기보다는 어떻게 생각하시는지 제가 생각하는 견해를 한 번 밝혀보도록 하겠습니다. 그리고 수장고의 벽에 이용하고 있는 조습 패널에 대한 것도 한두 가지 물어 볼까합니다. 먼저, 할로겐 광섬유 조명에 있어서 요즈음 전시실 전시장의 조명은 광섬유 조명으로 가는 경향이 많고, 저희 대구박물관도 그렇게 되고 있습니다.

중앙박물관 용산 오픈과 맞물려서 저희 대구박물관도 사회 교육관과 연계해서 기획전시실을 150평 더 늘리고 있습니다. 그래서 저희들이 용산을 많이 참조해서 고쳐가고 있습니다. 그런데 현재 중앙박물관에서 광원은 호야소트 제품을 쓰고 있고, 광케이블은 하네스제품을 쓰고 있습니다. 렌즈는 호야글라스 제품을 이용해서 광섬유를 사용하고 있습니다. 그런데 광원 하나에 12개에서 20개 정도 광섬유 조명을 사용할 수밖에 없습니다. 왜냐하면, 광원이 한정이 되어 있기 때문에 다량 많이 쓰이게 됩니다. 그러므로 전시실 크기에 따라 상당히 많은 조명이 필요로 하는 단점이 있습니다. 이로 인해 수량이 많기 때문에 초기 설치비용이 상당히 비싸다는 점이 있고, 또 공·사립 박물관 같은 곳에서 신축 국립중앙박물관과 유사하게 전시조명을 설치한다는 것은 상당한 예산 부담이 있다고 생각됩니다.

오늘의 주제가 한성백제박물관을 어떻게 하면 잘 만들 것인가? 그런 문제인데, 제 생각에는 국립중앙박물관 같은 경우는 사실 예산의 부담을 크게 느끼지 않는 선에서 마음껏 해 본 것이라고 할 수 있을 것입니다. 거기에 비하면 서울시에서 하는 한성백제박물관은 예산의 제약을 받지 않을 수 없습니다. 저희 국립박물관도 지방박물관 경우는 딱 정해진 틀에서 최소한의 경비로 해야 하기 때문에 현실적으로 이런 할로겐 광섬유 조명을 정말 다 사용할 수 있는가하는 단점도 생각해 보았습니다.

그리고 이 광섬유 조명의 할로겐 100와트 한 개의 수명이 대략 1,000시간 정도로 나와 있습니다. 그럴 때 1,000시간을 하루 평균

8시간으로 잡고, 한 달을 25일로 계산한다면, 대략 200시간 정도 사용할 수 있습니다. 이것 또한 예산과 관계있습니다만, 이렇게 비싼 할로겐 조명을 수명이 1,000시간 정도 밖에 쓸 수 없는 것을 한성백제박물관에서 다 사용할 수 있는 것인가의 문제도 생각해야 되지 않을까 생각합니다.

우리 대구박물관의 신축 전시장 같은 경우 할로겐전구와 형광등을 교체하는 문제도 생각하고 있습니다. 전부 다 이렇게 하지는 못합니다마는, 교체했을 때의 불편한 점 같은 경우, 전시장 내부에 할로겐 등을 설치하다 보니까 일일이 장을 열었다가 닫아야 하는 번거로움이 있습니다. 대구박물관 같은 경우에는 밖에서 형광등과 할로겐 등을 끼울 수 있도록, 유지보수하는 것을 편리하고 안전하게 하기 위해서 바꾸어보았습니다. 여기에 대해서 보충설명을 해 주셨으면 싶고요. 할로겐 등은 전시의 폭이 좁기 때문에 사각지대를 해결해야 하는 단점이 있다는 것. 그리고 마지막으로 광섬유 할로겐 조명 제품 중에는 가격을 낮추기 위한 방안으로 일본산이면서도 재료만 가지고 와서 국내에서 조립하는 제품을 쓰고 있습니다. 국내산과 외국산의 기능이 차이점이 있다고 생각하시는지에 대해서도 보충설명을 해 주셨으면 합니다.

그 다음에는 수장고 조습패널 문제인데요. 조습패널은 국립박물관과 공·사립박물관을 포함해서 신축하는 곳의 수장고는 이 방법이 많이 채택되고 있는 것으로 알고 있습니다. 저희들도 400평 가량 되는 수장고를 새로 만들고 있습니다만, 수장고를 만들면서 조습패널을 다 써야 되느냐, 꼭 필요한가를 놓고 여러 번 회의를 했습니다. 그런데 저희들 생각으로는 지방박물관은 참 열악한 면이 많습니다. 예산이 정말 부족합니다. 그래서 최소한의 예산을 절약해 본다는 측면에서는 기와라던가 토기라든가 온습도에 비교적 민감하지 않은 陶·土類나 석제품 같은 경우, 이런 것들은 굳이 조습패널을 한다고 많은 비용을 들여서 하면 얼마나 많은 효과를 얻을 수 있을 것인가 하는 문제. 그래서 한마디로 말씀드려서 조습패널을 사용하는 공간은 금속류라던가 서화류 같이 온습도에 민감한 것들은 수장고로 별도의 공간을 만들어 계속 운영을 하고, 그렇지 않은 것들은 조습패널을 하지 말고 옛날에 하는 식으로 오동나무로 벽을 한다던가 하고, 온습도 같은 경우도 정기적으로 몇 번씩 가동해서 예산을 절감하는 것, 이런 안이 한성백제박물관도 전체를 많은 돈을 들여서 조습패널을 다 사용하는 것보다 이렇게 하면 어떨까하는 생각을 해 봤습니다.

마지막으로 발표자께서도 지적했듯이 조습 패널을 부착하는 과정에 사용한 본드로 인해 생기는 포름알데히드와 같은 문제. 물론 가정뿐만 아니라 박물관도 마찬가지라고 지적해 주셨는데 맞는 말씀입니다. 이에 대한 대안으로 무기질 계통의 조습패널이 제시되고 있습니다. 수장고에서 장기간 작업을 해야 하는 큐레이터들의 입장에서 보았을 때 열악한 작업환경이 될 수도 있을 것입니다. 이러한 문제에 대해서는 어떻게 생각하시는지 묻고 싶습니다.

참고로 뒤에 51, 52, 53쪽을 보시면 국립중앙박물관 벽부형 진열장에 대한 내용인데, 표3, 4는 앞에 똑 같은 내용이 잘못 들어갔습니다. 그 앞의 표1과 표2는 중앙박물관에서 자료를 얻어가지고 저희 나름대로 장점, 단점 등을 주제넘게 한번 분석해 본 것인데, 여기에 대해서 혹시 저희들이 잘못알고 있는 게 있는지, 그런 견해가 있으면 말씀해 주시면 좋겠습니다. 이상입니다.

양기석 : 지금 박방룡 선생님께서는 전시실과 수장고의 할로겐 광섬유 조명을 쓰는 문제와 수장고에서의 조습, 온도조절하는 패널을 사용하는 문제에 대해서 질의를 하셨습니다. 다음은 김영관 선생님의 토론이 있겠습니다.

김영관 : 네, 저희 박물관에서 김기섭 선생님이 발표를 해주시고 저는 토론

의 소임을 맡아 구색을 맞춘다는 그런 느낌을 저 스스로도 갖게 됩니다. 어쨌든 제가 저희 서울역사박물관에서 가장 오래된 사람 중의 한 사람으로서 참여하라는 뜻에서 저한테 김기섭 선생님이 토론을 맡긴 것 같습니다. 함순섭 선생님의 발표에 대해서는 사실 제가 토론을 한다기보다는 함순섭 선생님을 대표로 하는 국립중앙박물관 측에 제가 서울역사박물관원의 입장에서 제안을 하고 도움을 청하는 그런 기회를 저한테 주셨다고 생각하고 말씀을 드리겠습니다.

저하고 함선생님은 96년도에 선생님이 중앙박물관 고고부에 계실 때 제가 중앙박물관 기본계획인 두터운 책자를 하나 얻으러 가면서부터 용산 박물관 쪽에서 일하시는 것을 알게 되었습니다. 그런데 여태까지 거기서 헤어나지 못하시는 것을 보니 전문가는 감히 아무데나 빼주지도 않고 보내주지도 않는구나하는 생각이 들어서 오늘 발표하신 함 선생님에 대해 경외감을 느낄 수밖에 없습니다.

함순섭 선생님의 발표는 한성백제박물관의 전시기반 구축에 필요한 베이스가 되는 전시와 수장문제에 대해 중앙박물관이 용산으로 이전하면서 축적한 노하우를 일일이 밝혀주는 것으로서 저희 박물관에서는 금과옥조로 여겨서 한성백제박물관 건립에 꼭 참고해야 할 그런 내용들인 것 같습니다. 우선 전시시설 중에서도 진열장의 조건, 그리고 조습패널을 주로 예로 들으셨지만 수장고의 수장조건, 수장환경, 이 부분에 대해서 강조를 많이 해 주셨습니다. 앞에서 박방룡 선생님께서 그 부분에 대해서는 비교적 자세하게 질문을 해주셨기 때문에 저는 그 부분은 생략하고요. 그리고 또 한 가지 함순섭 선생님께서 말씀하신 것 중에 하나가 박물관을 건립하는 건립주체에 대한 문제입니다. 공사를 하는 사람, 그리고 그 안에 콘텐츠를 담는 일을 하는 사람. 주로 저희가 공사를 하는 사람이라면 건축이나 토목 그리고 전기 같은 기술직, 그리고 그것을 전체적으로 이끄는 사람은 행정직 분들이고. 그리고 또 콘텐츠를 담는 사람들이라면 이 앞에 나와 계신 전체에 해당되겠지만 학자들이라든지 아니면 박물관의 학예직들입니다. 학예직과 기술직, 행정직 간에 사업을 추진하는 과정에서 발생하는 의사소통의 문제에 대해서 지적을 해주신 것 같고. 중앙박물관이 용산으로 이전하면서 아쉬웠던 부분들에 대해 간단하게 언급해주신 것 같습니다. 이 부분에 대해서는 함순섭 선생님이 어떤 구체적인 해결책이 있는지 좀 짚어주셨으면 좋겠고요. 그리고 제가 서울역사박물관의 박물관원으로서 부탁 겸 제안을 몇 가지 드리겠습니다. 여기 앉아계신 분들이 대부분 중앙박물관에서 오랫동안 일하신 분들이 많이 계시고, 중앙박물관을 거쳐 가신 분들도 계시기 때문에 드리는 말씀입니다. 함선생님에 대해서 특별히 개인적으로 질문드리는 건 아닙니다. 저희 박물관에서 원하는 것이라 해서 솔직하게 말씀드리는데, 우선은 용산에 국립중앙박물관 건립에 따른 축적된 노하우가 사실은 저희 박물관에 필요합니다. 용산박물관 건립을 추진하는 시기에 저희는 서울역사박물관 건립을 추진했고, 2002년도에 개관을 했는데, 그간 많은 노하우를 전수해 주셔서 그나마 그래도 용산 중앙박물관이 생기기 전에는 저희가 최고라고 자부하고 저 스스로 자랑을 하고 다녔던 그런 기억이 납니다. 앞으로 만들어질 한성백제박물관은 용산 중앙박물관보다 더 좋은 박물관이어야 된다고 생각합니다. 몇 해 전에 서울시 구청에서 문화예술회관을 만들려고 설계도를 가지고서 제안 설명회를 했는데, 심의과정에서 세종문화회관보다 더 잘 만들면 안 된다고 하는 그런 얘기도 나왔던 적이 있습니다. 사실 중앙박물관 쪽에서도 일종의 그런 감을 가지고 있는 게 아닌가 생각됩니다. 일례로 제가 몇 년 전에, 작년까지 여기서 유물과장을 맡고 있었는데, 저희 박물관 소장유물이 3만 점 중에 16,000점을 기증받았습니다. 그랬더니 중앙박물관 유물부에 계시는 어떤 분이 좋은 유물이 있으면 대한

민국의 대표 박물관 중앙박물관으로 보내야 되지 않느냐. 서울박물관에서 뭐 그것이 필요하냐. 그러기에 저는 농담 삼아서 남한의 대표박물관 국립중앙박물관이 대한민국을 대표하는 서울역사박물관에 차라리 보내라. 북한에 조선중앙역사박물관도 있고 그러니까, 거기는 두 개이고 우리는 하나니까, 이런 농담도 했습니다만. 우리는 국립중앙박물관이 최고라는 자부심을 가질 필요는 있지만 그 뒤에 생기는 박물관도 그 최고에다가 플러스알파가 될 수 있는 박물관이 될 수 있도록 도와주셔야 된다고 감히 저희는 말씀드립니다. 그러기 위해서는 지금까지 중앙박물관 건립과정에서 축적된 노하우, 일례를 들면 진열장을 말씀하셨으니까 진열장 제작 설계도면이라든지, 아니면 수장고 시설의 표준적인 시방서를 제작해서 중앙박물관만 가질 것이 아니라 다른 박물관에도 돌리고, 그리고 한성백제박물관에도 적극적으로 반영될 수 있도록 자료를 공개해 주셨으면 하는 바람입니다. 그 다음에 자료 도면만 가지고 되는 것이 아니지 않습니까? 이것이 사람이 하는 일이기 때문에 인력지원은 더 절실하다고 생각됩니다. 박방룡 선생님께서 국립지방박물관의 문제점을 말씀하셨는데 사실 제가 듣기에는 놀라운 얘기입니다. 저는 국립중앙박물관이나 국립지방박물관이나 똑같은 조건에서 일을 하는 줄 알았는데, 전혀 아니라고 말씀하시니까 사실 좀 당황스럽습니다. 예산문제도 저희 박물관을 얘기하셨는데, 서울시에서는 시설의 질적 수준을 향상시키는 데 예산이 없어서 못하는 경우는 없을 것이라고 전 생각됩니다. 문화재과장님도 앞에 계시지만 문화재과장님도 서울시 차원에서 충분히 도와주실 거라고 생각합니다. 그런 예산문제는 그 다음 차치하고라도 예산을 그렇게 밖에 쓸 수 없을 테니까 국립중앙박물관의 노하우를 다 줘도 사용 못할 것이라는 그런 점에서 비껴나서 중앙박물관의 축적된 노하우를 가지고 있는 인력들을 저희 박물관, 한성백제박물관 건립에 지원해 주신다면 저희 박물관이 사실 중앙박물관 못지않은, 그리고 더 좋은 박물관을 지을 수 있는 여건의 하나가 해결이 된다고 생각됩니다. 그러려면 중앙박물관의 인력이라든지 이런 문제가 있겠지만, 전국의 지방박물관, 하다못해 시나 군에서 건립되는 박물관이라도 중앙박물관에서 지원단이라든지 이런 걸 꾸려가지고 계속 자문을 하고 도와준다면 슈퍼마켓 같은 그런 박물관은 더 이상 생산이 안 될 거라고 생각이 됩니다. 그런데 그런 지원이 없이 저희 박물관도 마찬가지이지만 소규모의 인력, 그리고 전문적인 인력이 부족한 상태에서 박물관을 지으면 역시 전시의 질이라든지 수장시설, 진열장 이런 게 백화점 진열장 수준을 못 벗어날 것이라고 생각됩니다. 그 부분에 대해서는 중앙박물관의 차원에서, 중앙정부 차원에서 지원이 필요하지 않을까 하는 그런 생각이 듭니다.

그리고 또 가장 중요한 문제가 앞에서 윤용구 선생님께서도 지적하셨지만, 사실 박물관에서 가장 중요한 것은 전시유물입니다. 현행 문화재 관련 법령을 보면 모든 매장문화재나 발견 문화재는 100% 국고 귀속이 되게 되어 있습니다. 그러다 보니까 저희 박물관도 지금 2층 상설전시실에 석촌동이나 암사동에서 출토된 토기를 개관 초에는 좀 빌려다 놨는데, 이제는 못 빌려주겠다고 해서 전부 카피해가지고 전시를 하다보니까 눈이 조금만 있는 사람, 박물관에 관심만 있는 사람들이 보면 이거 가짜 아냐, 볼 거 하나도 없네, 이런 식으로 나옵니다. 제가 알기로는 국립중앙박물관에도 수십만 점의 유물을 쌓아두고 있고, 저희도 마찬가지입니다만 전시에 활용하는 것은 1%도 안 될 겁니다. 그 1%도 안 되는 유물을 제외한 다른 유물들을 과감하게 저희 한성백제박물관에 제공해 주셔야 될 필요가 있다고 생각이 됩니다. 뒤에 발표하실 분들, 그리고 뒤에 토론해 주실 선생님들도 그런 점을 누누이 지적하셨지만, 유물이 없이 그리고 전시할 컨셉에 맞는 유물이 부족하다고 해서 그나마 있는 유물마저도 저희한테 빌려주지 않거

나, 아니면 관리권 같은 것을 넘겨주시지 않는다면 한성백제박물
관은 왁스뮤지엄처럼 되어 버립니다. 왁스뮤지엄은 유명한 사람
얼굴이나 만들어 가지고 재현해 놓고서 볼거리를 제공하는 측면
에서 끝나는 것이지, 유물도 왁스처럼 복제를 해가지고 전시를
할 수밖에 없게 한다면 한성백제박물관은 겉모습이 아무리 훌륭
하다 하더라도 그 내용이 되는 유물의 수준이 형편없이 전락되기
때문에 좋은 박물관을 만들 수 없을 거라고 생각됩니다. 그런 점
에서 중앙박물관 측에서, 또 윤광진 선생님께서 와 계시지만 문
화재청, 문화재연구소 측에서 저희 서울역사박물관에서 하는 한
성백제박물관 건립에 적극적으로 배려를 해주셨으면 합니다. 개
인적인 배려가 아니고 사실 저희가 법령을 발휘할 수는 없으니까
내부에서 차제에 법령 개정이라든지 내부의 시행규칙이라도 개
정을 해서 저희 박물관을 비롯하여 경기도박물관, 인천시립박물
관도 마찬가지지만 진품 유물들, 그리고 쓸만한 유물이 전시될
수 있도록 배려를 해주시고, 그런 기회를 만들어 주시기 바랍니
다. 네, 이상입니다.

양기석 : 네, 서울역사박물관 입장에서 한성백제박물관 건립에 따른 인적
요소라든가 경험, 전문지식, 또는 유물에 대한 도움을 요청하는
말씀을 해 주셨습니다. 지금 시간이 너무 많이 지나갔습니다. 아
껴 쓰는 의미에서 함선생님께서 좀 요약해서 함축성 있는 측면에
서의 답변이 필요한 거 같습니다. 말씀해 주시죠.

함순섭 : 네, 저 개인적인 과찬은 감사드리고요. 그런데 제가 국립박물관
전체를 대표할 수 없는 부분도 있기 때문에 제 선에서 답변드릴
수 있는 것까지만 말씀드리겠습니다. 상당한 오해가 있다는 것이
제 개인적인 생각입니다. 우선 박방룡 선생님께서 말씀하셨던 부
분에 '왜 광섬유 조명을 쓰느냐' 이건 사실 연색성이라고 하는

것 때문입니다. 유물을 볼 때 사람이 느끼는 가장 아름다운 조명이 뭔가, 가장 친근하게 그 유물을 볼 수 있는 조건이 뭔가라고 하는 겁니다. 왜 세계적으로 모든 박물관이 아직도 아날로그적인 백열전구를 쓰는가. 할로겐전구도 다 백열전구니까요. 그 이유는 그렇게 했을 때 사람들이 연색성 부분에서 가장 친근감을 느낀다는 겁니다. 그건 조명학적인 이야기고요. 그런데 순수하게 유지관리 비용만을 생각 하겠다하면 수명이 백만 시간인 LED 조명을 쓰는 것이 가장 좋습니다. LED조명으로 유물을 비췄을 때 과연 그것이 아름답겠냐 하는 것입니다. 실제로 LED조명으로 하라고 하는 것을 강요하시는 분이 저희 자문위원 쪽에서도 있었습니다. 그래서 저희들은 나름대로 전세계와 국내에서 생산되는 모든 조명기구와 조명소스들에 대해서 품질테스트를 다 해보았습니다. 형광등, CCFL, EFL, LED에 대한 모든 장단점들을 다 비교했습니다. 그것이 자외선이나 적외선이 나오는가 나오지 않는가, 초기 투자비용을 모두 검토했습니다. 거기서 백열전구 중에서 열선이 유물에 직접 전달되지 않는 유일한 조명이 광섬유 조명입니다. 이는 광원장치가 따로 있고, 빛이 나오는 구멍이 따로 있는 겁니다. 그래서 실제로 빛은 나오지만 열은 나오지 않는 조명입니다. 분명히 지금 현재까지 말씀드린 조명기구 중에는 가장 낮습니다. 지금 현재 1,000시간 그렇게 되는데 유지비용의 문제로 따지면 형광등이나 광섬유나 사실 큰 차이는 없습니다. 왜냐하면 아까 전에 많이 들어간다고 했는데 실제로 3미터짜리 진열장이라고 했을 때 거기 들어가는 광섬유는 200와트입니다. 딱 광섬유, 광원장치 두 개만 필요한 겁니다. 그런데 3미터짜리 진열장을 커버하기 위해 들어가는 형광등은 32와트짜리 9개가 들어갑니다. 그러면 280와트가 나오죠. 실제로 보면 하나의 기술적 차이가 있는 겁니다. 소요전력을 따지면 실제로 광섬유가 더 이익적인 부분도 있습니다. 그런데 나머지 CCFL이나 EFL, LED 이런 건데. LED는 아직까지는 제가 볼 때 박물관에서 채택하기에는 아직 무리가 있는 것 같습니다. 연색성이나 이런 부분에서 컨트롤이 좀 어렵습니다. 그런데 CCFL이라고 해서 아주 가는 형광등이 있는데, 보통 컴퓨터 모니터에 나오는 겁니다. 저희들이 이 작업을 처음 프로젝트 할 때는 이것을 인위적으로 컨트롤하는 기술개발이 안 되어 있었습니다. 그리고 색온도를 자유롭게 조절할 수 있는 기술이 개발이 안 되어 있었습니다. 사실 저는 안 되어 있는 걸로 알았습니다. 그런데 작년에 보니까 이미 이 제품이 국산화되어 있는 것을 확인했습니다. 그런데 아직까지 국립박물관에서 이런 부분에는 굉장히 보수적입니다. 나중에 수장고쪽에도 말씀드리겠습니다만 이것이 과연 도입했을 때의 장단점이 뭔가를 따져봐야 되는 겁니다. 사실 EFL 같은 경우는 시간이 최소 2만 시간에서 6만~8만 시간까지 유지 기간이 나옵니다. 그래서 저희 박물관에서는 CCFL과 EFL을 반영하고 있습니다. 그런데 진열장에 반영하는 게 아니고 패널부분에서 저희들이 이걸 채택했습니다. 이것은 나름대로 그런 장점들을 활용하기 위해 이미 채용했고 테스트에 들어가 있습니다. 그러나 아직까지 LED까지는 반영하고 있지 않다는 겁니다. 사람들이 LED라고 하는 조명을 받았을 때 느끼는 감이 너무나 나쁘다는 걸 알고 있기 때문에 그런 겁니다.

그리고 진열장의 전구 교체에 대한 것인데, 이것도 약간 오해가 있으신 것 같습니다. 사실은 저희 진열장 중에 진열장 문을 열어야만 전구를 교체할 수 있는 것이 독립형 진열장에서는 한 15%정도, 그리고 벽부형 진열장 중에서는 회화진열장, 아주 바닥이 낮은 것 있죠. 그것은 밑에서도 빛을 쏴줘야 됩니다. 보통 조명기가 위에 달려있는데 밑에도 조명기가 달려있는 게 있습니다. 그 진열장에 한해서만 진열장 문을 열고, 그런데 그 진열장 안쪽에 있는 게 아니고, 진열장 하부에 있는 겁니다. 하부에 있는 전구를 갈아 줘야 됩니다. 나머지는 기본원칙이 외부에서 진열장의 문을 전혀 열지 않은 가운데 외부에서 인출해서 조명기구를 갈게끔 되어 있습니다. 그리고 사각 지대의 경우는 약간의 오해가 있는데요. 저희들 광섬유 중에 광원장치는 호야스트포트 것과 국산 제품이 들어가 있습니다. 광섬유는 저희들이 테스트 했을 때 호야스트포트 제품, 보통 하네스라고 하는데 그것이 사실은 호야스트포트 제품입니다. 호야스트포트 제품이 지금까지 개발된 것 중에 가장 좋았기 때문에 그걸 채택했던 거고요. 그 앞에 있는 렌즈부문은 저희들이 2년을 공을 들인 겁니다. 렌즈 하나를 개발하기 위해 2년 동안 테스트하고 작업을 한 겁니다. 그것을 가장 먼저 혜택을 본 건 리움박물관 입니다. 리움박물관에 있는 많은 소재들이 국립박물관에서 테스트를 하는 과정에 먼저 개관하면서 다 반영되어 들어간 겁니다. 바로 모바일 안내시스템 같은 것도 먼저 국립박물관에서 기본 포맷을 잡아놓은 거죠. 그것을 먼저 리움에서 가져가서 설치 사용했던 거고. 광섬유 앞에 광인출부, 렌즈부분에 대한 개발도 2년 정도를 업체한테 계속적으로 수정 지시하고 한번 만드는 데 저희들이 가진 노하우를 주고 계속해서 개발해낸 것입니다. 그런데 한번 단계를 밟고 나니까 지금은 다른 업체들도 그보다 더 발전된 것을 금방금방 개발하고 있습니다. 광원장치에 대해서는 국산과 외산인데, 사실은 국산제품은 그전에 저희들은 인정을 하지 않았습니다. 왜냐하면 연색성에서 너무 떨어진 게 많아가지고 사용할 수가 없었습니다. 그런데 빛의 색깔 부분을 조정할 수 있는 것을 국내에서도 개발했습니다. 그래서 그걸 채택했는데, 저희들은 독립형 진열장에는 국산을 쓰고 있고, 벽부형 진열장에는 외산을 쓰고 있습니다. 그 이유는 저희 국립박물관은 어느 한 단일한 제품을 절대 안 씁니다. 항상 대체품의 대체를 염두에 두고 작업을 합니다. 썼는데 역시 국산에서는 조금 문제가 있습니다. 뭐냐하면 한 개의 램프가 견딜 수 있는 시간이 외산제품의 80%밖엔 못 따라온다는 겁니다. 1년 정도 활용해 보니까 그 원인은 밝혀졌습니다. 그래서 거기에 대해서 업체에게 재개발을 지시한 상태입니다. 그 문제가 아직까지 있는데, 그런데 가격차이가 3배가 나니까 국산제품에 대해서도 새로 개발되는 제품에 대해서는 생각해봐도 괜찮을 것 같습니다.

조습패널과 같은 경우는 약간 오해가 있는데, 국립박물관에서 절대 전체를 채용하지 않습니다. 그만큼 국립박물관이 보수적이라는 겁니다. 특히 유물과 관련된 사항에 관해서는 굉장히 보수적입니다. 그것은 저 스스로가 보수적인 틀을 가지고 접근합니다. 새로운 신제품이 나왔다고 해서 그것을 절대 박물관에 막 바로 적용하지 않습니다. 그것이 가지고 있는 효용성에서, 앞의 조습패널에 대한 분석치, 실제 일본에서도 분석치가 없습니다. 그걸 우리가 그렇게 분석했던 이유가 바로 그것이 적용되었을 때 무슨 문제가 발생할지에 대해서 그 누구도 모른다는 거죠. 지금 생산된 지 10년밖에 되지 않은 제품입니다. 그것을 우리가 앞으로 수백 년, 수천 년을 물려줘야 될 문화유산에 적용할 수는 없는 거죠. 그래서 실제로 국립박물관 수장고의 절반은 조습패널이 없습니다. 왜냐하면 그건 도자기실이고, 토기실이고, 석기실입니다. 석재 제품을 두는 곳입니다. 그래서 과감하게 조습패널을 배제했습니다. 그 외에 진짜 저습상태와 고습상태를 유지해야 되는 수장고에 한해서만 천연 목재, 유기질계 조습패널, 그리고 무기질계 조습패널을 각각 업체별로 해서 다 설치했습니다. 그 이유는 저희 국립박물관이 수장고를 운영하는 과정에 어떤 문제가 발생한다면, 그 제품에 대해 업체에 즉각적인 리콜을 실시하기 위한 겁니다. 저희들이 테스트를 하기 위해서 하는 게 아닙니다. 왜냐하면 이미 그런 제품들이 국내의 모든 박물관에 100%씩 다 들어가요. 저는 이해를 못하겠습니다. 수장고에 100% 조습패널로 시공하는 것에 대해 솔직히 이해를 하지 못하겠고, 그 방법은 절대로 잘못된 거라는 겁니다. 그래서 그것 말고도 여러 가지 방법이 있는데도 그것을 사용하는 것은 잘못되었다. 그래서 저희 박물관에서 수장고 조습패널을 다 쓰고 있는 것 같지만 그렇지 않다는 겁니다.

그리고 국립박물관 진열장 전체 공사비용이 얼마나 되는지 아십니까? 사실 많은 돈이 안 들어갔습니다. 전체 공사 4,000억 중에 독립형 진열장하고 벽부형 진열장 전체 비용이 200억입니다. 공사 전체 비율에 비하면 실제로는 돈이 많이 안 들어간 겁니다. 그 이유는 뭐냐 하면 공사 물량이 많았기 때문에 가격이 내려간 겁니다. 실제로 비싼 돈을 들이고 고급사양을 쓴 게 아니고 물량이 많았기 때문에 가격 자체가 낮아졌던 겁니다. 그래서 절대 비싼 제품이 아니었다는 것을 말씀드리고 싶습니다.

그리고 박방룡 선생님이 제시하신 표 중에는 여러 가지가 있는데, 나름대로 이유가 있습니다. 곽 파이프 같은 경우 왜 철제를 많이 사용했느냐 이런 문제인데, 과거의 진열장은 무게 800kg 정도 되는 유리면을 하부에다가 무게를 실었습니다. 그러니까 철제가 많이 들어갈 필요가 없죠. 그런데 그렇게 되면 일년 지나고 나면 100% 그 진열장은 하자가 발생하고, 밑이 깨어지게 되어 있습니다. 그것을 극복하기 위해 모든 진열장의 유리문을 천장에다 부착시킨 겁니다. 천장에서 내려오는 수평은 그 편차를 플러스, 마이너스 1mm 이내에서 잡아낼 수 가 있습니다. 그러기 위해서 자재가 많이 들어간 겁니다. 바로 그런 방식을 많이 선택했고 그 방식이 지금도 적효한 겁니다. 이것은 하부레일이 아니고 상부레일 방식을 쓰기 때문에 그런 거고요. 작동 시 전문가가 있어야 한다고 하셨는데, 전문가가 필요하긴 합니다. 그런데 그렇지는 않습니다. 사실은 리모콘 하나로 10m짜리 진열장이 자동으로 열리고 닫히고 합니다. 센서부분에서 약간의 오차가 있을 때가 있는데, 그런 일은 초기에 학예연구직들에게 교육이 부족하니까 그런 문제들이 발생했었습니다. 한 달 정도 지나고 난 뒤에 그 문제에 대해서는 다 적응하는 방식, 그리고 오작동 했을 때 대처 방법 등이 익숙해지니까 그 문제는 다 해결 보았습니다. 이 정도로 박방룡 선생님의 질문에 대한 답변을 마치구요.

김영관 선생님의 질문에 대해서는 간단하게만 말씀드리겠습니다. 저희들 쪽에서 인력지원의 문제, 시방서, 도면은 사실 업체의 노하우와 관련된 사항입니다. 그것은 저작권과 관련된 사항이죠. 그걸 무조건 주라 말라 이건 아니라고 생각합니다. 지금 현재적 사고에서 지적 재산권 보호라고 하는 측면에서는 좀 아닌 부분이 있습니다. 그리고 저희들의 인력지원 문제는 박물관 정책과라는 것이 새로 생겼습니다. 전국에 있는 박물관에 대한 정책업무부터 지원업무를 분명히 앞으로는 시행할 겁니다. 그래서 너무 걱정하지 않으셔도 되고요.

유물과 관련된 문제에 대해서는 오해가 상당히 많은 것으로 생각됩니다. 지금 이 자리에서 많은 선생님들께서 왜 한성백제박물관을 특화시키라고 하냐 하면, 바로 유물과 관련된 문제가 가장 크다고 생각됩니다. 대표적으로 제가 김해 박물관에 잠시 있을 때, 저희들이 김해박물관 관할 지역 내에 있던 지방박물관의 유물 대여 실태를 말씀드리겠습니다.

지방박물관이 유물이 필요하다면 우리들이 전시하지 않는 모든 유물에 대해서 국가귀속권은 우리가 가지되 위탁기관으로 지정해서 당신들이 유물을 가지고 가서 보관해라 라고 했던 기관이 바로 복천동전시관, 창녕전시관, 고령전시관, 이런 곳입니다. 왜냐하면 그곳은 특화되어 있는 곳이기 때문입니다. 딱 그 주제에 대해서 자기들이 관리할 정도로 모양을 갖추어 놓은 겁니다. 그러면 잡다하게 많은 유물을 줄 필요가 없죠. 대표적인 예가 복천동전시관입니다. 그런데 복천동전시관 같은 경우 저희들 쪽에서 지원해 주고자 했지만 문제는 대학박물관들이 사실은 거부반응을 많이 가졌어요. 왜냐하면 기존의 대학박물관들이 먼저 생겨 있었고, 그

대학박물관의 대부분 유물이 자기들이 발굴했던 유물을 가지고 박물관을 만들어 놓았기 때문에 유물을 안줄려고 했던 겁니다. 그러나 하여튼 원칙은 국립박물관에서 국고 귀속되고 나면 '복천동 지역에서 나온 유물에 대해서는 위탁기관으로 복천동박물관을 우선으로 한다'라고 하는 것을 정합니다. 당연히 정책을 그렇게 해오기 때문에 그렇습니다. 그러나 반대로 완전히 거부권을 행사한 데가 딱 한 곳 있습니다. 바로『김해 대성동전시관』입니다. 왜냐하면 김해 대성동전시관은 국립김해박물관에서 불과 200m 떨어진 곳에 있습니다. 그런데 초기 김해시가 그 프로젝트를 시행하면서 어떻게 해왔냐 하면, 모 업체가 프로포즈를 낸 걸 그대로 가지고 사업을 시행하겠다는 겁니다. 김해 대성동고분에서 나온 모든 유물을 다 가지고 와서 전시하는 것으로 만들어 놓았어요. 김해 대성동고분군전시관은 바로 김해박물관과 동일한 성격을 가집니다. 그런데 불과 200m 떨어진 곳에 전시관을 지으면서 대성동고분에서 나온 모든 유물들을 가지고 전시하겠다는 것이죠. 그러면 하지 말자는 얘기죠. 그래서 저희들이 공고했습니다. 도저히 이건 아니다. 오히려 그것보다는 김해대성동고분전시관은 대성동고분군을 중심으로 한 유적의 복원 전시를 통해 일반인들에게 하나의 고분, 왜냐하면 대성동고분은 표면적으로 고분이라고 하는 흔적이 하나도 없습니다. 오히려 유적의 단면이라던지 유구의 단면을 보여줌으로 인해 김해박물관과 상승관계를 가지는 것이 맞다 라고 한 겁니다. 그랬더니 김해시에서도 그걸 인정했고, 초기 프로젝트를 전부 삭제했습니다. 그래서 새로운 모형전시관으로 대성동전시관을 만든 겁니다.

　한성백제박물관이 자기 목적성을 명확하게 밝힐 경우 지금 현재 우리가 국립박물관이 실시하고 있는 위탁기관 지정과 관련된 시설을 갖춘다면 유물은 갑니다. 당연히 국립박물관 수장고에 모든 유물을 다 갖다놓을 필요성을 저희들은 안 느낍니다. 국립박물관

중에 그런 걸 느끼고 있는 박물관은 한 군데도 없습니다. 명확한 성격을 가지고 수장고 시설을 먼저 준공한 다음에, 그러니까 개관 1년 전에 수장고 시설을 완비한 다음에 위탁기관으로서 등록을 하는 거죠. 등록한 다음에 내부전시작업 과정에 필요한 유물을 먼저 갖다놓고 전시를 하는 겁니다. 바로 그런 전시 방법을, 즉 순서를 정해야 되는 거죠. 그런데 지금 여기 서울역사박물관의 경우는 솔직히 저희 국립박물관하고는 크게 충돌되는 사항이 없습니다. 없는데, 차이는 이런 점에서 저는 일본의 사례를 좀 벤치마킹하시라는 겁니다. 일본의 국립박물관과 현립, 시립박물관들이 어떻게 운영되고 있고 하는 부분을 전시물의 성격들, 이걸 한번 벤치마킹하셔서 어떻게 특화할 수 있는지를. 특화하지 않으면 앞으로 박물관은 살아남지 못합니다. 수천억을 들여서 지어가지고 연간 만 명도 안 들어오는 전시관 같으면 문 닫아야 되는 것이 맞습니다. 이상으로 마치겠습니다.

양기석 : 네, 전시기법에 대한 기술적인 문제라든가 재정적인 문제, 이런 것이 따라야 되겠습니다만 그에 관한 여러 가지 정보, 전문지식, 또 정책적인 접근에 대해 좋은 말씀을 해주셨습니다. 그 다음은 세 번째 주제로 계명대학의 노중국 선생님께서 한성백제박물관과 인근유적의 연계방안을 발표하셨는데, 여기에 토론자로 전남대학교 박물관장이신 임영진 선생님과 한신대학교 권오영 선생님께서 지정토론자로 되어 있습니다. 똑같은 방식으로 먼저 요약해서, 시간이 많지 않으니까, 주로 핵심사항을 중심으로 말씀해주시고, 그 다음에 발표자가 답변하는 순서로 하겠습니다. 임선생님 먼저 하시죠.

임영진 : 네, 전남대 임영진이라고 합니다. 오늘 발표에서는 노중국 선생님께서 시간적인 제약 때문에 충분한 내용을 소개해 주시지 못했

만 발표요지에 보면 백제, 특히 한성백제에 대한 전반적인 학술 내용이 함축적으로 담겨 있습니다. 한성백제의 시간적인 범위, 공간적인 범위, 또 여러 가지 한성백제의 문화적인 특징, 그리고 그와 관련된 여러 관련 유적들을 주제별로 나열해 주셨습니다. 오늘 저는 노중국 선생님의 발표 초점인 한성백제박물관과 인근유적의 연계방안, 이쪽에 조금 초점을 맞추다보니까 학술적인 면에 대해서는 충분한 검토를 하지 못했습니다. 적절한 토론은 여기서 이루어지지 못할 것 같아가지고요. 그건 생략을 하고. 연계 방안에 있어서 제 나름대로 몇 가지 좀 살펴봤는데요. 결과적으로 보니 토론이라기보다는 노중국 선생님께서 주제별, 지역별, 또 복합해서 상정하신 안에 대한 보완적인 성격이 좀 강하게 된 것 같습니다. 저는 네 가지 점을 좀 정리해봤는데, 발표 요지에 그 내용들을 압축적으로 서술했기 때문에 읽어나가도록 하겠습니다. 95쪽 아래쪽에서 첫 번째, 시간적인 면에서는 한성백제 건국 이전의 시대적 배경을 반영하여야 한다는 점과 한성백제 직후의 변천상을 반영하는 것이 필요하다는 점에서 발표자의 견해에 일단 동의를 합니다. 아까 논란이 좀 있었습니다만 발표자께서는 신석기시대 유적에서부터 고구려나 신라의 지배를 받았던 한성백제 직후까지를 설정하고 계시는데 아마 통일신라는 제외하신 것 같고, 저도 그런 점에서는 굳이 통일신라가 들어갈 필요는 없다고 생각합니다. 그리고 이러한 시간적인 면은 한성백제박물관의 전시 대상에 있어서도 마찬가지로 적용되는 것이 좋지 않겠는가, 이렇게 생각하고, 여기에 구석기시대가 추가되는 것도 무방하다고 봅니다. 여러 가지 논란이 있었습니다만 서울역사박물관이 있고 그 이전의 한성백제박물관이 만들어지는데 향후에 서울 선사박물관이 따로 만들어질 계획이 없다면, 한성백제 이전의 여러 가지 시대적인 변천상을 볼 수 있도록 하는 것이 전시 공간이 허용된다면 좋지 않겠는가 그런 생각입니다.

두 번째 공간적인 면에 있어서는 한성백제박물관에서 전시자료를 통해 반영할 수 있는 공간적 범위와 기본적으로 일치하지만 연계답사의 주체에 따라 이건 좀 달라 질 수 있을 것으로 생각됩니다. 일반인들의 연계답사에 있어서는 광역권보다는 인접권이 바람직합니다. 이런 현실적인 요구가 감안되어야 할 것입니다. 한성백제박물관을 찾아오는 대부분의 관람객들은 전문적인 연구자가 아닌 일반인과 학생들이라는 점, 이런 분들은 국립중앙박물관이나 서울역사박물관을 이미 관람하였거나 추후 관람할 것이라는 점 등은 연계 답사권 설정 시 고려되어야 할 중요한 요소일 것입니다. 저는 한성백제박물관을 관람한 다음 연계된 유적을 돌아보고자 하는 일반인들의 입장을 감안한다면 아마도 두, 세 시간 정도의 길지 않은 시간 범위가 적절하지 않을까 생각됩니다. 관람객 입장에서는 박물관 관람, 연계유적의 답사, 또 점심식사라든가 휴식 등 일련의 나들이 활동이 크게 부담되지 않는 시간 내에 이루어질 필요가 있을 것입니다. 그 시간은 하루 휴일을 기준으로 해서 본다면 5시간 내지 6시간이 적절하고, 박물관 관람의 개인적인 편차에 따라서 1시간 내지 2시간 정도, 그리고 점심식사에 1시간 정도가 소요된다고 보고 연계유적 답사에 2시간이나 3시간 정도를 안배하는 것이 좋다고 보는 것입니다.

세 번째로 한성백제박물관을 중심으로 연계답사를 시행할 수 있는 유적으로는 노중국 교수님의 지적대로 발굴이나 지표조사를 통해 성격이 확인되어서 현재 보존되어 있는 유적을 중심으로 해야 할 것입니다. 일반인들이 2~3시간 동안 답사하기에 적절한 유적을 선정하는데 있어서는 특정 주제를 따르기보다는 접근성을 따르는 것이 훨씬 더 바람직하지 않을까 생각합니다. 이 경우 시대나 주제에 있어서는 다양한 유적이 선택될 수 있을 것이며, 한성백제박물관의 입지하고 관련해 본다면 신석기시대의 주거유적인 암사동 유적, 그리고 신석기시대부터 백제까지 이어지는 주거유적인 미사리 유적, 백제의 도성 유적인 풍납토성과 몽촌토성, 백제의 매장유적인 석촌동 고분군, 그리고 백제가 고구려하고 격전을 벌렸던 아차산성과 고구려 보루, 신라의 서울진출과 관련되었다고 판단되는 방이동 고분군, 이 정도가 적절한 2~3시간 범위 안에서 연계답사를 할 수 있는 권역이 아닌가 싶습니다. 이 가운데 가장 역점을 두어야 할 유적은 도성유적인 풍납토성과 몽촌토성, 그리고 매장 유적인 석촌동 고분이라는 점은 누구나 인정을 할 것입니다. 모두가 국가사적으로 지정된 중요한 유적이지만 한성백제박물관과 연계해서 답사를 유도하고자 할 때에는 여러 가지로 보완해야 할 점이 많은 만큼 서울시나 한성백제박물관에서 보다 더 적극적으로 나서서 보완을 할 필요가 있다 이렇게 봅니다. 기타 한성백제박물관을 중심으로 한 한성백제 문화벨트라고 볼 수 있을지 모르겠습니다만, 문화벨트에 포함 될 수 있는 유적으로는 청동기시대의 가락동 주거지나 역삼동 주거지, 백제의 삼성동 토성 등 몇 가지 중요한 유적지들이 있지만 대부분 이미 사라져 버린 것들입니다. 이러한 유적들을 연계 답사권에 포함시키기 위해서는 현지에 자세한 안내판을 설치하거나 가능한 범위 내에서라도 복원시키는 작업들이 수반되어야 할 것입니다. 또한 이 유적들은 교통이 복잡한 지역에 위치하고 있는 만큼 연계유적의 답사에 있어서는 한성백제박물관이 무료 셔틀버스를 운행함으로써 주 내방객이 될 서울 시민들에게 최상의 서비스를 제공하는 것이 좋지 않겠는가 이렇게 생각됩니다.

마지막으로 전문적인 연구자들을 위한 효과적인 연계방안에 있어서는 보다 광범위한 지역에 걸쳐서 구체적이고 세부적인 유적들이 선정되어야 할 것입니다. 노중국 교수님께서 제시한 다양한 주제별, 지역별 유적들은 전문적인 연구자들의 요구를 충분히 수용할 수 있도록 망라된 유적들입니다. 이 유적들은 주제별로 다양할 뿐만 아니라 지역별로 매우 광범위하기 때문에 일관된 기준에 따라 연계답사를 시행하는 것은 쉽지는 않습니다. 따라서 한성백제박물관의 전시공간에 유적간의 다양한 연계성을 최대한 반영하도록 하고 실제 답사에 있어서는 전문가들의 개인적인 관심사에 따라 선택적으로 할 수 있도록 하는 것이 좋지 않겠는가 저는 이렇게 생각합니다. 전문적인 연구자들의 경우 서울지역 뿐만 아니라 국내 각 지역, 그리고 중국, 일본 등지에서 상당수 찾아 올 것이므로 각 유적지에 대해서 구조와 출토유물, 역사적 성격, 이런 학술적인 내용뿐만 아니라 교통편, 소요시간 등 현지답사에 필요한 최대한의 정보와 함께 음식점, 숙박시설 등을 엄선하여 소개하는 답사 안내서를 제공하는 것이 좋을 것으로 생각이 됩니다. 이상 한성백제박물관과 인근 유적의 연계방안에 대해서 몇 가지 말씀을 드렸는데 앞으로 한성백제박물관은 서울이 도읍으로서의 역사를 600년에서 2000년 전으로 바로잡을 뿐만 아니라, 삼국 가운데 가장 불명확한 백제의 건국과 초기 발전과정을 종합적으로 연구해 나가는 한편, 새로운 연구 성과를 전시와 답사를 통해서 일반인들에게 널리 교육하는 중심기구가 되기를 기원합니다. 이상입니다.

양기석 : 네. 고맙습니다. 다음은 권오영 선생님이신데 8쪽의 토론 요지가 준비되어 있습니다. 시간관계로 좀 핵심적인 문제만 제시해 주시기 바랍니다.

권오영 : 예, 줄여서 하겠습니다. 주최 측에서 처음에는 뭐 많이 쓰라고 그러더니, 오늘은 보니까 또 짧게 줄이라고 해서 1장 부분은 생략을 하겠습니다. A, B, C라고 표현했던 항목에 대해서는 조금 이견이 있는 부분이지만 이 자리에서 그런 학술적인 토론을 할 자리는 아닌 것 같고요. 2장 또한 마찬가지입니다. 발표자 선생님의 견해와 제가 조금 다른 부분들, 아니면 조금 논의할 부분이 있지만 역

시 생략하겠습니다. 3장 역시 마찬가지입니다. 인근유적과의 연계방안의 경우도 호암산성의 연대 문제라든지, 대모산성의 연대 문제, 그 다음에 사당동 요지의 연대 문제에 대해서 저는 이것이 백제유적이 아니라는 입장을 밝혀 놓았는데, 그런 부분은 각각 발표 요지문을 참고하면 될 것 같습니다.

　4장을 위주로 말씀을 드리겠습니다. 시간을 아끼고 중언부언을 피하기 위해서 발표 요지문을 가지고 말씀을 드리겠습니다. 계속 이야기가 나온 부분이지만 시간적, 공간적 범위에 대한 고민, 뭐 결론적으로 국립중앙입니까, 국립용산입니까, 하여튼 새로 개관된 박물관 백제실과는 달라야 된다는 점. 그러기 위해서는 공간적으로 시간적으로 한성백제에 초점을 맞춰야 된다는 점. 이건 분명한 사실인 것 같습니다. 다만, 앞 시기의 구석기, 신석기, 청동기, 초기철기시대 이러한 시대를 어떻게 다룰 것이냐. 이런 문제인데, 저는 결론적으로 다루되 압축해서 다루자. 그걸 굳이 구석기, 신석기, 청동기 이런 차원이 아니라 한성백제 그 전이란 개념으로써 ‘서울의 선사시대’ 이렇게 하든지 해서 아주 압축적으로 다루면 되지 않겠느냐, 이런 생각을 갖고 있습니다. 그와 함께 한 가지 해결되어야 될 사항이 강동구의 암사동 전시관과의 관계, 이런 관계는 어떻게 할 것인지. 그것도 좀 문제를 해결해야 될 것 같습니다. 이런 시간적인 문제는 서로 논의하면 되기 때문에 큰 문제는 아닌데, 오히려 저는 공간적인 범위가 문제라고 생각합니다. 한성백제의 영역이 확대되는 과정을 유적과 유물로 보여준다. 기본 원칙은 쉽지만 구체적인 과정에서는 많은 어려움이 예상이 됩니다. 경기, 충청, 강원지역의 자료는 어느 시기에 포함시킬 것인지, 그리고 서울에서 나온 것과 지방, 당시의 지방사회죠. 이 자료를 어느 정도의 비율로 배치할 것인지, 이런 문제는 정말로 쉬운 문제는 아닌 것 같습니다. 그런데 이런 차원에서 또 하나의 문제가, 서울 강남에서 출토된 자료가 많다고 한다면 문제가 아닌데, 사실은 많은데 많지가 않습니다. 그 이유는 유물의 압도적인 다수가 토기입니다. 왕릉으로 추정되는 석촌동 고분이라 하더라도 우리가 예상되는 당시 백제 최고 지배층의 화려한 면모를 보여주기에는 역부족입니다. 지금 현재 나온 자료를 가지고는 그렇습니다. 그렇다고 해서 공간을 확대시켜 하남 미사동, 고양 멱절산, 의정부 민락동, 용인 수지 등등의 자료를 추가 시켜본들 마찬가지입니다. 또 과감하게 천안 용원리나 원주 법천리 등 지방으로 시야를 넓힌다 해도 사정은 나아지지 않습니다. 중앙이나 지방과의 관계, 혹은 고분 부장품 내지 장신구, 혹은 위세품, 아니면 기술공예 등등의 이름의 코너에서 전시될 이 지방의 유물들을 볼 때, 서울시의 관람객들은 백제 중앙세력과 지방세력의 힘의 역전현상에 당혹해 할 것입니다. 만약에 운이 좋아서 개관 전에 서울지역에서 금동관이나 허리띠, 신발 등의 장신구가 나온다면 모르겠지만 그럴 가능성은 제가 보기에는 별로 없어 보입니다. 더 나아가서 서울시 산하의 한성백제박물관에 서울 출토 유물은 별로 없구나, 별볼일 없고. 이건 일반 관람객들의 입장에서 입니다. 다른 지역의 유물이 대거 침투해 들어와서 굴러들어온 돌이 박힌 돌을 빼내는 이런 현상에 대해서는 아마도 서울시민들의 따가운 비판이 있을 것으로 예상이 됩니다. 그나마 앞에서 제가 열거한 그런 유물도 사실 빌려오기가 쉽지 않을 겁니다. 용산이나 지방의 국립박물관, 그리고 발굴조사를 담당한 대학박물관에서 이미 전시중이기 때문에 그렇게 쉽지 않을 것이고. 그렇다고 해서 복제품을 전시할 경우에는 더더욱 문제가 되는 것이 서울에서 나오지도 않은 유물을 서울시 산하에서 복제품을 갖고 전시한다. 이렇게 했을 경우에는 지금의 무령왕릉 출토품이나 신봉동 출토품 등을, 심하게 이야기해서 아주 조잡한 복제품으로 전시하고 있는 몽촌 역사관과 별다를 바가 없어지는 그런 상황이 올까 하는 두려움이 조금 있습니다. 이런 점에서 복천동고분의 부장품만으로도 전시실을 꽉꽉 채울 수 있는 부산의 복천박물관과는 사정이 다르다는 것을 분명히 염두에 두고 작업을 해야된다 라고 생각합니다.

그 다음에 한성백제박물관이 맡았으면 좋겠다, 맡아야 될 일입니다. 이것은 당연히 상설전시실의 운영, 그리고 특별전시의 개최, 말고 이 자리에서 한성백제 유적의 보존과 조사에 한성백제박물관이 중심적인 위치를 차지하기를 아주 간절히 요구합니다. 예를 들어서 2000년 5월 이후에 풍납토성 내부에 대해서는 사전 시굴조사 없이 재건축을 해서 유적이 파괴될 가능성은 거의 이제 없다고 봅니다. 문제는 성 바깥입니다. 현재 각급 지자체나 문화재 관련기관에서 이 두 개의 성곽의 외곽에 대한 조사와 보존 의지는 제가 알기로는 제로에 가깝습니다. 들리는 바에 의하면 지금 현재 풍납토성 내부의 조사와 보존에도 버거워하고 있는데 성곽 외부에까지 어떻게 신경을 쓸 수 있느냐 라는 이야기지만 이것은 말이 되지 않는다고 생각합니다. 왜냐하면 이 두 개의 성곽 사이에는 그 당시의 도로나 민가나 경작지 등등이 연이어져 있을 것입니다. 왜 우리는 이 두 개의 성곽 내부에만 주목하는지 이해할 수 없습니다. 이 두 개의 성곽에서 출토된 수 만점에 달하는 많은 양의 토기와 기와를 만들던 생산 시설, 이런 것들은 대개 성 바깥에 있었을 것이기 때문에 당연히 이 두개의 성곽의 외곽, 반경 1km정도는 우리가 주목을 해야 됩니다. 지금도 각종 개발공사가 이루어지고 있지만 앞으로도 이 지역에 대한 조사의 가능성은 제가 보기에는 지금 상태에서는 없다고 봅니다. 많은 관련기관들이 풍납토성 내부를 지키겠다고 스스로 자위하는 이 순간에도 성 외곽의 유적은 파괴되고 있을 가능성이 있습니다.

최근에 일본의 전 인덕천황릉을 능가하는 초대형 전방후원분이 서울시내 강동구에서 발견되었다고 국영방송이 열을 올리고 있는 이런 한판 희극을 보면서 이러한 일을 할 시간과 돈과 정력이 있으면 두 개의 성곽의 외곽에서 벌어지는 공사현장을 한 번 더 봐

달라는 부탁을 하고, 실제로 이런 역할을 할 기관으로는 제가 보기로는 앞으로 생길 서울시 산하의 한성백제박물관 이외에는 없다고 생각합니다. 이런 측면에서 우리가 70년대에 서울시의 무분별한 강남 개발로 인해서 유적파괴를 개탄하는데, 2000년대 21세기에 들어와서는 강남의 무분별한 개발이 아니라 무분별한 재개발로 인해서 유적의 파괴가 아니라 유적의 완전 인멸, 그 당시의 연립주택 짓는 것 하고 지금의 아파트 터 파기하고는 비교가 안 되지 않습니까? 지금의 이 상태는 파괴가 아니고 완전히 이제는 제로로 되는, 완전히 없어지는 그런 상황이기 때문에 사실은 아주 급박한 상황이 아닌가 생각합니다.

그 다음에 한성백제박물관이 맡아주면 좋을 사업입니다. 이것은 선택사항이지만, 결국은 한성백제라고 하는 주제를 다룰 때 경기도 지역을 어떻게 할 것이냐, 이런 문제가 있습니다. 물론 경기도는 또 경기도대로 경기도박물관이 있습니다. 하지만 여러 많은 어려움도 있고, 이런 차원에서 경기도박물관과 한성백제박물관이 좀 유기적인 협조체제를 갖추어야지만 경기도 지역에 산재해 있으면서 현재 파괴되어 가고 있는 한성백제시기의 중요한 유적들도 조사, 연구, 보존할 수 있는 것이 아닌가 이렇게 생각합니다.

마지막으로 연구와 교육의 중심으로 우뚝 서기를 바랍니다. 정말로 그래야 됩니다. 서울 시내에는 활발한 활동을 하지는 않지만 각종 문화원, 혹은 향토 사학자들이 존재하고 있습니다. 이것이 현실입니다. 이 분들의 연구가 학문적인 객관성을 유지할 수 있도록 도와주어서 이번의 전방후원분 해프닝과 같은 일이 다시는 일어나지 않도록 해야 합니다. 그래서 서울 시내의 고고학, 고대사 연구의 토양을 건강하게 만들어야 됩니다. 그러기 위해서는 물론 다양한 사회교육 프로그램이 준비되어야 할 것입니다. 지금까지는 대개 서울시민이라는 사람들이 서울토박이가 아니라 어린 나이에 고향을 떠났던 그런 세대라고 한다면, 지금의 젊은 세대는 대개 서울서 태어나서, 서울서 교육받고, 서울서 자란 세대들입니다. 이들에게는 서울이 고향인 셈인데, 고향의 역사와 문화에 대한 관심이 증대될 것으로 예상되고, 또 그렇지 않다면 그렇게 해야 됩니다. 이런 차원에서 서울이야말로 다양한 사회교육 프로그램이 움직일 수 있는 조건을 갖추고 있다고 보기 때문에 한성백제박물관은 이런 측면에서 다른 공·사립 박물관에 비해서 훨씬 더 좋은 조건에 있다고 생각합니다. 그런 측면에서 마지막으로 한성백제와 관련된 중요한 유적들을 연결한 한성백제 도성의 경관 전체를 복원할 수 있어야 되고, 그것을 답사하는 시민들에게 체험할 수 있게 하는 그러한 프로그램의 개발도 앞으로 해야 되지 않겠느냐. 이런 차원에서는 역시 일은 사람이 하는 것이니까요. 앞으로는 어떨지 모르겠지만 우수한 인적 자원들을 많이 확보해 가지고 이러한 사업들을 할 수 있기를 바랍니다. 이상입니다.

양기석 : 두 분 선생님이 글을 꼼꼼히 읽으시고 지적과 또 제언과 많은 좋은 말씀들을 해 주셨습니다. 노선생님이 좀 묶어서 간략하게 말씀해 주시기 바랍니다.

노중국 : 네. 그러겠습니다. 두 선생님의 말씀은 제 이야기에 대한 보완적인 측면도 있고 또, 상당 부분은 추진단 내지 서울시에 대해서 하는 이야기가 겸해져 있는 것 같습니다.
　우선, 임영진 교수님이 말씀하신 것에 저도 상당히 동감합니다. 제가 이걸 준비하면서 기본적으로 생각한 것은, 발표 때도 말씀드렸습니다만 인근 지역하고 연계시킨다고 할 때 범위를 어디까지 잡을 것인가가 상당히 고민스러웠습니다. 어디까지 잡을 것이냐. 원래대로 하면 전라남도까지 다 해야 되는데, 그러나 현실은 공주박물관, 부여박물관을 생각하면 그건 불가능하다. 불가능하다기보다는 서로의 영역을 적절하게 나누는 것이 좋겠다. 그러하다보니

까 대개 범위를 임진강에서 남쪽으로 안성천 선 정도까지 해도 그것을 기본 틀로 하고 필요에 따라 다른 지역까지 확대하는 것이 괜찮지 않겠느냐. 그렇게 했을 때 연계할 수 있는 방법은 주제별로 하는 것이 좋겠다고 생각했습니다. 물론 때에 따라서 지역별로도 할 수도 있겠죠. 예를 들면, 이천지역의 백제 유적을 찾아가 본다. 아니면 원주 법천리를 중심으로 해서 한번 찾아가 본다. 이렇게 할 수도 있고. 적석총을 한번 찾아가 보자. 이렇게 해 볼 수도 있고. 그렇게 하다보니 범위가 좀 넓어졌습니다. 그런데 그 밑바탕에 깔려 있는 것은 현재 서울 시내의 백제 유적들을 어떻게 하면 박물관과 연계시켜서 또는 백제사와 연계시켜서 할 것인가 하는 것은 임교수님께서 적절하게 지적을 해주셨기 때문에 거기에 대해서 저는 전적으로 동감입니다.

그러면서 하나 더 생각해야 될 것은 박물관 쪽에서 자연스럽게 찾아오는 사람들이 보고 주변지역을 답사해 보는 것도 많이 만들어야 되고, 또 하나는 사회교육 프로그램이 만들어지게 될 때 상당히 체계적으로 답사할 수 있는 것들을 많이 만들어야 될 것 같습니다. 그럴 때도 전체적인 범위를 어느 정도 잡고 어떤 내용을 볼 것인지, 이런 것들을 할 때 주제별로 잡고, 경우에 따라 1박 2일이 될 수 있으면 해도 좋지 않겠느냐 이런 생각을 했습니다. 그 다음에 제가 솔직히 미처 생각하지 못한 부분을 지적해 주셔서 고마운 게, 외국인들이 왔을 때 어떻게 할 거냐. 사실 저는 솔직히 말해서 생각을 못했습니다. 임교수님이 상당히 적절하게 지적을 해 주셔서 박물관 내용뿐만 아니라 인근 유적의 소개, 그 외에 시간 계획들, 교통편, 이런 것이 준비되어야 된다는 것은 상당히 귀담아 들어야 될 제언으로 생각을 했습니다.

그 다음에 권오영 선생님께서 1, 2, 3번을 생략하셨는데요. 여기에서 제가 잘못 이해한 부분들을 지적해 준 것은 뒤에 수정을 하도록 하겠습니다. 다만, 한두 가지 고민스러운 것이 있습니다. 사당동 유적은 지적은 되어있습니다만 현재 국가 사적지로 되어 있고, 거기의 설명은 백제 것으로 나와 있습니다. 학계의 분위기는 그 유적은 백제 것이 아니다. 이렇게 했을 때 이걸 어떻게 정리를 해야 할지, 제 개인의 고민이기도 합니다.

유적 자체의 성격은 후대에 보니까 백제 게 아니라고 하는데 아직까지 안내문에는 백제로 되어 있는 것. 이걸 정리하는 문제는 아마 문화재청하고 다시 또 논의가 되어야 되고. 아마 논의 한다면 저의 분과가 될 것 같습니다. 제가 4조 분과이기 때문에. 한 번 더 고민을 해 보면서, 현재 백제 유적으로 되어 있기 때문에 일단은 썼다는 것을 이해해 주시면 고맙겠습니다.

한성백제박물관 제안에 대해 말씀을 해 주셨는데 여기에 대해서 제가 대답하기보다는 아마 추진반 쪽에서 적극적으로 고민을 해 봐야 될 것 같습니다. 그 중에서 한두 가지 말씀을 드릴 수 있는 것은, 여러분이 지적해 주셨습니다만 번듯한 유물이 없다는 것입니다. 경주처럼 화려한 금관이 나온다든지, 아니면 공주처럼 무령왕릉이 나오든지, 그러면 좋은데 그렇지 않은 것이 현실입니다. 추진반 쪽에서 관련 유물들을 다 뽑아서 자료를 정리해도 공간 안에서 보여줄 수 있는 것은 어려움이 많은데요. 게다가 좋은 것은 국립중앙박물관에 먼저 진열이 될 거고. 사실 고민입니다. 그러면서 한성백제의 모습을 무엇으로 해야 될 것인가. 제 개인 생각은 박물관 공간 안에서 고민을 함과 동시에 공간 밖도 상당히 많이 활용을 해야 되겠다. 오늘 전시기법에서 야외에 대한 이야기는 없었는데 야외 전시공간을 많이 활용하는 것이 좋겠다. 풍납토성을 잘라서 실내에 넣을 수도 있겠고, 경우에 따라서 그것 하나만 실외에 웅장한 모습을 보여줄 수도 있지 않겠는가. 때에 따라서는 미사리 밭유적 같은 경우도 실외 야외 전시 공간을 마련해서 경작의 모습을 보여줄 수도 있지 않겠는가. 이런 공간 안의 유물의 빈약함을 다른 방식으로 대안을 내면 한성백제 중심지가 결코 약한 것이 아니고 상당히 우람했다는 것을 보여줄 수 있고. 앞으로 풍납토성 내부에서 무엇이 나올지 모르거든요. 나오는 대로 계속 채워 나갈 수 있지 않겠는가 이런 생각을 했습니다.

마지막으로 중요한 지적은, 지금 몽촌토성은 아시다시피 공원으로 되어있어서 더 이상은 훼손이 안됩니다만, 풍납토성의 경우 안은 괜찮은데 주변 바깥쪽의 훼손 문제를 지적 해 주셨습니다. 제 개인적으로 아쉬웠던 것은 우물지가 나온 것이 있지 않았습니까. 목조우물. 그것이 보존이 되었으면 싶었는데 현장에서 수거가 돼 버리고 말았습니다. 풍납토성 바깥지역은 서울시와 그 유적이 소재하고 있는 송파구에서 적극적으로 생각해 주셔야지만 보존문제가 가능할 수 있을 것 같고요. 그것을 뒷받침하기 위해서도 학계의 노력, 박물관에서 해야 할 역할, 이 삼자가 맞아 들어갈 때 이루어질 수 있지 않겠느냐 이렇게 생각합니다. 이상입니다.

양기석 : 네. 감사합니다. 마지막 주제는 박물관의 기능 중에 사회교육 기능이 있습니다. 단순히 유물만 전시하는 것이 아니고, 조금 전에 소비자라는 표현을 쓰셨습니다만 관람객이나 문화에 관심 있는 분들과 연계시키는 사회교육 프로그램이 절대 필요합니다. 경기도박물관의 최근성 선생님께서 사회교육과 박물관의 역할을 발표해 주셨는데, 여기에 대해서 국립부여박물관장이신 이내옥 선생님과, 국립경주박물관의 학예연구실장이신 유병하 선생님께서 지정토론자로 되셨습니다. 이내옥 선생님께서 먼저 말씀하시죠. 이내옥 선생님의 토론 내용은 129쪽에 있습니다. 유병하 선생님 것은 131쪽에 있습니다. 시간이 많이 지나갔습니다만 핵심적인 사항을 중심으로 말씀해 주시기 바랍니다.

이내옥 : 각 박물관들이 관람객 확보에 많은 신경을 쓰고 있습니다만, 가장 전략적으로 관람객을 확보하는데 유용한 방법이 무엇인가. 이런

것을 생각했을 때 어린이를 대상으로 한다는 것이죠. 그렇기 때문에 아무리 불황이어도 어린이 관련 산업은 사업이 된다는 이런 이야기가 있습니다. 그런 것들이 박물관에도 그대로 적용된다고 생각합니다. 그러니까 삼성어린이 박물관 같은 경우도 몇 년 전 제가 통계를 보았습니다만 연간 36만인가요, 이렇게 오고 연 수익이 18억 정도, 일일 어린이 입장객 수를 제한해서 어린이 입장료가 그렇다는 것이죠. 그러니까 사업적인 면에서 관람객을 끌어 모을 수 있는 아주 중요한 것이라고 생각됩니다. 그렇기 때문에 만약 한성백제박물관이 들어섰을 때도 어린이 관련 전시라든지 프로그램을 운영하게 된다면, 한성백제박물관이 가지고 있는 핸디캡을 상당 부분 극복할 수 있지 않느냐 이런 생각이 듭니다. 이와 관련해서 최 선생님께서 발표해주신 내용에 대해서 제가 토론이라기보다는 세 가지 정도 보완해서 말씀을 드리려고 합니다.

먼저, 박물관을 만들고 운영하는데 가장 중요한 것은 역시 인적자원이지 않습니까. 훌륭하고 유능한 인적자원을 어떻게 확보하느냐. 이것이 사실상 좋은 결과를 내는 거의 50% 이상을 차지한다고 생각됩니다. 그렇기 때문에 훌륭한 재원을 어떻게 확보하는가. 이런 것과 관련해서 여기에서 최 선생님께서 제시하신 방법들로는 현실적으로 상당히 효과를 기대하기 어렵지 않겠느냐. 이런 생각이 듭니다. 교육학을 전공하신 분들이 박물관 큐레이터로부터 고고학이나 미술사, 역사 이런 교육을 받는다고 하는데, 이런 것이 들쑥날쑥하고, 그런 교육이라는 것이 그야말로 1~2년 해서 되기 어렵거든요. 이런 효과를 높이기 위해서는 국가 전체의 메뉴얼이 있어야 된다고 봅니다. 교육의 수준이라는 것도 일정하지도 않고, 쉽게 학습을 하기도 어렵고. 우리나라에서 어린이 박물관에 관해서 전체적인 것에 대한 연구를 통해 메뉴얼을 작성해야 된다고 봅니다. 전 세계 어린이 박물관의 현황, 시설, 교육, 프로그램 이런 것을 모은 전체 메뉴얼을 작성해서 그 교제에 의해서 교육이 이루어져야 된다고 생각되거든요. 그렇게 함으로써 교육이 일정하게 되지 않겠습니까? 우리도 초등학교를 보면 교재를 가지고 일정하게 교육을 시키고 상당 수준의 효과를 보듯이 이러한 교재라든지, 교육이 전체적으로 안 되어 있는 상태거든요. 또 어린이 박물관이라는 것이 굉장히 다양한 내용을 담고 있거든요. 그렇기 때문에 그런 효과를 거두기 위해서는 메뉴얼이 필요하다, 그런데 그 메뉴얼을 어떻게 확보할 것인가, 각자 알아서 메뉴얼을 공부해서 어린이 박물관에 도움이 될 것인가, 이런 문제가 있거든요. 그래서 이런 것을, 좀 더 미래적인 문제지만 국립중앙박물관에서 이런 어린이 박물관이랄지 교육에 대한 전체적인 메뉴얼을 작성해야 된다고 봅니다. 그리고 이러한 것을 앞으로 교육을 시켜야 된다고 봐요. 이런 교육의 일정한 틀을 만들고 수준을 올려서 전문가를 육성하는 것이 결국 우리나라 어린이 박물관, 어린이 교육 발전에 큰 영향을 미치지 않겠느냐, 이런 생각이 듭니다.

두 번째로 최근성 선생님께서 운영적인 측면에 대해서 말씀을 해 주셨는데, 어린이 박물관과 관련해서 외국 같은 경우는 그냥 놀이입니다. 박물관에 가서 놀거든요. 이런 놀이를 통해서 어릴 때부터 박물관과 친숙해 진다는 것이죠. 박물관에 가면 딱딱한 게 아니라 박물관에 가면 즐겁고, 논다는 느낌을 자꾸 심어주는 거거든요. 그런 것을 통해 결국 교육이 되겠습니다. 놀이, 흥미를 심어 줄 수 있는 것이 되어야 된다는 생각입니다. 너무 교육적인 것은 곤란하다는 생각이 듭니다. 지금 삼성어린이 박물관 같은 경우는 거의 놀이 위주로 되어 있죠. 놀이 위주로 되어 있고. 그런데 우리가 어떤 약을 먹을 때, 약이라는 것은 당의정으로 되어 있지 않습니까. 당의정으로 포장이 되어 있는데 먹었더니 약이 되더라. 이런 거거든요. 그러니까 일단은 놀이를 통해서도 고도의 창의성을 심어 줄 수 있는 전시라 할지 프로그램이 중요하다고 생각되거든요. 그런 점과 관련해서는 삼성 어린이 박물관 같은 경우가 인기도 있고 상당한 수준의 어린이 박물관이라는 생각이 들지만 보다 창의성이 부족하지 않느냐는 생각이 들어요. 그래서 창의성을 높일 수 있는 그런 프로그램이라 할지 전시 개발이 필요하다고 생각됩니다. 이런 것과 관련해서 제가 하나 추천해 드리고 싶은 박물관은 선릉역 옆에 있는 씽크씽크 미술관이 있습니다. 이 박물관에 가 보시면 교육프로그램들이 굉장히 창의적이예요. 아주 창의적입니다. 그래서 강남에 계시는 분들에게 입소문을 타고 굉장히 홍보가 많이 된 것으로 알고 있습니다. 이러한 창의성을 키우면서 아주 쉽고 재미있는 프로그램을 개발해야 하는데 이게 쉽지가 않다는 것이죠. 그러기 때문에 역량 있고 유능한 전문가의 양성이 절대적으로 필요하다는 얘기입니다.

마지막으로 최근성 선생님께서 교육시설 내의 공간구성, 실내환경, 연출, 이런 것에 대해서 의견을 쭉 내셨는데 이런 것과 관련해서 저희도 실패를 본 경우도 있습니다만, 이런 것들이 대부분 박물관에 있는 관련 큐레이터, 에듀케이터 이런 분들이 결정을 하는데, 박물관에 있는 많은 관련 전문가분들이 다 참여해서 그야말로 각 분야 분야에 실수가 없도록 해야 될 것 같아요. 특히, 박물관에 있는 사람들이 결정을 내리는 문제랄지 이런 것을 좀 더 절제해야 되지 않느냐 이런 생각이 듭니다. 그러니까 에듀케이터들이 박물관 전체의 색채 톤을 결정하는데, 해 놓고 보니까 색채 전문가들이 와서 잘못됐다. 이렇게 얘기하는 경우도 있고. 물론 안전시설은 더할 나위가 없죠. 그래서 하나의 박물관을 꾸미기 위해서 관련 전문가들이 많이 있는데, 이런 사람들의 의견을 아주 정말로 겸허하게 수용해가지고 하나의 시설을 꾸며야만 그야말로 훌륭한, 하자가 없는 박물관이 되지 않을까, 이러한 생각입니다. 이상으로 마치겠습니다.

양기석 : 예. 유병하 선생님 말씀해 주시죠.

유병하 : 예. 지금 딱 끝나는 시간인데요. 간략하게 하겠습니다.

역시 이내옥 선생님이 오랜 경험을 가지고 큰 틀을 말씀해 주셨고요. 저는 제시한 부분 중에서 한성백제박물관이 어느 정도 진행되었는지 전혀 몰랐기 때문에 최근성 선생님이 말씀하신 것 중에서 미시적인 부분, 작은 부분들을 위주로 몇 가지 질문을 드리고자 합니다.

발표자가 제시한 것 중에 좀 인상적이었던 부분이 뮤지엄티쳐였었는데요. 아까 이내옥 관장님께서도 말씀하셨지만, 그 중에서도 휴직 취업제도하고 현장 파견근무제도가 대단히 궁금합니다. 어느 정도 실행가능성이 있는 건지, 제도적으로 어떤 내용인지, 보완적인 설명이 필요하지 않을까 하는 생각이 들고요. 그럴 경우에 결국 아까 큰 틀에서 이내옥 관장님이 말씀하셨지만 그런 부분에 대해서도 박물관 내부에서 어떻게 준비해야 될지, 그런 문제가 역시 남아 있다고 생각이 들고요. 그 다음에 2번으로 넘어가면 어린이 교육의 기본 방침이랄까, 목표랄까, 그런 것을 7개 항목으로 제시하셨는데요. 뒤에 표가 나와 있습니다만, 박물관 전시 관람질서, 크게 보면 다중시설에서 어린이들이 지켜야할 예절이랄까요, 꼭 지켜야 할 규범이랄까요, 그런 것들이 어린이 박물관이랄까, 어린이 시설을 가지고 있는 곳에서 먼저 교육을 시켜줘야 되지 않을까, 그래서 꼭 들어갔으면 하는 바람이 있고요. 그 다음에 전체적으로 쭉 말씀하신 것 중에 연령대별 행동특성에 대해서는 별다른 언급이 없으시면서 진행을 하셨는데 역시, 대형박물관에서 부속기관으로 가지고 있는 어린이 박물관이나, 전문어린이 박물관을 보면 타겟 층이 좀 다른 경우가 많이 있습니다. 국립중앙박물관하고 국립청주박물관, 국립경주박물관들은 다 부속시설로 가지고 있는데 서로 타겟 층이 다릅니다. 다르기 때문에 그런 것들을 먼저 배려해야 될 테고, 또 하나의 타겟 층을 주로 선정을 했다 하더라도 그 타겟 층에서 벗어난 유아나 고학년 층 같은 경우에

벗어난 층들을 교육적으로 어떻게 소화할 것인가 하는 문제, 그런 것들도 사전에 배려가 필요할 것 같고요.

그 다음에 세 번째 항인데요. 어린이 교육에 대해서 압박을 많이 받고 있는데, 실제적으로 그러다보면 프로그램을 구성할 때, 여러 가지 목표나 방향성을 가지고 진행해 나가더라도 단발성으로 끝나는 교육을 할 가능성이 많습니다. 특히, 서울시와 같이 큰 교육 기반을 가지고 있는 곳에서는 그럴 가능성이 더더욱 많은데, 그럼에도 불구하고 장기 지속적인 교육프로그램을 운영해주는 것이 꼭 필요하지 않을까, 특히, 한성백제라는 특화된 박물관으로서는 더욱 그러한 입장에 있지 않을까, 하는 생각도 해봅니다. 예를 들면, 경주박물관학교일텐데요. 일 년짜리 과정 내지는 거기서 원하는 경우 2·3회 더 수강 하는 학생도 있었는데, 지금까지 계속해 오고 있습니다. 그래서 여러 교수나 큐레이터 여러분들이, 많이 그 교육을 통해서 관심을 가지게 되었고, 공부도 하게 되었습니다. 여기 계신 함순섭 선생님이나 박방룡 선생님도 대표적인 출신이 되겠습니다만, 그런 것들도 배려해야 되지 않을까 하는 생각이 들고요.

그 다음에 어린이 교육과정의 운영에 대해서는 개방성이라 할까, 그런 것을 강구하는 수단은 최근성 선생님께서 제시해 주신 안 말고도 여러 가지 다른 방안들이 많이 있을 텐데, 그런 방안들도 고려해 보시고, 어차피 운영의 개방성도 그 동안에 주도해 왔던 큐레이터 층이나 에듀케이터 층을 떠나서 수요자 중심으로 가는 것은 방향성은 바람직하다, 대신 다른 여러 가지 방법은 창의적으로 한번 접근해 보자, 그 정도 말씀을 드리겠습니다.

최근성 : 예. 이내옥 선생님하고 유병하 선생님의 질문은 너무 정확한 말씀을 하셨기 때문에 제가 보충 설명을 하기가 너무 어렵습니다. 지금 시간도 많이 되었기 때문에 아주 간략하게 제가 말씀드리겠습

니다. 먼저 이내옥 선생님께서 어린이 교육에 대한 메뉴얼을 구체적으로 하나하나 확보를 해서 이것을 토대로 하는 전문적인 교육이 필요하다. 따라서, 이러한 사업은 당장 현실적으로 어떻게 해소하는 방안이 없느냐. 그것을 논의하는 과정에서 약간은 주제가 조금 산만하게 펼쳐나가는 부분이 있습니다. 예를 들어서 속된 얘기로 하면 교육대학이라든지, 아니면 조금 전에 유아교육과라든지, 그런 경우에는 우리 전통문화에 대한 교육이 거의 한 두 강좌 정도 있을까요? 심지어는 어떤 지방대학 같은 경우에는 강사를 확보할 수 없어서 그걸 전공하는 분이 대충 공부해서 가르치는 경우도 있어요. 그러다 보니까 거기에서 졸업한 학생들이 실질적으로 박물관을 전혀 모르고 있다. 나아가서는 전통문화를 너무 모르고 있는 게 아닌가. 그렇다면 이러한 강사라든지, 교육을 박물관에 있는 전문 연구직들이 현실적으로 담당을 했으면 좋겠다. 그런 겁니다. 좀 더 장기적으로는 이내옥 선생님께서 말씀하신 이 방향은 국가적 차원에서 크게 한번 다루어야 된다. 문광부에서 다루든지 교육부에서 다루든지. 이건 굉장히 중요한 문제이기 때문에 한번 다시 짚고 가는 게 좋겠다. 이렇게 말씀을 드리고 싶고요.

그 다음에 놀이 위주의 전시가 되었으면 좋겠다. 이것이 아마 굉장히 중요한 문제인데, 저희도 역시 마찬가지로 지금 어린이 박물관을 계획하고 있습니다만, 모든 전시의 개념은 가급적 놀이를 통한 전시를 함으로써 아이들이 내가 이걸 지금 배우고 있는가, 안 배우고 있는가라는 무의식적인 세계에서 교육이 습득이 될 수 있도록 이러한 방향으로 맞추어 나가야된다. 그것을 저희도 대명제로 삼고 사업계획을 하고 있습니다.

그 다음에 공간 문제에 있어서도 역시 전문가가 절대 필요하다고 그러는데, 실제적으로 어린이 교육에 필요한 시설에 대한 공간 구성, 건축적 구조 문제, 아니면 디자인 문제, 이걸 가지고 연구하시는 분이 그렇게 많지 않은 것 같아요. 그리고 아직까지는 조금은 이 문제가 활발하지 않기 때문에 이 문제를 제가 발표한 것은 앞으로 이 문제가 보다 심도 있게, 오히려 박물관 측 보다는 건축이라든가 디자인학과 출신들이 깊이 있게 다루었으면 좋겠다. 이런 말씀을 드리고 싶고. 보육시설에 대한 건축구조라든지 공간구성에 대해서는 이미 책자까지 나와 있습니다. 그런 쪽에서는 굉장히 많이 발전되어 있는데도 불구하고, 아직 우리 문화시설 쪽에는 굉장히 적다. 이런 문제를 가지고 그쪽 분야에 있는 전문가들하고 우리 박물관에서 공동적으로 좀 더 뭔가를 해서 좋은 환경적인 메뉴얼을 창출해 내는 것도 바람직하지 않겠나. 따라서, 하여튼 이내옥 선생님의 의견에 적극 공감합니다.

그 다음에 유병하 선생님께서 말씀하신 '휴직취업제'에 대한 것인데요. 이것은 법적 제도로서는 가능한데 현실적으로는 조금 어려운 부분이 있습니다. 제가 왜 이런 얘기를 먼저 말씀을 드리냐하면, 이미 교육청에 대한 여러 가지 교육사업비를 일부 지방자치단체에서 지원하고 있습니다. 예컨대, 서울 같은 경우에는 서울시장과 교육청, 교육감이라고 그러나요? 그분들하고 정책적인 교감만 이루어진다면 이 문제가 풀리는 것은 굉장히 쉽게 풀릴 수 있다, 이렇게 보고. 일부 교사들 같은 경우에는 대부분이 체험학습연구회에 참여하는 교사들이죠. 그런 분들은 의지가 매우 강합니다. 그래서 이것은 어떤 양 기관에, 교육기관과 우리 행정기관, 아니면 박물관과 그런 기관장들의 노력만 결실을 잘 맺어 준다면 실질적으로 가능하지 않겠나, 그런 문제고요. 다만, 유병하 선생님께서 말씀을 하셨듯이 과연 이렇게 되었을 때 어떻게 선생님들을 학습하여 줄 것인가, 이런 내적인 요구도 필요하다고 말씀을 하셨는데, 그건 적극적으로 저도 동감입니다. 실제적으로 뮤지엄티쳐라는 것은 대부분이 도슨트와 같은 비슷한 역할을 하는 거죠. 물론, 교육프로그램의 개발에 대한 주체는 어디까지나 에듀케이터가 되는 거고요. 필요하다면 교육개발에 뮤지엄티쳐 하는 분들이 현장감이 있기 때문에 다소 도움은 되리라고 봅니다.

끝으로, 연령별에 대한 교육프로그램인데요. 이것도 마찬가지로 제가 이번 발표에서는 의도적으로 연령별을 빠뜨렸어요. 왜냐하면 연령별까지 구체화시키다 보면 상당히 많은 부분이 소요될 것 같고 해서 크게 취학 전 아동, 취학 아동, 이렇게 나누어서 이야기했는데 어디까지나 앞으로의 어린이 교육은 크게 보면 대략 2살 정도 터울로 구분해서 교육프로그램을 만든다면 굉장히 효과적이다. 그렇게 말씀을 드리고 싶고요.

그 다음에 지역 향토문화연구가들이 주도해서 아이들을 교육할 수 있는 방안이 없겠느냐, 하는 것은 저도 역시 공감대를 같이 하고 있습니다. 향토 연구하시는 분들이 전문적인 깊이는 없습니다만, 최소한 어느 정도의 저널리스트는 되기 때문에 이분들하고 연계해서 연대체제가 잘 구축되면 적어도 어린이 교육을 하는데 상당한 보탬은 될 수 있을 것이다. 저는 그렇게 생각을 하고 있고요.

그 다음에 지역인사의 명예관장과 임명, 전문인적 자원으로 구성된 운영위원회, 이 문제에 있어서는 매우 동감합니다. 왜냐하면, 역시 교육이라는 것은 일과성도 아니고 일회성도 아닌, 우리가 지속적으로 운영해 나가야되기 때문에 교육의 사회저변 확대를 위해서는 유명 인사분들을 초청해서 그분들의 의견을 서로 공감함으로써 다양한 폭의 기회를 넓혀 갈 수 있지 않겠나, 그렇게 보여집니다. 두 분 선생님이 제시하신 의견에 대해서는 전적으로 공감하면서 이상 답변을 마치도록 하겠습니다.

양기석 : 오늘 예정된 시간이 6시인데 무려 12분이나 초과했습니다. 문화시민은 약속을 잘 지켜야 한다고 그러는데, 저도 사회를 볼 경우는 우선적으로 시간을 비교적 잘 지키는 편인데 오늘 제가 매끄럽지

못하게 운영을 해서 대단히 죄송합니다. 더구나 발표자나 토론자들께서 시간에 쫓기다 보니까 그만 표현의 자유를 억압하거나 제한한 것 같습니다. 제 본의가 아니니까 널리 양해해주시기 바랍니다. 오늘 네 분의 발표와 또 한 주제에 두 분씩, 8가지 측면에서 토론이 있었습니다. 이와 관련해서 플로어에 계신 여러분들의 의견을 경청하는 시간을 가졌으면 했습니다만, 여의치 못했습니다. 또 하나, 약속을 못 지켰습니다. 죄송합니다. 다만 두 분께서 서면으로 질의를 해 주셨습니다. 그 내용을 간략하게 얘기를 하고 세미나를 끝내겠습니다.

하나는 문화유산연대집행위원장으로 계신 강찬석 선생님께서 김기섭 선생님한테 질문을 하셨는데, 이 질문은 아마 본인보다는 오늘 가장 핵심 문제로 떠오르는 한성백제박물관이 전시 했을 때의 공간적인 범위에 관한 문제인 것 같습니다. 노중국 선생님은 임진강에서 안성천까지 범위를 정해서 그와 관련된 유물을 전시해야 되지 않겠느냐 그렇게 말씀을 하셨는데, 김기섭 선생님의 입장, 당사자의 입장으로서는 지리적인 범위가 실제로 어떻게 설정되느냐. 답변은 필요한 것 같지 않습니다. 말씀하셨으니까 참고해 주시기 바랍니다.

두 번째는 이름을 밝히지 않은 어느 시민이 네 가지를 질문하셨습니다.

첫 번째는 전국의 박물관이 대단히 많은데, 대개 백화점식으로 이것저것 다 전시를 하고 있습니다. 그러니까 서울 한성백제박물관만큼은 좀 특성이 있는 그런 박물관으로 지어졌으면 좋겠다 하는 말씀인 것 같고요.

두 번째는 박물관 전시에 있어서 관람 동선이 좀 매끄럽지 않아서 마치 퍼즐 게임을 하는 것 같다. 또 조명도 어둡고, 각도도 안 맞고. 뭐 여러 가지 어려운 점이 많으니까 그걸 좀 보완해 달라는 그런 부탁입니다.

세 번째는 체험 프로그램, 이런 것도 좀 많이 있었으면 좋겠다. 이것은 발표자분들께서도 이미 말씀을 하신 겁니다.

그 다음에 네 번째는 이 박물관이 현대식 박물관이 아니고 백제적인 특성을 나타내고, 또 백제의 의식주라든가, 이런 것을 나타내는 그런 박물관이 되어야하고, 또 전문적인 큐레이터는 당시 백제의 의복이나 머리 헤어스타일, 장신구를 착용하면서 안내해 줄 수 있어야 한다. 이러한 네 가지 질문을 하셨습니다.

이것은 단행본으로 나온다는 계획이 있는 것으로 알고 있으니까, 거기에 대한 플로어의 의견으로 제시하겠습니다.

역시 오늘의 귀착되는 문제는 한성백제박물관에서의 주제범위를 시간적인 것은 큰 문제가 없습니다만, 공간적으로 어떻게 설정할 것이냐. 이런 문제가 귀착이 되는 것 같습니다. 그것이 결정되어야 전시규모라든가, 거기에 대한 소요예산이라든가, 등등 내부적인 문제가 다 결정되기 때문에 짧은 학회활동을 통해서 의견을 수렴하는 것은 제한이 되는 것 같습니다. 그래서 한성백제박물관을 건립하는데 나름대로의 공식, 비공식 여러 위원회가 있는 것으로 알고 있습니다. 보다 많은 의견을 수렴하셔서 전문가나 일반시민들이 얘기하는 욕구를 반영하셔서 그저 그렇고 하는 박물관이 아니고 백년을 내다보고 천년, 수도가 천년이상 존재했다고 하니까 천년이상을 내다볼 수 있고 서울의 정체성을 밝혀줄 수 있는 그런 의미로서의 박물관이 건립되기를 기원하면서 이것으로 부족하나마 세미나를 모두 마치겠습니다.

발표해주신 분, 토론해주신 분, 또 끝까지 남으셔서 플로어에 계신 여러 선생님들에게 고마운 말씀을 전하면서 이것으로 세미나를 모두 마치겠습니다. 감사합니다.

연갑수 : 예. 감사합니다. 오늘 말씀해주신 모든 내용들은 앞으로 저희 한성백제박물관을 건립할 때 대단히 좋은 밑거름이 될 거라고 확신

합니다. 미처 오늘 여기서 다 말씀하지 못하셨고, 플로어에 계신 분들도 말씀을 하실 게 굉장히 많다고 생각합니다. 그래서 여기 계신 발표자분과 토론자분만 아니라 플로어에 계신 분들께서도 다 같이 저녁 식사를 하면서 못 다한 얘기를 좀 나누었으면 싶습니다. 자리를 넉넉하게 마련을 했으니까 끝나면 박물관 바로 옆에 첨성대라고 하는 음식점이 있습니다. 그 곳에 모이셔서 같이 좀 얘기를 나눌 수 있는 그런 자리를 마련했습니다. 꼭 참석해 주시길 부탁드리겠습니다. 발표자와 토론자, 그리고 사회자 선생님 모든 분들께 다시 한번 감사의 말씀을 드리고 박수 한번 치면서 마치도록 하겠습니다. 감사합니다.

한성백제박물관 건립 추진 현황

❏ 건립배경

1. 건립 필요성 제기

  ○ 몽촌토성·풍납토성 발굴조사 ⇒ 백제의 도성유적으로 공인.

   - 1983~1989년 몽촌토성 내부 발굴조사.

    夢村土城發掘調查團, 『整備·復元을 위한 夢村土城發掘調查報告書』(1984)

    夢村土城發掘調查團, 『夢村土城發掘調查報告』(1985)

    서울특별시·서울대학교박물관, 『夢村土城-東北地區發掘報告-』(1987)

    서울대학교박물관, 『夢村土城-東南地區發掘調查-』(1988)

    서울대학교박물관, 『夢村土城-西南地區發掘調查-』(서울특별시, 1989)

   - 1997~1999년 풍납토성 내부 및 동쪽 성벽 발굴조사.

    국립문화재연구소, 『風納土城Ⅰ-현대연합주택 및 1지구 재건축 부지-』(2001)

    국립문화재연구소, 『風納土城Ⅱ-동벽 발굴조사 보고서-』(2001)

    한신대학교박물관, 『風納土城Ⅲ-삼화연립 재건축 사업부지에 대한

조사보고-』(2003)

한신대학교박물관, 『風納土城Ⅳ-慶堂地區9號遺構에 대한 發掘報告-』
(2004)

○ 서울지역 백제 및 고대 유적·유물의 효율적 보존·관리 미흡
   - 풍납토성·몽촌토성·석촌동고분군, 암사동선사주거지, 아차산성
     및 보루군, 방이동고분군.
   - 유물 : 풍납토성 3만여점, 몽촌토성 4,500여점.
○ 백제 한성도읍기 및 한국고대사 분야 전문연구기관 건립 필요
   - 서울지역 고대 유적·유물의 체계적 조사·연구
   - 백제 한성도읍기 연구의 공백을 메우고 서울지역 고대사 연구의
     중추적 역할을 담당할 기관 필요.
○ 2000년 서울 역사 재조명 및 문화정체성 확립
   - 百濟史 究明을 통한 서울의 역사·문화적 정체성 확립
   - 서울지역 역사의 체계적 전시·교육·홍보

2. 건립목적

- 한성백제사 및 한국고대사 분야의 조사·연구·유물 전시를 위한 중
  심기관으로서 한성백제박물관을 건립하여 2000년 서울 역사를 재조
  명하고 서울의 문화정체성을 확립하고자 함.
- 2004년 2월 5일 박물관 건립계획 발표(이명박 서울시장)

❏ 추진경과

○ 2003. 1. 24(금) : 전문가 회의 개최(서울지역 고대유적 발굴단 대표
                    자 초빙)

- 참석자 : 권오영, 윤근일, 최종택.

  - 결론 : 한성백제박물관 건립 필요성 제기.

○ 2003. 4. 21(월) : 전문가 회의 개최(서울지역 고고학 연구자)

  - 참석자 : 이형구, 조유전, 지건길, 최몽룡.

  - 결론 : 한성백제박물관 건립 필요성에 공감.

○ 2004. 2. 4(수) : 한국고대사 및 고고학 분야 전문가 간담회 개최

  - 참석자 : 이명박(서울시장), 이만렬(국사편찬위원장)외 9명.

  - 결론 : 한성백제박물관 건립 필요성 재확인, 한성백제로 특화된 박
    물관 건립 주문.

○ 2004. 2. 5(목) : 한성백제박물관 건립계획 공식 발표.

  - 2000년 서울역사 찾기 사업의 일환

  - 박물관의 명칭, 건립부지, 규모는 「박물관건립 자문위원회」(가칭)에
    서 추후 결정.

○ 2004. 3. 8(월) : 박물관건립 자문위원회 구성.

  - 역사·고고·미술사 분야 전문가 7명 초빙.

〈자문위원 명단〉

번 호	성 명	주 요 약 력	전 공
1	한영우	○ 국사편찬위원 ○ 서울시사편찬위원 ○ 문화재청 사적분과위원장	조선시대사
2	정재훈	○ 한국전통문화학교 석좌교수 ○ 문화재청 사적분과위원	전통조경
3	안휘준	○ 문화재청 동산·박물관분과위원 ○ 한국미술사학회장 ○ 서울대교수	회화사
4	임효재	○ 서울시기념물분과위원 ○ 서울시사편찬위원 ○ 몽촌토성 발굴	고고학

5	조유전	○ 문화재청 사적·매장분과위원 ○ 한국고고학회원 ○ 풍납토성 발굴	고고학
6	이건무	○ 국립중앙박물관장 ○ 문화재청 동산·매장분과위원 ○ 한국고고학회원	고고학
7	노중국	○ 문화재청 사적분과위원 ○ 한국사연구회 연구이사 ○ 계명대 교수	고대사
8	권영규	○ 문화국장	당연직
9	김우림	○ 서울역사박물관장	당연직

○ 2004. 3. 18(목) : 박물관건립 자문위원회 제1차 회의 개최.(서울시청 본관3층 간담회장)

- 위원장 선출 : 한영우 위원.

- 박물관 명칭 확정 : 한성백제박물관

○ 2004. 4. 16(금) : 한성백제박물관건립 자문위원회 제2차 회의 개최. (서울시청 별관 12층 회의실)

- 사업 추진방향 설정 : 유물목록 작성 → 전시유물 확보 → 전시기본계획 수립(공간배치) → 규모 결정 순.

- 전담 추진반 조직 구성 제안.

- 해외 박물관 벤치마킹 필요성 제기.

○ 2004. 5. 21(금) : 한성백제박물관건립 자문위원회 제3차 회의 개최. (서울시청 별관 12층 회의실)

- 규모 : 대형종합박물관보다는 특수전문박물관을 지향하는 것이 바람직함.

- 위치 : 백제 유적이 잘 조망되는 지점.

- 내용 : 전담추진단을 구성하고 유물 목록작업을 우선적으로 시행

할 것.

해외에 있는 백제 유물과 서울의 선사시대 유적도 조사 목록에 포함할 것.

○ 2004. 6. 24(목) : 서울역사박물관 내부에 한성백제박물관건립추진반 구성.

 - 구성인력 : 학예연구직 2명, 행정직 1명 선임.

 - 주요업무 : 행정절차 및 건축업무, 전시시나리오 구성, 유물 확보

○ 2004. 10. 15(금) : 한성백제박물관건립 자문위원회 제4차 회의 개최.(프레스센터 19층 목련실)

 - 규모 : 비교적 소규모로 짓되 향후 증축 가능하도록 여유부지 확보. 야외 전시장 부지 확보.

 - 전시방향 : 백제 한성도읍기 외에도 고구려·신라까지 포함할 것.

 - 해외 벤치마킹 참가위원 선임 : 한영우·조유전·임효재, 안휘준·노중국 위원

○ 2004. 11. 19(금) : 한성백제박물관건립 자문위원회 제5차 회의 개최.(프레스센터 19층)

 - 규모 : 건물은 적정규모로 하되 증축이 가능하고 시민들이 휴식할 수 있도록 여유부지 확보.

 - 위치 : 한성백제 유적지 부근.

○ 2004. 12. 6 ~ 12. 13 (8일) : 제1차 해외 벤치마킹.(한영우·조유전·임효재·한국영·박병주)

 - 홍콩(2개소) : 홍콩역사박물관, 로욱민속박물관

 - 일본(4개소) : 후쿠오카시립박물관, 큐슈역사자료관, 큐슈국립박물관, 오사카역사박물관

○ 2005. 1. 26 ~ 2. 3 (9일) : 제2차 해외 벤치마킹.(안휘준·노중국·연갑수·김수정)

- 로마(6개소) : 바티칸박물관, 국립로마박물관, 로마현대미술관, 보르게세박물관, 플라티눔박물관, 디오클레티아누스 욕장박물관.

- 그리스(6개소) : 아크로폴리스박물관, 신아크로폴리스박물관, 아테네국립고고학박물관, 국립코린트고고학박물관, 고대아고라박물관, 아테네현대미술관.

○ 2005. 2. 1(화) : 한성백제박물관건립추진반에 학예연구직(백제사 전공) 1명 충원.

○ 2005. 2. 22(화) : 한성백제박물관건립 자문위원회 제6차 회의 개최. (서울시사편찬위원회 회의실)

 - 박물관건립후보지 답사.(뚝섬 서울의 숲 조성지역, 아차산지역, 풍납토성 내부지역, 올림픽공원 88마당, 몽촌역사관 자리)

 - 후보지 추가 제안 및 적정지역 검토.

○ 2005. 3. 18(금) : 한성백제박물관건립 자문위원회 제7차 회의 개최. (서울시청 별관 12층 회의실)

 - 해외박물관 벤치마킹 결과 보고.

 - 박물관건립 부지 결정 : 올림픽공원 내 지구촌광장.

○ 2005. 4. 15(금) : 한성백제박물관건립 자문위원회 제8차 회의 개최. (서울역사박물관 시청각실)

 - 지구촌광장 현황 및 박물관 배치도(가상) 검토.

 - 박물관 건립규모 및 공간배분(시안) 검토.

○ 2005. 5. 27(금) : 한성백제박물관건립 자문위원회 제9차 회의 개최. (올림픽파크텔 4층 회의실)

 - 박물관 건립규모 결정 : 3,200평 정도.

 - 전시시나리오(시안) 검토.

○ 2005. 6. 1(수) : 한성백제박물관건립 타당성심사 및 기본계획 수립 용역에 관한 학술용역심사회 개최.(서울역사박물관

시청각실)

○ 2005. 9. 1(목) : 한성백제박물관건립추진반에 학예연구직(고고학 전공) 1명 충원.

○ 2005. 11. 7(월) : 한성백제박물관건립추진반 학예연구직 1명 사직.

○ 2005. 11. 11(금) : 한성백제박물관 건립을 위한 학술세미나 개최.(서울역사박물관 강당)

- 참가자 : 발표자(4명)·토론자(8명)·종합토론사회자(1명), 학계 및 일반시민 다수.

- 개최목적

· 추진반에서 구성한 전시주제를 공개 검토하여 작업의 안정성과 효율성 제고

· 각계 전문가의 의견을 수렴함으로써 풍부한 전시내용 확보

· 효과적인 전시기법 및 전시기반 구축 모색

· 한성백제박물관과 주변 유적의 효율적인 연계 방안 모색

· 어린이박물관 건립·운영을 위한 아이디어 수렴

- 발표자 및 토론자 선정 기준

· 해당 분야에 연구·발표 경험이 많은 사람

· 박물관 건립 및 전시구성에 참여한 경험이 있는 사람

· 백제사 및 고대사와 관련하여 박물관 운영에 참여한 사람

· 백제 한성도읍기 유적을 조사·연구하는 사람

· 어린이박물관 건립 및 운영 경험이 많은 사람

	주 제	발표자	토론자
1	한성백제박물관의 전시주제 시안	김기섭 (서울역사박물관)	윤광진(국립문화재연구소) 윤용구(인천시립박물관)
2	효율적인 전시기법을 위한 제언	함순섭 (국립중앙박물관)	박방룡(국립대구박물관) 김영관(서울역사박물관)
3	한성백제박물관과 인근 유적의 연계 방안	노중국 (계명대학교)	임영진(전남대학교) 권오영(한신대학교)
4	사회교육과 박물관의 역할	최근성 (경기도박물관)	이내옥(국립부여박물관) 유병하(국립경주박물관)

○ 2006. 1. 26(목) : 한성백제박물관건립추진반 사무실 이전.(서울역사
　　　　　　　　　　　박물관→몽촌역사관)

❏ 주요사업 현황

○ 한성백제관련 유물목록 작성 및 이미지 작업
 - 목적 : 한성백제박물관의 전시구성 및 유물 확보·관리방안의 기
   초자료 구축.
 - 유물목록 작성 : 160,661점(대상유물 : 200,000여점)
 - 이미지 작업 : 10,718점
○ 전시시나리오 유물 설명집 작성
 - 목적 : 전시 기본설계 및 실시설계의 기초자료 구축.
 - 전시대상유물 상세설명서 작성 및 그래픽화.
 - 향후 연구자와 일반시민에게 정보제공용 검색자료로 재구성.
○ 한성백제박물관 전시구성을 위한 학술대회 개최
 - 목적 : 새로운 전시기법, 유적과의 연계, 전문연구박물관 운영 등
   에 관한 효율적 방안 도출.
 - 해당분야 전문가 10여명 초청 발표·토론.
○ 한성백제박물관 건립추진위원회 구성 및 운영
 - 건축학·역사학·고고학 등 관계 전문가 20여명으로 구성된 자문
   기구.
 - 주요기능
   ·기본설계 및 실시설계 프로그램 작성 자문.
   ·전시주제 및 전시공간 배분의 적정성 심의.
   ·전시실 및 수장고 시설 환경 검토.
   ·박물관 운영조례 제정 심의 및 조직구성안 검토.

한성백제박물관 운영방안

한성백제박물관건립추진반

□ 목 적

현재 서울특별시에서 건립 추진중인 (가칭)한성백제박물관을 서울지역의 선사 및 고대 역사·문화를 체계적으로 전시·교육·홍보하고, 관련 유적·유물을 효과적으로 조사·관리하며, 한성백제사 및 서울지역 고대사 연구의 중추적 역할을 담당하는 전문 연구기관으로서 육성하기 위한 구체적 방안 모색.

□ 목 표

○ 서울이 고대국가 백제의 수도였으며 2000년 역사의 古都임을 재조명하고 민족사의 정통성을 계승한 도시임을 천명한다.
○ 서울이 고대 이후 동북아시아의 정치·경제적 중심 도시였음을 재확인함으로써 서울의 역사적 위상을 높이고 시민의 문화정체성을 확립하여 자긍심을 고취시킨다.
○ 백제문화의 정수를 찾고 홍보하여 향후 인접 국가·지역과의 역사

분쟁에 대비한다.

○ 한성백제사 연구의 중심기관임을 자임한다.

○ 서울지역의 문화재를 효율적으로 조사·관리하며, 한성백제 및 서울의 고대 문화를 연구·교육·홍보할 전문인을 양성하고 지원한다.

○ 주변지역의 선사·고대유적과 연계하여 관광자원화하며, 내 고장 문화재 지킴이를 양성한다.

❏ 추진방향

Ⅰ. 전 시

1. 기본방향

① 고고자료를 평면적으로 나열하는 방식은 지양한다.

② 백제 한성도읍기를 중심으로 선사~고대까지 서울 역사를 개괄한다.

③ 문헌과 유물을 아우르며 생활문화 중심으로 관람객의 호기심을 유발하고 충족시킨다.

④ 섹션별 수준을 다르게 설정하여 관람객의 층을 다양화하고 관람객 분산효과를 모색한다.

⑤ 문자 설명을 최소화하고 시각적 효과를 극대화한다. (모형·그림·만화)

⑥ 유물(복제) 접촉, 가상현실과 같은 체험 기회를 최대한 제공한다. (터치뮤지엄)

⑦ 여타 도시박물관·현장박물관과 네트워킹을 구성한다.

2. 범 위

① 선사시대의 서울지역
  - 구석기시대 : 삼성동·세곡동·하일동·오금동
        ■ 연천 전곡리, 광주 삼리, 제천 창내
  - 신석기시대 : 암사동
        ■ 하남 미사리, 양양 오산리, 부산 동삼동
  - 청동기시대 : 명일동·역삼동·응봉동
        ■ 여주 흔암리, 제천 황석리, 하남 미사리
  - 철기시대 : 가락동·풍납동
        ■ 하남 미사리, 충주 하천리, 춘천 중도
② 백제시대의 서울지역
  - 백제의 건국 : 문헌자료, 풍납토성 내부 주거지

  - 백제의 성장 : 문헌자료, 풍납동·가락동·석촌동
        ■ 화성 마하리, 포천 자작리, 파주 주월리
  - 백제의 철기문화 : 석촌동·가락동
        ■ 화성 발안리, 진천 석장리
  - 백제의 농업기술 : 문헌자료
        ■ 하남 미사리, 화성 먹실
  - 백제의 도시구조 : 문헌자료, 풍납토성·몽촌토성
  - 백제의 대외교섭 : 문헌자료
        ■ 가락동, 磁器·七支刀·요서경략설

③ 삼국항쟁 이후의 서울지역
   - 고구려의 남하와 한성 함락 : 문헌자료, 구의동·아차산 보루
                    ■ 연천 호로고루·당포성, 중원고구려비
   - 신라의 한강유역 진출과 漢山州 설치 : 9州 5小京, 호암산성
   - 한산주민의 생활과 문화 : 의식주, 호암산성·몽촌토성
                    ■ 하남 이성산성

3. 매 체

   - 유물
   - 복제품
   - 모형
   - 설명패널
   - 그림 및 애니메이션
   - 영상 (터치스크린)
   - 체험기기 및 체험공간

Ⅱ. 조사·자료관리

1. 기본방향

① 서울지역의 선사~고대 유적·유물을 조사, 관리한다.
② 풍납토성과 몽촌토성의 내·외부를 장기 계획발굴하고 유물을 관리하며 자료화한다.
③ 서울관련 유물의 소재를 파악하고 이관·기증·기탁을 유도한다.

④ 소장자료를 연구자에게 개방하여 자료의 가치를 드높인다.
⑤ 관할 유적·유물에 관한 소개자료를 제작·배포한다.

2. 범 위

① 유적조사
- 풍납토성 내·외부 발굴조사 (관계기관과 협력)
- 몽촌토성 내·외부 발굴조사
- 석촌동·방이동고분군 발굴조사
- 암사동일대 발굴조사
- 서울인근지역 발굴조사(관계기관과 협력)

② 유물관리
- 관리팀 별도 구성
- 풍납토성·몽촌토성 출토유물 관리 (관계기관과 협의)
- 기증·기탁 및 구입 주도
- 향후 발굴조사로 출토된 유물 보존처리·분석·복원·수장

③ 자료 정보화작업
- 서울 및 인근지역의 관련유적 정보를 정기적으로 조사·자료화
- 수장유물의 상세 정보를 담은 자료집 제작·발간
- 연구자를 위한 고고·미술자료 데이터베이스 구축

Ⅲ. 연구·교육·홍보

1. 기본방향

① 전시·수장유물의 역사·문화적 가치와 의미를 밝힌다.
② 서울의 역사성을 드높이고 정체성을 드러낼 수 있는 아이템을 개발
한다.
③ 학제간 교류를 촉진하는 한성백제사 연구의 중심기관으로 우뚝 선다.
④ 박물관대학을 통해 전문 연구 인력을 양성, 재교육한다.
⑤ 역사·문화강좌를 운영하여 서울시민의 정체성을 확립하고 자긍심
을 높인다.
⑥ 인근 선사·고대 유적과 연계한 관광자원화작업을 주도한다.

2. 범 위

① 연 구
  - 고고학 및 미술사 분야 연구진 직·간접 확보
    :연구위원 [고분·성곽·주거지·석기·불교조각]
  - 역사분야 연구진 직·간접 확보
    :연구위원 [백제사 및 한국고대사]
  - 학술지 발간
  - 학예부의 충분한 연구공간 제공
  - 한성백제사 연구의 중심기관으로서 권위 확립 (자료·연구진)

② 교 육
  - 전문인 양성 및 재교육 : 학예연구사, 보존처리사.

[박물관학, 역사학, 고고학, 미술사학, 인류학, 민속학]
- 박물관대학 운영 : 전문인 양성코스, 시민 교양강좌코스
- 시민 교양강좌 개설 : 1년 3~4학기제, 다양한 주제
  : 서울의 역사와 문화, 백제문화 탐방, 문화재감상, 전통문화체험.
- 문화재 지킴이 양성 : 문화재 해설사, 도슨트, 향토사가.
- 초·중등학교 교사 연수
- 서울시 공무원 및 공공기관원 연수
- 전문 교수진 확보 : 연구 병행
- 전시설명회 개최

③ 홍 보
- 각종 도록 및 자료집 발간
- 각종 시설 개방
- 지역사회와 연계한 이벤트 개발
- 움직이는 박물관(mobile museum) 정기 기획
- 박물관 회원제도 운영

❏ 향후 활용방법

○ 본 방안의 적절성 여부를 판단하기 위해 향후 대소 세미나를 개최
하여 전문연구자들의 의견을 수렴하는 절차를 거친다.
○ 향후 수립한 한성백제박물관 운영방안은 건립추진위원회 회의와
공청회를 통해 최종 수립한다.
○ 본 방안을 한성백제박물관 건립 및 전시 기본계획에 반영한다.

사야마이케 제방의 移築공사

코야마다 코이치〔小山田 宏一〕

1. 사야마이케(오사카府 오사카사야마市)에서는 저수지 댐 공사인 「헤이세이[平成]의 大改修」를 계기로 종합적인 학술조사가 실시되었다. 그 결과 축조할 때 설치한 동쪽 물통의 나이테[年輪]연대에 의해 616년에 축조된 일본 最古의 댐식 저수지라는 사실이 밝혀졌으며, 그와 함께 사람의 생명과 재산을 지키는 치수·관개공사와 관련된 각종 토목기술이 발견되었다. 그래서 이 귀중한 토목유산을 후세에 전해주기 위해 오사카府立 사야마이케박물관을 만들게 되었다. 이하, 토목유산 중에서 약 1400년에 걸친 개축·보수공사의 역사가 쌓인 제방의 이축공사 개요를 소개한다.

2. 북쪽 제방의 중앙부를 이축·전시하기로 하였다. 제방은 상층부터 ① 메이지[明治]·다이쇼[大正]·쇼와[昭和]시대의 개축 보수(19·20세기), ② 에도[江戶]시대의 개축 보수(17~19세기), ③ 카타기리 카츠모토[片桐且元]가 케이쵸우[慶長]때 시행한 개축 보수(1608년), ④ 무로마치[室町]·카마쿠라[鎌倉]때의 개축 보수(12~16세기), ⑤ 天平寶字때의 개축 보수(762년), ⑥ 行基의 개축 보수(731년), ⑦ 축조당시의 제방(616년)이 양호한 상태로 남아있어서 각 시대의 개축 보수공사와 토목기술 내용을 알 수

있는 귀중한 학술자료이다. 특히 7~8세기 제방에는 백제와의 국제적인 토목기술 교류를 입증하는 부엽공법이 사용되고 있어서 주목된다.

3. 제방 이축공사는 1990년에 시작해서 2001년에 마무리하였다. 총공사비는 약 10억엔이다. 그리고 박물관건립에는 이와 별도로 건축 및 전시공사에 약 53억엔을 소요하였다. 제방 이축공사는 사야마이케제방보존위원회를 조직하여 채취방법, 보존공사방법, 전시방법 등을 검토하고 차례대로 공사에 착수하였다. 제방보존위원회는 토목공학 1명, 보존공학 1명, 고고학 1명, 오사카府 토목부 3명, 시공업자인 (株)大林組 토쿄[東京]본사 토목기술본부 부장 1명으로 구성되었다. 고고학 위원은 당시 나라국립문화재연구소에 있던 쿠라쿠 요시유키[工樂善通]선생으로, 현재 사야마이케박물관장이다. 또, 보존공학 위원은 당시 나라[奈良]국립문화재연구소에 있던 사와다 마사아키[澤田正昭]선생으로, 지금은 츠쿠바[筑波]대학 교수이자 사야마이케박물관 운영협의회의 위원장을 맡고 있다.

4. 제방 이축공사는 우선 1990년에 제방의 내부구조를 알기 위한 예비조사(보링조사와 목측조사의 深礎工)를 실시하여 채취지점을 축조 당시부터의 토층을 확인할 수 있는 북쪽 제방 중앙부로 정하였다. 1990~1993년에 걸쳐서 채취방법과 보존공사방법을 검토하였다. 그 결과 바닥 폭 약 62m, 높이 약 15.4m의 둑을 101개의 흙 블록(1개당 폭 3m, 높이 1.5m, 두께 0.5m)으로 분할하여 잘라내고, 폴리에틸렌글리콜 수용액(PHG)에 담가서 보존처리하여 강도를 높였다. 폴리에틸렌글리콜 수용액에 담가둔 것은 약 2년간이며, 그 뒤 약 2년 정도 건조시켰다. 그 사이 관리기술자 1명을 상주시켜서 전기전도율과 PHG용액 비중의 변화 등을 계측하고 관리하게 하였다. 또, 제방을 잘라내기에 앞서 轉寫 단면을 작성하였다.

5. 1998년에는 흙 블록과 전사단면의 표면처리방법과 전시방법을 결정하는 파일럿실험을 실시하였다. 그 결과 면진구조를 갖춘 展示架臺의 한쪽 면에 흙 블록을, 다른 한쪽 면에는 전사단면을 앵커볼트로 고정해서

제방을 재현하게 만들었다. 제방 옆에는 제방과 물통 管의 관계를 소개하기 위해 에도시대의 물통 관과 아스카[飛鳥]·나라시대의 물통 관을 설치하였다.

6. 전시가대는 건물을 세우기 전에 먼저 설치하였다. 흙 블록은 건물을 완성한 다음 전용 반입구로 옮기고 천정 크레인으로 들어올려 1개씩 설치하였다. 전시에서는 흙 블록과 흙 블록 사이의 틈 처리가 문제였는데, 레프리카 방법으로 완벽하게 마무리하는 데에는 막대한 비용이 필요했기 때문에, 결과적으로는 PHG를 섞은 비슷한 흙으로 틈을 메워 넣었다. 그리고 제방의 조명은 통상의 전시조명이 아닌 무대용의 대규모 조명을 사용하였다.

이상이 제방 이축공사의 개요이다.

(번역 : 이경자)

狹山池の堤の移築工事

小山田 宏一

　1．　狹山池(大阪府大阪狹山市)では、池のダム化工事である「平成の大改修」を契機に、總合的な學術調査が實施された。その結果、築造當初の東樋の年輪年代により、616年に築造された、日本最古のダム式溜池であることが明らかになるとともに、人の生命と財産を守る治水・灌漑工事にかかわる各種の土木技術が發見された。そこで、これらの貴重な土木遺産を未來に繼承するために、大阪府立狹山池博物館が建設されることになった。以下、土木遺産の中で、約1400年にもおよぶ改修工事の歷史が重なる堤の移築工事の概要を紹介する。

　2．　北堤の中央部が移築・展示されることになった。堤は、上層から、①明治・大正・昭和の改修(19・20世紀)　②江戶時代の改修(17〜19世紀)　③片桐且元の慶長の改修(1608年)　④室町・鎌倉の改修(12〜16世紀)　⑤天平寶字の改修(762年)　⑥行基の改修(731年)　⑦築造當初の堤(616年)が良好な狀態で殘されていて、各時代の改修工事や土木技術の內容を知ることができる貴重な學術資料である。特に、7〜8世紀の堤には、百濟との國際的な土木技術交流の存在を物語る敷葉工法が使われていて注目されている。

　3．　堤の移築工事は、1990年に始まり、2001年に完成した。總工費は約10億

円である。なお博物館建設では、これとは別に、建築と展示工事で約53億円を
要した。堤の移築工事では、狹山池堤體保存委員會を組織して、採取方法、保
存工事方法、展示方法等の檢討を行い、順次工事に着手した。堤體保存委員
會は、土木工學１名、保存工學１名、考古學１名、大阪府土木部3名、施工
業者である(株)大林組東京本社土木技術本部の部長1名から構成されている。考
古學の委員は、當時、奈良國立文化財研究所にいた工樂善通先生で、現在は
狹山池博物館館長である。また保存工學の委員は、當時、奈良國立文化財研
究所にいた澤田正昭先生で、現在は筑波大學教授で、狹山池博物館の運營
協議會の委員長を務めている。

　４．　堤の移築工事では、まず、1990年に、堤の內部構造を知る豫備調査(ボー
リング調査や目視調査の深礎工)の實施して、採取地點を築造當初からの土層
が確認できる北堤中央部と決めた。1990～1993年にかけて、採取方法やその保
存工事方法の檢討を行った。その結果、底幅約62m、高さ約15.4mの堤を、101
個の土ブロック(１個あたり幅3m・高さ1.5m・厚さ0.5m)に分割して切り出し、ポ
リエチレングリコール水溶液(ＰＨＧ)に浸けて保存處理を行い、強度を高めること
にした。ポリエチレングリコール水溶液への含侵は約2年間、その後、約2年間ほ
ど乾燥させた。この間、管理技術者1名を常駐させ、電氣傳導度やＰＨＧ溶液
比重の變化などを計測し、その管理にあたった。また、堤の切り出しに先行し
て、はぎ取り斷面を作成した。

　５．　1998年には、土ブッロクやはぎ取り斷面の表面處理方法や展示方法を決
めるパイロット實驗を實施した。その結果、免震構造を備える展示架臺の一面に
土ブッロクを、一面にはぎ取り斷面をアンカーボルトで固定して、堤を再現するこ
とになった。堤の橫には、堤と樋管の關係を紹介するために、江戸時代の樋管と
飛鳥・奈良時代の樋管を設置した。

　6.　　展示架臺は、建物の建設に先立って設置した。土ブッロクは建物が完成
したあと、專用の搬入口から運び入れ、天井クレーンでつり上げて１個ずつ、

取りつけた。展示では土ブロックと土ブロックの隙間(目地)の處置が問題になったが、レプリカ仕様で完全に仕上げるには莫大な經費が必要なので、結果的にはPHGを混ぜ込んだ疑土で目地を充塡した。また堤の照明は、通常の展示照明ではなく、舞臺用の大規模な照明を用意した。

　以上が堤の移築工事の概要である。

狭山池の堤体保存工事

大阪府立弥生文化博物館
小山田宏一

狭山池（南から）

全周約３ｋｍ

狭山池博物館の建設

1. 狭山池のダム化工事（平成の大改修）で、発掘調査を実施
2. 狭山池の築造年代が616年と判明
3. 各時代の改修工事を伝える各種土木遺産の発見
4. 博物館を建設して土木遺産を展示する

狭山池の土木遺産

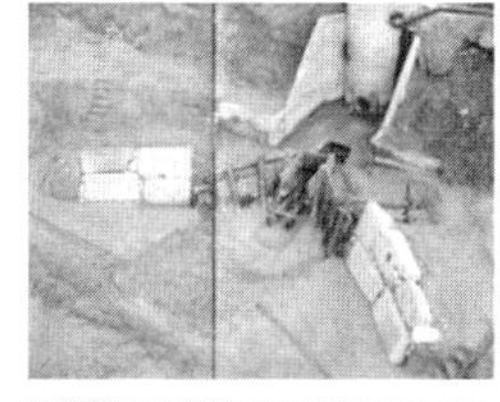

中樋
17世紀

木製枠工
１７世紀

東樋　７世紀

土木遺産を展示する狭山池博物館

延床面積約5,000㎡　　設計　安藤忠雄

移築・展示した堤

堤の歴史＝1400年間の改修の歴史

H：
15.4m
W：62m

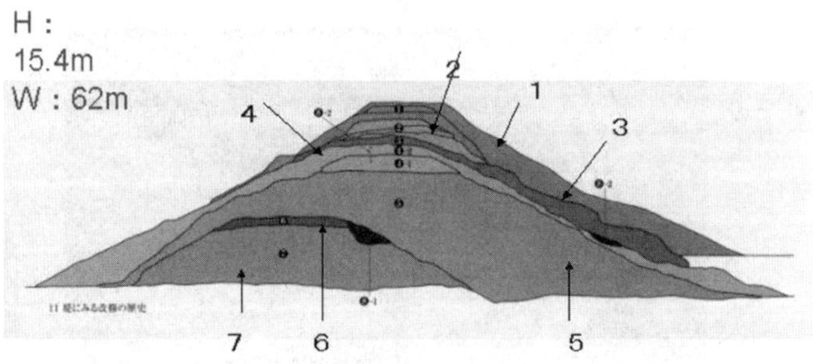

１明治・大正・昭和　２江戸時代　３慶長（1608年）

４鎌倉〜室町　５天平宝字（762年）　６行基の改修
（731年）　　７狭山池の誕生（616年）　　８地震痕跡

狭山池７世紀の堤

H：5.4m

w：27m

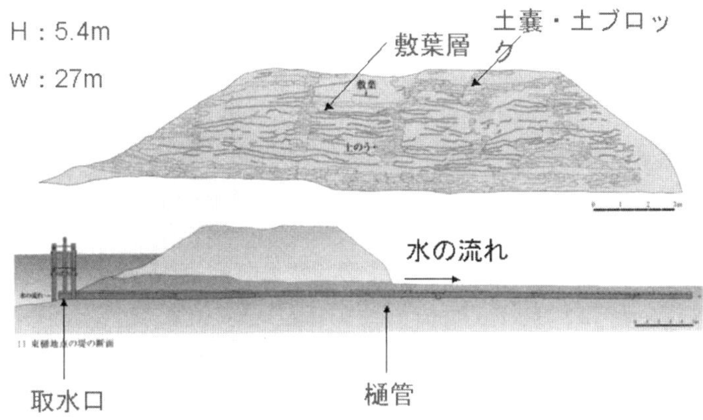

狭山池の敷葉工法

アラカシの枝先（粗朶）（長１〜1.5m、径１〜３ｃｍ）

敷葉工法の働き

1　築造当初：水分の多い沖積土壌→盛り土内の排水→
　　　　　　　　圧密促進

2　築造後　　：盛り土の補強＝せん断抵抗力を増す

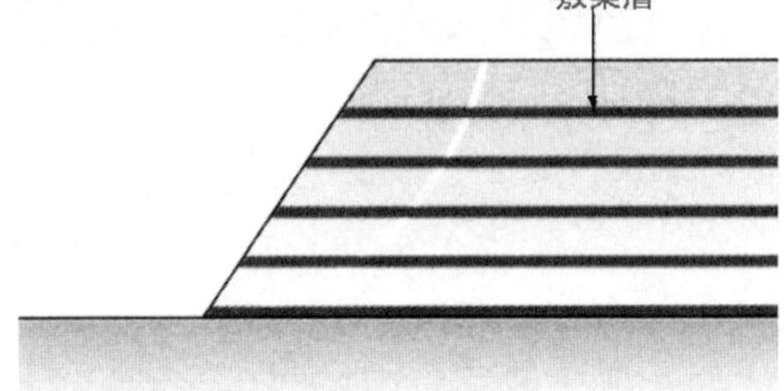

敷葉工法の復元

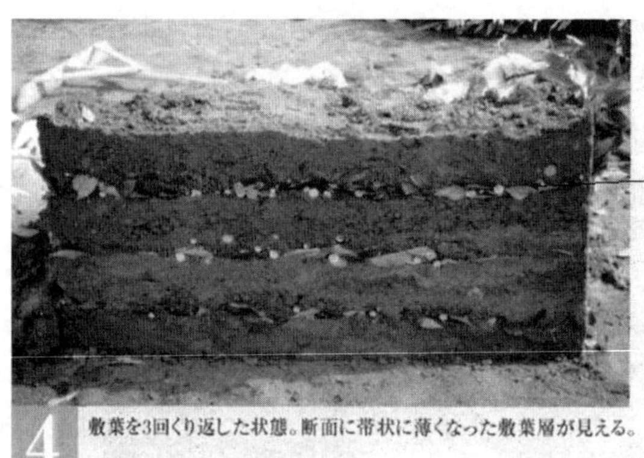

4　敷葉を3回くり返した状態。断面に帯状に薄くなった敷葉層が見える。

朝鮮半島の敷葉工法

狭山池の敷葉工法は、古代日本と百済を結ぶ重要な土木技術

狭山池の堤体保存工事の概要 1

工期	1990～2001年	
工事費	約10億円	
施工業者	大林組	
堤体保存検討委員会		
構成　土木工学		1名
考古学(工楽善通)		1名
保存工学（沢田正昭）		1名
大阪府土木部		3名
大林組技術研究所		1名

狭山池の堤体保存工事の概要２

1990	予備調査 （ボーリング、深礎工・・・土層確認・
採取地点確定）	
1990〜1993	土ブッロク採集法、含浸法実験
1994〜1998	土ブロック採取
	土ブッロク含浸・乾燥
	展示パイロット実験 （展示架台・設
置法・展示法）	
1999	堤示架台設置工事
2000〜2001	堤体展示工事
2001	博物館開館

堤の分割（１０１個）

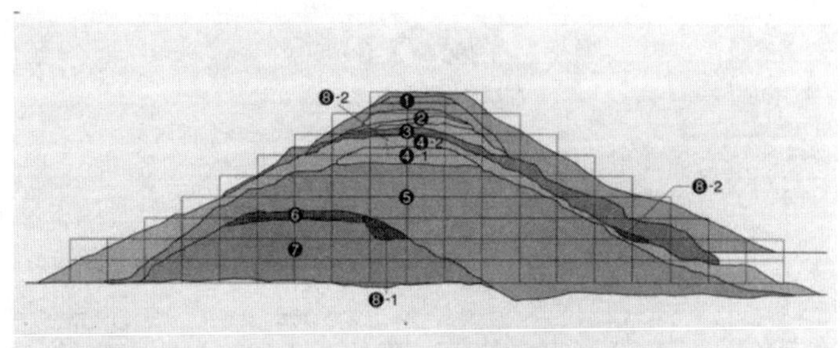

土ブッロク（H：1.5m　W：3m　D：0.5m）
×101

機械掘削

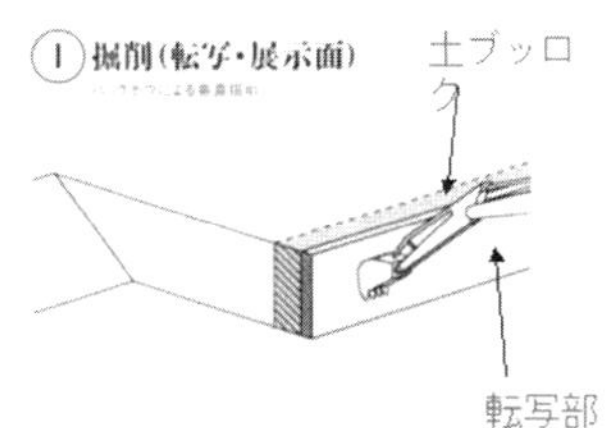

土ブッロクの大きさ

土ブロッ
ク

　H：1. 5
m

　D：0.5m

W：3.0m

転写部

　D：20cm

　W：3.0m

　H：1.5m

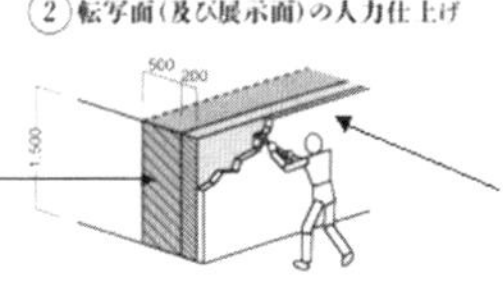

壁面の仕上げ

転写作業

③転写

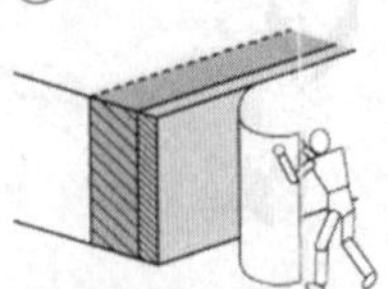

下部H鋼圧入 （土ブッロクの採取）

④ 下部H鋼圧入 (H-100×100×860)

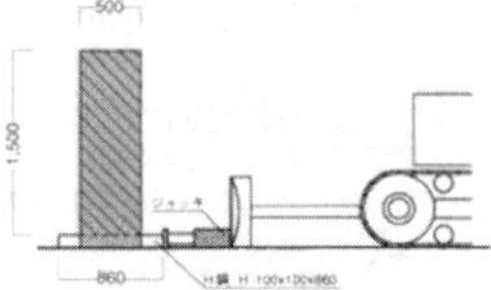

土ブッロクの成形

⑥ 掘削（転写・展示面の反対側）

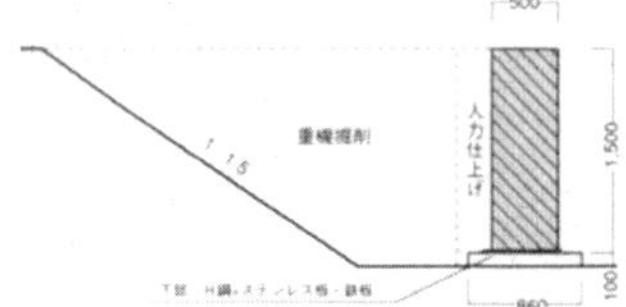

鋼製枠はめ込み

⑦ 鋼製枠据付け

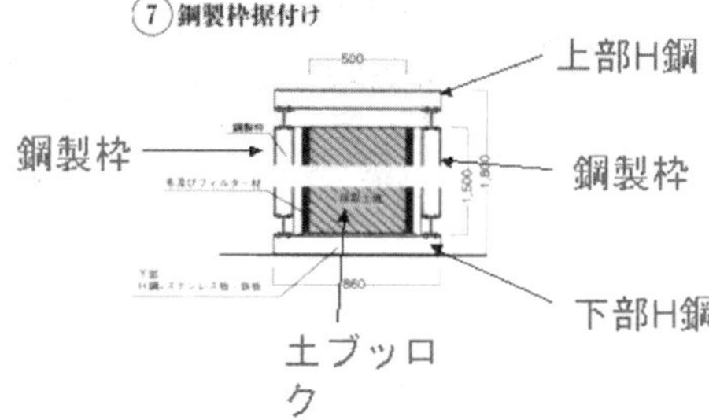

クレーンで吊る

⑩ 含浸ヤード積卸し

ＰＥＧ含浸処理

含浸ヤード

PEG4000　38%　常温・常圧　約２年間

計測管理　電気伝導度

展示パイロット実験

乾燥後の土ブロク

架台設置実験

建設中の展示架台

建物に先行して、展示架台を設置する

堤の展示架台

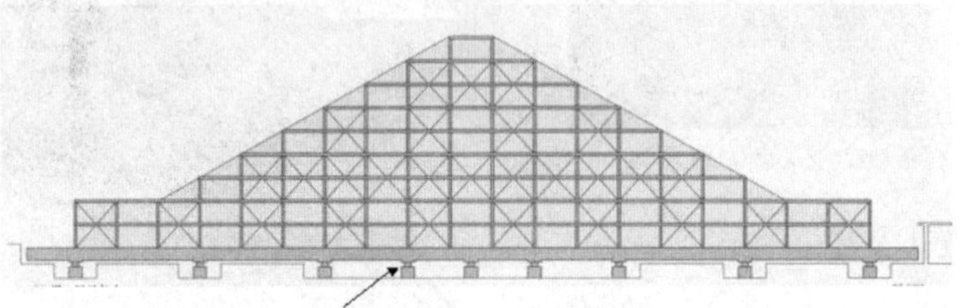

堤の展示架台

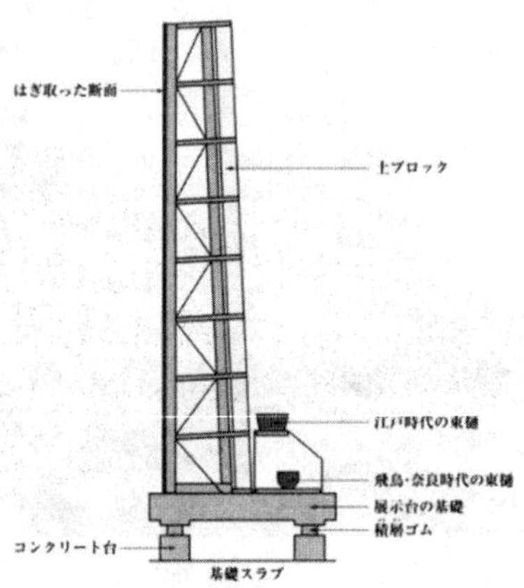

免震装置

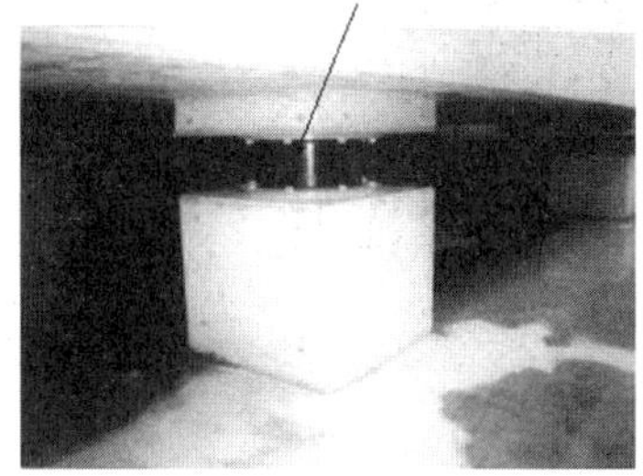 

土ブロック運搬

建物外壁の臨 時搬入口

館内
天井クレーンで吊り下げ
る

展示架台に土ブロクを
はめ込む

土ブロク背面
（アンカーで固定）

土ブロクと転写面（完成後）

土ブロク

転写面

土ブロクの継目処理

PEG混合の擬土を充填

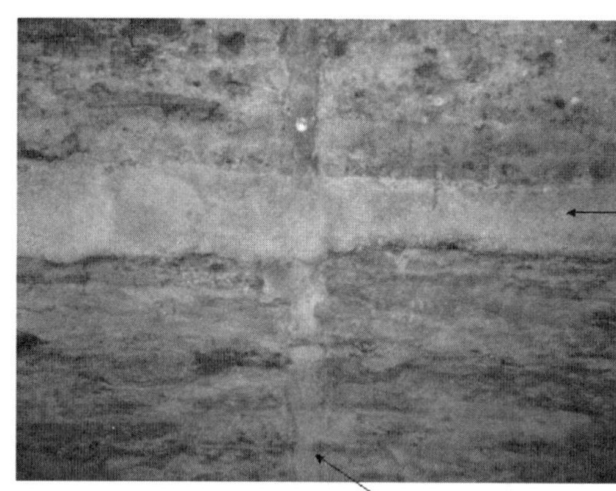

完成した堤

說林1 : 박물관 전시의
미디어 기능과 흐름
說林2 : 한성백제 문화지구 조성을 위한 제언

박물관 전시의 미디어 기능과 흐름

윤정숙 서울역사박물관 인턴

1. 머리말

문화는 한 순간 보았던 하나의 장면과 색채, 이미지의 편린들을 양분으로 삼아 의미와 가치를 축적한다. 그런 문화를 보존하고 전수할 수 있는 제도적 토양의 중심기관을 문화예술기관이라 통칭한다면, 문화예술기관으로서 고유한 특성을 지니고 있는 박물관은 문화 상품의 소비자인 대중에게 접근하기 위해 소비자들의 필요와 욕구를 충족시키는 상품을 개발해야 한다.

어떤 조직도 자신이 생산할 역량이 없거나 생산하고 싶지 않은 상품으로 고객의 요구를 충족시킬 수는 없다. 소비자에게 상품은 어느 날 저녁의 여흥, 체득한 경험, 사회적 경험, 매년 있는 관례 그리고 뜻하지 않은 사건 등 경험 전체를 묶은 것이다. 박물관은 소장품을 변화시키지 않고서도 이 모든 것들을 제공할 수 있다. 변화시켜야 하는 것은 바로 문화 상품인 소장품을 전시하고 포장하는 방식이라고 할 수 있다.[1]

전시의 사전적 의미는 '보여주는 것'이다. 이러한 측면에서 이 세상은

---

1) 보니타 M. 콜브, 2004, 「문화예술기관으로서의 마케팅」, 김영사, p.111 참조.

이런 저런 종류의 오브제들이 있는 하나의 커다란 전시장이다. 그러나 박물관의 전시는 목적성이 더욱 강조된다. 어떤 예정된 방식으로 관람자에게 영향을 미치려 하기 때문이다.

전시는 무수히 많은 형태와 크기로 나타날 수 있다. 종종 우리들의 주변에서 벌어지는 무역박람회, 세계박람회, 과학센터, 문화재와 생태공원, 박물관과 미술갤러리, 여행전람회와 일회성 전시들을 포함하여 전시는 이제 그 범위를 규정하기가 어려울 만큼 확대되었다. 그만큼 커뮤니케이션의 매체로서 전시가 제공하는 가능성은 무한하다. 다만, 상상력이나 실제적인 기술, 물리적인 가능성들과 예산 등에 의해 제한 받을 뿐이다.

오늘날 여가와 자유에 대한 열망이 가득한 대중의 기호에 영합하기 위한 문화 산업이 확대되고 있다. 그 결과 문화재나 일반 예술의 고유한 특성에 대한 인식과 전시에 새로운 경향이 생겨났다. 과학센터, 문화재 전시관과 생태공원들은 그 예가 될 수 있으며, 테마 공원과 탐험관 (exploratorium)과 같은 다른 전문적 유행어들이 추가되었다. 전시에서 진기한 볼거리들은 새로운 컴퓨터 기술과 방문객의 참여가 만들어내고, 하나의 미디어로서 전시는 언제나 새로운 것과 기발한 것을 즉시 응용하려 한다. 첨단 매체의 발달 속도는 미디어로서의 박물관 전시에 흥미로운 미래를 보장해주는 셈이다.

본고는 문화적인 미디어로서 대중에게 기여하는 박물관 전시의 기능을 연구하고 또한 첨단매체의 발달과 맞물린 재현적 테크놀로지의 장단점들을 살피면서 최근 전시기법의 실제와 아울러 그 사례들을 알아보았다. 전시의 새로운 패러다임을 모색하고 박물관 역할의 신중하고도 색다른 접근의 필요가 절실한 시점이기에 앞으로 박물관 정체성과 전시의 정신적 저변을 짚어가는 작업은 계속적으로 이루어져야 할 것이다.

2. 미디어로서의 박물관 전시

근대적 개념의 박물관 전시는 큐레이터에 의해 시간과 공간이 분리되고 교육적이며 내러티브가 삽입된 제시형태이다. 17세기에는 시각적으로 유사한 것들을 묶는 방식의 진열을 선호했으며, 18세기는 오브제의 내적 연관성을 고려하면서 보다 추상적이고 3차원적인 방식, 형태학적 전시를 시도하였다.[2] 이후 다윈의 진화론은 오브제의 질서와 순서를 매기는 작업을 가능하게 하였다. 19세기 말에는 대다수의 서구 박물관들이 실물 크기의 박제와 사람 모형 등을 도입하여 입체 전시를 시도하기에 이른다.

현대의 혁신적인 전시디자인은 1920년부터 1960년까지 20세기 초반에 키슬러(Frederic Kiesler), 바이어(Herbert Bayer) 등의 미술가나 건축가 디자이너들이 유럽과 미국에서 다양한 방식으로 기획하였다. 1920~30년대 대중매체가 발전하던 무렵 전시 디자이너들은 현대인의 삶을 변화시킬 수 있는 매스커뮤니케이션이라는 새로운 관점에 접근하기 시작했다.[3] 그리하여 현대의 박물관은 대중에게 문화적 미디어로서 기능하게 되었다. 전시는 이제 텔레비전의 프로그램처럼, 영화·연극처럼 제시되고 내레이션의 기술적 요소까지 묶는 테크놀로지의 집약점이 되었다.

박물관 전시의 가장 중요한 특징은 관람객과 3차원적(입체적) 전시품의 만남을 유발한다는 것이다. 텔레비전이나 인쇄된 책과 달리 전시만이 실질적이고 진정한 오브제와 통제된 접촉을 제공한다. 더구나 전시는 텔레비전의 화면이나 페이지에 제한되지 않는다. 전시는 보이는 대상들의 규모와 적합한 장소 안에서 기꺼이 인간적으로 오브제와 만나게 해 주는

---

2) 이보아, 2003, 「성공한 박물관 성공한 마케팅」, p.171.
3) 강승완, 2001, 「현대 미술관과 디스플레이」, 『미술관학 강좌』, 국립현대미술관, p.63.

가교가 된다. 전시의 3차원적인 특성은 많은 전시물 관람을 용이하게 하고 관람객으로 하여금 그 대상들뿐만 아니라 전시의 3차원적 특성들을 충분히 경험하게 한다. 그러므로 대상과 관람객이 가까운 거리에서 접촉한다는 것은 박물관 전시의 가장 중요한 기능이다. 그리고 방문객들이 보고 이동하는 전시환경은 모든 감각을 활용하도록 개발할 수 있다. 전시가 제공하는 다감각적 경험을 완성하기 위해서는 보는 것과 움직이는 것에 촉각, 청각, 후각과 심지어 미각까지 추가할 수 있다. 모든 감각들을 활성화시키는 것은 방문객에게 매우 만족스럽고 기억할만한 인상을 남긴다.

여기에서는 박물관 전시가 가지는 특성들을 미적 기능의 관점에서 살펴보고, 최근 전시에 적용되는 오픈스토리지 기법의 계승과 사례, 박물관들이 주력하는 다양한 사회교육이나 행사 등 프로그램화된 쇼 비즈니스에 대하여 살펴보겠다.

1) 전시의 미적 기능

시공간적으로 박물관은 대상의 재현에 효과적이면서도 경제적으로 보존할 수 있도록 기능한다. 같은 기간에 방문함으로써 상당히 많은 사람들이 경험을 공유하고 연속적인 정보처리 양에 따라서 많은 사람들이 동시에 관람할 수도 있다. 그러므로 전시는 기획자와 방문객 모두에게 하나의 매체로서 상당한 장점들을 지닌다. 전시 기획자에게 전시는 정보와 아이디어들을 전달하고 통제된 환경에서 대상들을 전시하는데 효과적일 뿐만 아니라 수익성 있는 방법을 제공한다. 관람객에게 전시는 실질적인 대상들과의 직접적인 만남의 기회, 그에 따른 쾌락, 오락, 만족과 지식의 습득과 함께 매우 흥미로운 다감각적인 경험을 제공해 줄 수 있다.[4]

---

4) Michael Belchael, 1991, 「Exhibitions in Museums」, Published in United States of

전시 장소는 본질적으로 관람객들이 자유로이 이동하고 진행할 수 있는 공간이다. 관람객이 그 자신의 걸음 속도로 진행하며 홍미를 느끼는 곳에서 멈추고, 홍미가 없으면 그냥 지나치게 하는 장점이 있다.

전시라는 미디어를 통해 관람객은 일단 정서적으로 반응한다. 다만, 대상의 예술형태와 가치에 따라 반응이 조금씩 다를 뿐이다. 그렇다면 예술작품 혹은 가치있는 대상, 진정한 오브제란 무엇인가?

허버트 리드(Herbert Read)는 '개방된 정신상태에 있는 인간이 모퉁이를 돌아서 처음으로 마주친 인공물(artefact)을 직면하는 순간, 호흡을 위해서 숨이 가빠지고 동공이 확장되고 시선을 사로잡는 순간적인 효과를 가지고 있는 바로 그것이 예술작품의 형태'라고 말하였다.[5] 대상이 우리에게 감동을 준다고 말할 때를 이렇게 표현할 수 있다는 것이다.

우리가 오브제를 통해 감동 받는다는 것은 그것이 미적 가치의 대상으로서 탁월한 존재이든지 오랜 역사의 시원(始原)을 한번에 감지할 만큼 뼈저린 유물이든지 우리가 한번 바라 본 시선 속에, 수천 년의 시간과 수만리의 거리가 바로 한 곳에서 충돌하는 하나의 충격이자 한 순간에 느끼는 위로, 그리고 헨리 히긴스(Rev. Henry H. Higgins)가 지적한 '놀라움과 애정 어린 공감'이 솟아나는 것일 것이다.[6]

그리하여 미적인 요소들의 존재는 결과적으로 과학적, 교훈적, 정보적 목적들을 초월해서 확대된다. 인위적으로 구성된 박물관 전시는 엄격한 의미에서 그 과학적 내용을 통해서 뿐만 아니라 미적인 웅변성(aesthetic dloquence)[7]을 통해서 작용하는 문화적 창작물이다. 이러한 웅변성의 행동은 관람객의 정서적, 인상적 감수성을 지향한다. 그러므로 전시는 예술의

America by Smithsonian Institution Press, pp.38~39 참조.

5) Herbert Read, 「The meaning of Art」(1931) Penguin, Harmondsworth;Michael Belchael, 1991, 「위의 책」, p.41.

6) Michael Belchael, 1991, 「위의 책」, p.58.

7) Jerzy Swiecimski, Form, 「composition and contents in Museum Exhibitions」(1978), Institute of Conservation and Methodology of Meseums, Budapest, 55-70, 67; ibid., p.42.

특성을 달성하는데, 그것은 과학적 내용 이외에 연극적 성격, 서정주의, 평화로움, 조화 등의 범주에서 가능한 특질들을 제시한다.

사진 1. 토지박물관, 상설전시관

사진 2. 고려대학교박물관, 고미술전시실

<사진1>과 <사진2>에서 유물은 크기가 한 손가락만큼이나 작아서 관람객이 감상하려면 고도의 집중력이 필요하다. 전시의 스타일이 명품 쇼핑몰처럼 되어있고 설명은 매우 절제되어 있다. 그러나 박물관이 심미성에 치우친 전시컨셉에 의해 지나치게 좌우될 때 유물이 가진 역사적 가치와 연대기적 의미는 간과될 위험이 있다. 이러한 심미성을 강조한 전시는 유물 감상을 해치지 않는 범위에서 사려 깊은 도상과 설명이 뒤따라야 할 것이다. 그렇게 되면 관람객은 유물의 가치와 유물을 전시한 목적을 이해하고 공감할 수 있다. 이것은 관람객의 심미적 감상을 간섭할지도 모른다. 그러나 그 최소한의 시각적인 간섭마저도 포기하거나 실패했을 때, 유물은 관람객에게 아름다운 골동품으로서만 스쳐갈 것이다.

2) 오픈 스토리지(Open Storage)의 계승

전시기획의 접근방식은 오픈 스토리지 접근방식(The Open Storage Approach), 오브제 중심 접근방식(The Object Approach), 개념 중심 접근방식(The idea Approach) 등으로 분류할 수 있다. 여기에서 오픈 스토리지는 자료를 취득하는 즉시 전시하는 방법으로서, 분류기준 없이 무작위로 진열하는데, 유사 종별로 구분, 기증자나 지역별로 구분, 앞의 방법들을 혼합한 방식에 의한 구분 등이 있다. 이러한 방식에서는 레이블이 없거나 거의 보이지 않을 정도로 작게 부착되어 있는 것이 일반적이다.

어떤 전시가 오픈 스토리지라 하면, 소장품을 전혀 선별하지 않고 진열하였다는 뜻이다. 따라서 어떤 전시가 오픈 스토리지같아 보인다고 하면 심각한 비난이었다.8) 이 전시방식은 전시될 소장품을 신중히 선별하지 않고 무조건 다 보여주는 것을 이르는 용어로 사용되어 부정적인 의미를 지닌다. 소장품의 대부분이 전시되고 전시되지 않은 소장품을 보관

---

8) 조지 엘리스 버코, 2001, 「큐레이터를 위한 박물관학」, 김영사, p.194.

할 수장고는 제대로 마련되어 있지 못한 상태를 말하기도 한다. <사진 3>은 고가구와 서화, 생필품, 문방구 등 방 안에 놓여질 수 있는 모든 유물들이 한 전시실에 가득하다. 오히려 이런 전시는 산만한 관람을 조장하고 관람객에게 피로감을 느끼게 한다.

그러나 최근에는 점점 박물관의 종사자들이 오픈 스토리지방식을 선호하는 듯하다. 이 경우 오픈 스토리지방식이란 지루하게 느껴질 정도로 모든 것을 다 보여주는 19세기적 전시방식과 상대적으로 적은 수량만 선별하여 가르치는 20세기형 전시의 절충안을 가리킨다.

박물관의 교육적 기능이 강조되면서부터 관람객들이 무리한 오브제에 압도되지 않고, 상대적으로 적은 수의 선별되고 충실히 해석된 오브제를 전시하는 것이 좀더 교육 효과를 높이고 즐거운 경험을 제공한다는 데 의견을 모으고 있다.

사진 3. 연세대학교박물관, 민속실

사진 4. 한양대학교박물관, 민속생활실

  그러나 어떤 박물관은 공간이 허락해도 지나치게 적은 수의 오브제를
전시한다. 앞서 말한 <사진3>의 전시와 비교되는 <사진4>는 한적한 전
시장을 연출한다. 레이블은 절제되었고, 'ㄱ'자의 모서리를 넓게 차지한
진열장의 여유로운 공간 속에 중앙에 놓여진 병풍이 오히려 왜소해 보인
다. 예술성을 강조한다든가 미학적인 효과를 높이고자 하는 의도가 드러
날 위험이 있다. 얼마만큼을 보여줄 것인가? 그 수량의 많고 적음은 양자
모두 딜레마가 될 수 있다.
  최근의 새로운 해법으로 등장한, 의도적 오픈 스토리지 방식은 정규
공간 근처에 추가공간을 마련하여 관련 소장품을 전시하는 것이다. 이에
대한 예를 들면, 서울역사박물관의 '작은 전시회'를 들 수 있다(<사진5>
참조). 상설전시의 전시내용과 관련된 유물이나, 새로 구입한 유물, 최근
발굴하거나 보존처리한 유물을 따로 마련한 전시장에 전시하여 박물관의
활동과 연구 성과를 관람객에게 보여준다. 로비에 위치해서 접근성이 좋

사진 5. 서울역사박물관, '작은 전시회'

사진 6. 서울역사박물관, '작은 전시회' 전시장 측면

고 계절의 향취를 느낄 수 있도록 색상과 디자인, 서정적인 내러티브 등에 섬세함이 돋보여, 추천할만한 사례로 여겨진다. 그러나 전시장이 단순 사각장이라는 점, 또한 1층 계단의 아래쪽에 위치해 있어 치인 듯이 보이고, 전시장을 무심코 지나칠 수 있다는 아쉬움이 있다(<사진6> 참조).

　요즘에는 수천 점의 오브제들을 바닥에서 천정까지 층층이 진열하고 아무런 설명 없이 컴퓨터 단말기로 오브제에 대한 등록정보를 조회할 수 있도록 하는 방법도 사용하고 있다. 그래서 오픈 스토리지라는 용어는 새로운 전문적인 전시기법으로 그 위상을 높이고 있는 추세이다. 급진적이지만, 컴퓨터 네트워크와 대형스크린을 통해 다른 박물관이나 개인이 수집한 주요 소장품들에 대해 일반인이 접근할 수 있도록 하는 방법도 모색할 수 있을 것이다.[9]

　서랍장 가득한 분류의 체계를 헤집듯이 관람객이 자유롭게 탐색할 수 있는 독특한 형태의 개방형 수납(visible storage)도 있다. 이는 학습효과를 극대화하기도 하지만 전시품 관리의 위험성을 안고 있다(<사진7> 참조). 이처럼 전시품들은 관람객들이 가장 가까이서 쉽게 볼 수 있어야 하면서도 동시에 전시품들의 안전을 고려해야 하기 때문에 이러한 전시기법들은 종종 전시기획자로 하여금 딜레마에 빠지게 한다.

　박물관에 전시되는 물품들은 대체로 진귀한 것들이다. 그중 일부는 가치가 높고 또 귀중한 재료로 만들어져 있을 것이다. 그외 다른 것들은 문외한이 볼 때 그렇게 귀중한 것처럼 보이지는 않지만 세계

사진 7. 플로리다 자연사박물관의 개방형
수납(visible storge)[10]

---

9) 조지 엘리스 버코, 2001, 「앞의 책」, pp.195~196.
10) 조지 엘리스 버코, 2001, 「앞의 책」, p.195.

적으로 유일한 것일 수도 있고, 어느 것으로도 대체될 수 없는 높은 가치를 지니고 있는 것도 있다. 전문가의 조언과 박물관의 관리와 보안수칙은 매우 중요하다. 박물관 직원에게 관리의 중요성을 인식하는 것은 마치 제2의 천성과도 같은 것이다.[11]

오브제 중심적 방식은 과거의 오픈 스토리지 방식에서 진일보한 전시 방법으로 여겨져 왔다. 소장품으로부터 전시 작품을 선정하여 진열하는 방식으로 기획자의 지적 동기가 부족하거나 아이디어 부재에 따른 결과인 경우가 많다. 극단적인 경우, 이는 유용한 정보와 내용이 없이 단순한 자료의 진열에 그칠 수 있다.[12] 오픈 스토리지 방식보다 발전한 방식처럼 인식되었으나 오픈 스토리지 방식의 의미가 변화되어 발전하면서 오히려 오브제 중심적 방식의 문제점들이 나타나고 있다.

사진 8. 연세대학교 박물관, 현대미술실

11) Michael Belchael, 1991, 「앞의 책」, p.120.
12) 조지 엘리스 버코, 2001, 「위의 책」, p.207.

현대 미술에 속한다는 이유만으로 서화와 이유 없이 마주선 조각들(<사진8> 참조), 뚫린 공간, '존재가 곧 진열'이라는 전시, 여기에서 전시는 오브제 중심이라기보다 박물관의 조건 중심이라는 표현이 더 나을지도 모른다.

개념주의적 접근방식에서는, 박물관이 달성하고자 하는 교육적 사명에 의도적으로 초점을 둔다. 그래서 큐레이터는 전달하고자 하는 주제 또는 아이디어를 먼저 정한 후, 그 주제를 대중에게 제시하기 위하여 주제를 대변할 작품을 소장품 중에서 고르거나 그 밖의 다른 방식을 강구하는데, 필요한 경우 사진, 드로잉, 모델 등 보충 자료들을 포함, 주제를 강조하고 가르치기 위해 다양한 테크닉을 사용한다. 이 방식이 극단적으로 표현되면 자료 없이 설명서와 보충 시각자료 등으로만 이루어진 교과서적인 전시가 될 수 있다. 전시할 작품이 부족하거나 큐레이터가 교육이라는 목적을 달성하기 위해 어떠한 한계를 두려워하지 않을 때 그러한 결과가 초래된다. 사실 이러한 접근 방식은 이미 학습관 수준의 전시관들이 보여준 고전적인 전시기법이다.

사진 9. 몽촌역사관

최근, 몽촌역사관의 전시개선 작업의 의의는 벽걸이용 낡은 패널을 현대적인 그래픽으로 대체한 점에서는 평가할 만하지만 개념주의적 방식의 전시기법 경향이 짙어서 아쉽다. 몽촌역사관은 특성상 어린이 유입이 많고 인근 학생들의 관람이 많아 교육적인 효과를 극대화하는 것이 우선과제임을 감안하면 그 위험성이 줄어들지만 성인을 위한 관람으로는 과장되어 있다(<사진9> 참조). 박물관 자체가 그래픽 패널로 대체된 느낌은 몽촌토성과 인근 유적지에서 출토된 유물 감상에 대한 기억을 희석시킬 수 있다. 그래픽에 너무 의존한 나머지, 관람이 실제적으로는 다독(多讀)하는 행위가 되어야하는 강제 주입식 학습관이라는 인상이 강하고 주요 관람객을 어린이로 한정하여 캐릭터기법을 적용하였으나 성인관람객에게는 호소력이 없다. 그래픽패널로 꽉 찬 벽과 함께 이동하는 관람만큼 지루한 전시도 없다. 보측(pacing)이 짧은 단순 동선의 구조적 결함을 그대로 안고 패널 중심으로 개선한 작업이라 전시 시나리오 자체를 재구성하지는 못했을 것이다.

몽촌역사관은 앞으로 한성백제박물관의 건립과 함께 거듭 새롭게 단장하고 재무장하는 깔끔한 자료 전시가 되도록 힘써야 할 것이다. 그리고 몽촌토성의 역사에 관해, 보고 읽는 것 외에 다양한 관람패키지와 체험적 접근을 유도할 수 있어야 한다. 몽촌토성의 입지적 강점을 이용한 전시 미디어 기법을 개발하고 프로그램을 연구할 필요가 있다.

사진 10. 신문박물관 신문 역사관(좌), "어린이기자 체험교실" 현장(우)[13]

---

13) 신문박물관, 2004, 「신문? 신문!」, p.42.

인쇄물이나 화보, 활자 중심의 오브제 자체가 평면성을 떠날 수 없는 한계를 지닌 특성과 결부되어 디자인 측면에서 딜레마에 빠진다면, 관람객의 감상 라인을 따져보면서 지루함을 줄일 수 있는 대책을 강구함이 옳을 것이다.

예를 들면 신문박물관의 한계성은 신문을 보여주고 신문을 제작하기 위한 기계와 기사를 만드는 기자들의 오래되고 낡은 물건일 것이다. 옛날 신문을 걸고, 설명을 패널로 일일이 붙여야 하는 것이 상설 전시관의 기본 컨셉이다. 그렇다면 관람을 체험과 액션 스타일로 기획하는 것이 좋을 것이다. 관람 자체를 패키지로 묶는 방법도 좋다. 동아 일보사 신문박물관의 '어린이 박물관 투어'는 박물관을 찾는 어린이 소그룹을 도슨트가 설명하면서 체험으로 안내한다. 과연 어린이가 신문박물관에 가서 무엇을 얻고 체험할 것인가? 빛바랜 신문지의 낯선 한글과 한문을 읽을 것도 아니고, 고단한 한국의 정치사를 이야기할 수도 없을 것이다. 이에 박물관은 어린이의 관심을 끌 수 있는 것만 가려서 제시하려고 노력하고 있다. 가이드북을 만들고 철저하게 도슨트를 활용한다.

체험 교실의 내용은 관람 당일의 날짜가 찍힌 신문에 자신의 얼굴사진을 넣어 캡션을 붙여볼 수 있고 프린트해서 기념물로 가져갈 수 있다. 만화제작에 관한 10분짜리 애니메이션 영상물을 상영하고, 각종 디지털 퀴즈게임을 이용하여 관람을 정리하게 한다. 주말을 이용한 '신문과 놀아요', 방학 기간에는 '어린이 기자 체험 교실'을 실시하는데, 일선의 기자들과 만나고 취재를 경험하게 하고, 신문을 제작해보는 등 적극적인 특집 이벤트를 마련한다.

전시는 어떤 형태로든 합리적인 배열에 따라 분류되어야 한다. 한 전시가 자료들을 뒤죽박죽 모아 놓은 것이 아닌 것처럼, 전시회도 전시의 무작위적인 집합이 되어서는 안 된다. 동시에 전시는 단조로움을 피해야 한다.14) 회화를 일례로 들면, 전통적으로 회화는 아트 오브제이면서 심미적으로 일컬어지고, 감정에 호소하는 전시 유형의 근간을 형성해 오고 있다. 회화의 효과가 관객을 끄는 것은 분명히 감수성이 강하고 회화가 특별한 방법으로 존재하는 경향이 있기 때문이다. 최소한의 정보만을 제공하는 레이블과 함께 벽에 걸려 왔고, 아트 오브제로서 작품이 '그 자체로 말해야 한다'라는 오브제의 확신 때문에 해석을 거의 하지 않는다.15) 그러나 같은 크기의 진열장들을 일렬로 늘어놓거나, 동일한 기법이나 스타일, 구성 방식을 반복하고 있는 전시는 시각적으로 지루할 뿐 아니라 오브제의 의미와 정보, 가치를 충분하게 관람객에게 드러낼 수 없다. (<사진11> 참조)

사진 11. 고려대학교박물관, 고미술전시실(위), 역사민속전시실(아래)

14) 조지 엘버트 버코, 「앞의 책」, p.208.
15) Michael Belchael, 1991, 「앞의 책」, p.58.

3) 쇼 비즈니스

　최근 박물관에서 야간 프로그램 등 박물관 전시와 직접적으로 거리가 있는 듯한 행사를 중요시하는 경향들이 있다. 퇴근한 직장인과 연인들을 위한 야간 음악회나 영화상영 등 다양한 행사들이 있는데, 이것을 일종의 유흥과 관련한 문화상품으로서 쇼 비즈니스라고 한다.

　박물관에서 쇼 비즈니스란 주목을 끌고 흥미를 자극하며 유흥을 제공하고 우호적인 이미지를 창조하기 위한 테크닉을 말한다. 단순히 보여주는 것이 아니라, 색상이나 조명, 미술품, 움직임, 유흥적인 요소의 선택을 통한 쇼맨십을 도입하는 것을 말한다. 쇼맨십은 박물관과 대중의 관계에도 나타난다. 어린이를 위한 크리스마스 파티, 휴게공간에서 지속적으로 상영되는 단편 영상물(<사진12> 참조), 경비원들의 깔끔한 유니폼, 식당의 독특한 요리, 흥미로운 뉴스거리 등은 그 자체로서 교육적이지는 않으나, 사람들을 끌어 모으고 박물관의 서비스를 이용하도록 유도하는 기능을 한다.16)

사진 12. 서울역사박물관, 단편영상물

16) 조지 엘리스 버코, 2001, 「앞의 책」, p.221.

　　서울역사박물관의 2005년도 박물관 송년음악회, '어울리는 우리'는 그
동안 박물관이 노력해 온 야간 문화프로그램 개발에 대한 실천과 성과의
단축을 보여준다. 일년을 보내며 박물관이 그동안 마련해 온 여러 가지
야간 문화 프로그램을 송년음악회로 정리하였다. 한 해를 보내며 박물관
이 띄우는 시민에 대한 송년 연하장 같은 분위기로 마련된 것인데, 여기
에는 박물관장의 송년인사를 담은 연하장 같은 초대장과 포스터 등 성탄
과 연말 분위기를 잘 연출하였다(<사진13> 참조).

사진 13. 서울역사박물관, 송년음악회

　　좋은 전시를 기획할 때 박물관이 직면하는 큰 문제는 '쇼 비즈니스가
없이는 박물관 운영이 안 된다'는 생각과 '박물관의 목적은 교육이지 유
흥이 아니다'는 양극단을 절충하는 것이다. 두 가지 입장이 모두 타당하
기에 박물관 관계자는 두 관점을 모두 받아들여야 한다. 중요한 것은 박
물관의 활동에 있어서 균형을 찾는 일이다. 관람객은 박물관에 올 때 주
로 즐거운 시간을 갖기 위해 오지만, 박물관은 우선적으로 교육이라는

목적을 위해 존재한다. 박물관은 관람객을 교육하는 동시에 그들을 끌어
들이고 유쾌한 경험을 제공해야 한다. 어느 한쪽이 극단적으로 치우치면
카니발 같거나 무덤처럼 될 것이다.[17]

　　교육과 유흥이라는 두 마리의 토끼를 잡는 묘책도 강구해야겠지만, 쇼
비즈니스도 박물관 간에 차별이 둔하고 중복의 인상이 많아 앞으로 개선
의 여지가 보인다. 이는 경쟁적으로 여과 없이 프로그램을 수용하고 다
소 이벤트를 위한 이벤트에 머물다보니 오히려 장기적으로 볼 때, 관람
객의 잠정적인 확보 등의 효력이 가시화 되지 못하다는 점이 있다. 그
박물관만의 특별한 무엇을 선점하지 않고서는 박물관들의 쇼 비즈니스
중복도 앞으로 심화될 것이다.

3. 입체적 복원과 체험 - 디오라마

　　전시는 그 목적을 달성하기 위해서 각기 다른 많은 매체들과 접근방법
들을 이용한다. 여기에는 모든 크기의 동적인 것, 실질적인 것, 그리고
모방품, 모형들, 정적이고 생기가 도는 형태의 도안들, 그리고 현대 극장
이 사용하고 현대기술에 의해 가능해진 모든 환경과 시각적 효과들을 포
함할 수 있다. 그러나 그 기초가 되는 것은 색채, 형태, 모양, 선, 질감과
빛으로서 디자인의 기본 요소들이다. 다각적인 접근방법을 제공함으로써
전시는 제각기 다른 수준에서, 그리고 많은 다른 방법으로 동시에 가능
할 수 있다. 이처럼 디오라마는 여러 형태와 다양한 해석적 자료들을 이
용함으로써 단 한번의 전시구성에서 목적과 목표를 달성할 수 있기 때문
에, 연령과 지식·지성의 수준이 각기 다른 대중, 집단에게 한꺼번에 호
소할 수 있는 강력한 수단이 된다.

---

17) 조지 엘리스 버코, 2001, 「위의 책」, p.221.

박물관이 전시하는 일련의 사물들은 그것을 해석하는 하나의 조화로운 재현적 세계를 형성한다는 허구에 의해 유지된다. 비언어적 세계에 적합한 재현을 보여주는 이러한 허구는 정리하기와 분류하기, 다시 말하면 단편들의 공간적 병렬이 세계를 이해할 수 있게 만든다는 생각을 신뢰하는 데서 비롯된 결과이다. 이러한 허구가 사라진다면 박물관에는 환유적으로 원형물을 대체하거나 은유적으로 재현물을 대체할 수 없게 된 다량의 의미 없고 가치 없는 사물의 파편들인 골동품만 남게 된다.[18] 박물관은 재현적 세계를 형성하는 허구에 입각해 전시 연출의 기능을 다양화하고 무수한 파편을 형상화하며 종합한다. 디오라마 구성은 현대에 와서 박물관들의 주력 상품이 되었고, 체험전시에서 없어서는 안 될 박물관의 주요한 전시 장치가 되었다. 디오라마만으로 전시물과 설명 패널 자체를 완전히 대체하기도 한다. 디오라마 방식은 몇 가지 상이하고도 무관한 사물들일지라도 자연 그대로 존재하는 상태로 보여주는 것이다. 이것을 서식지 혹은 생태학적 그루핑(grouping)이라고 한다.[19]

디오라마는 하나의 연극이다. 연극이 무대 위에서 시연되듯이 관람객은 극장 안에서 디오라마를 관람한다. 그리고 다가가서 만져볼 수도 있고 스쳐가기도 한다. 여러 유물과 작품들이 배열 원칙을 따르듯 디오라마는 예술적 형식에 힘을 얻고 학문적 깊이로 품위를 갖춘 해석의 종합적인 형태이며 관람객에게는 심미적인 체험이다.

여기에서는 디오라마의 주요기능과 디오라마 복원의 한계랄 수 있는 박물관들 사이의 유사성과 비차별화에 대해 살펴보겠다.

---

18) Eugine Donato, 1979, " The Museum's Furnace: Notes Toward Reading of Bouvard and Pécuchet," *Textual Strategies: Perspectives Post-Structuralist Criticism*, ed Josué v. harari(Ithaca: Comell University Press), p223; 더글러스 크림프, 1983 "미술관의 폐허위에서" 「모더니즘 이후 미술의 화두」, 2000, 눈빛, p.280.

19) 조지 엘버트 버코, 2001, 「앞의 책」, p.211.

1) 디오라마의 주요 기능

  농업 박물관의 옛 시골 장터를 재현한 전시관은 전시장의 유리를 통해
서가 아니라 관람객으로 하여금 마치 옛 사람으로 돌아가 시장을 보러
간 듯한 착각을 일으키게 한다. 농축산물과 농가 생필품들이 거래되는
전통장터의 현장을 만나볼 수 있는 장터에서 다양한 가게들을 배경으로
물품을 사고파는 사람들 속에 섞이면서 관람객은 경험의 주체로 바뀐다
(<사진14 · 15> 참조). 이것은 키슬러와 바이어가 새로운 전시방법으로
제시한 오브제와 관람객의 소통에 비중을 둔 상호 작용이라고 말할 수
있다. 이러한 전시방법은 특수한 시간과 공간이라는 맥락에서 관람객을
단순히 전시물을 보는 사람이 아닌 체험자로 만든다. 이러한 관점에서
보면 농업박물관은 농가의 재현에 있어서 강한 인상을 남긴 것이다. (<사
진15> 참조).

사진 14. 농업박물관 생활관, 전통시장

사진 15. 농업박물관 생활관, 고분벽화

일반적으로 전시물은 정적인 상태로 고정되어있고 관람객은 이동할 수밖에 없다. 따라서 오브제 속을 걸어가는 관람 형태는 바로 "옛 시골 정취는 이런 것이다." "내가 거기에 있었다. 그때 그 사람들처럼..."과 같은 감정을 갖게 한다. 이러한 감정 상태는 공들여 만든 가공물과 수집해 정리한 자잘한 유물들에 대한 시각적인 정보를 즉각 입수하게 만든다. 이는 관람객의 관심을 유지하고, 지식을 상기시키고, 적극적인 반응을 유도하는 오브제의 내재적 장치와 연결된다. 오브제의 내재적 장치란 시각적 정보에 유도된 관람객이 전시물이 지니는 일종의 자성(磁性)으로서 실제적으로 전시물에 주의를 집중하게 되는 주의집중범위(the attention span)를 말한다.20) 디오라마는 호기심과 착각을 유발하는 전시의 우수한 장치로서 전시물의 강력한 유인력과 보유력을 가진 흥행코드인 셈이다.21)

---

20) 마일즈(R.S. Miles), 1988, The Design of Educational Exhibit, London: Unwinhyman, p.80: 이보아, 「앞의 책」, p.196.
21) 이보아, 「위의 책」, p.197 참조.

사진 16. 농업박물관 생활관, 전통농가

사진 17. 서대문자연사박물관

　　공룡모형을 연출하는 자연사박물관의 예를 보면, 관람객이 지나는 통로에 모형을 놓고 후면에는 공룡서식지 자연배경을 묘사한 벽화와 함께 연출한 사례(<사진18>)와, 로비에 들어서자마자 만나는 첫 오브제인 동시에 자연사라는 특성화된 이미지를 부각시키고 첫눈을 사로잡는 의도를 지녔지만, 주위에 아무런 상관배경이 없고 큰 공룡을 바라보기에 적당한 거리를 유지하지 못하는 사례(<사진19>)도 있다.

사진 18. 멕시코 자연사박물관[22]

　　인간이 진화하며 역사 속으로 걸어가는 인간의 모형(<사진17>)은 차디찬 벽을 배경으로 하고 있어 옷을 입지 않은 인간을 을씨년스럽게 한다. 특성을 잘 살려 배경 연구까지 모색해 연출한 모형이 오로지 모형만이 있는 그 생소함보다 더욱 효과적일 수 있고 공간적인 구성의 힘을 얻지만, 군더더기 없는 강렬함이 관람의 인상을 높일 수도 있다.

---

22) 조지 엘버트 버코, 2001, 「위의 책」, p.211.

사진 19. 서대문자연사박물관, 로비

　박물관의 디오라마는 복제를 정당화하고 복제를 통해 역사를 조망하며 복제된 현상 속에 관람객을 들여보내고 다시 그 곳에서, 그 시점에서 현재를 바라보게 하는 교육적 허구라고 할 수 있다. 또한 디오라마만큼 즐거운 허구도 없다. 강렬한 체험을 관람자에게 던져 줄 수 있을 뿐 아니라 교육적인 효과를 높이고, 박물관 전체 이미지로 작용하기도 한다. 정확한 고증을 바탕으로 시각적으로 단순한 눈요기 거리나 과잉 이미지가 되지 않도록 그 박물관만의 스토리 보드를 치밀하고 개성 있게 구성하고 표현 기법을 다양화하도록 모색할 필요가 있다.

2) 디오라마 복원의 한계

　경기도박물관 선사실은 박물관 디오라마 중에서는 단연 훌륭한 구성과 착시적인 효과 등 교육적인 성과도 높은 작품이다. 그러나 공간적인

여유와 스케일을 가지고 있는 반면 구석기나 신석기나 청동기 시대의 사
람들이 모두 비슷한 옷을 입고 있고 머리를 비슷한 형태로 풀어헤치고
모두 한 인물인 것 같은 형태이다. 경기도박물관 선사실(<사진20>)과 농
업박물관<사진21>)은 극장식 무대의 디오라마로서 매우 유사하다.

사진 20. 경기도박물관, 선사실

사진 21. 농업박물관, 농업생활관

어느 박물관을 가든 비슷하게 놓여진 모형의 가시적 구성과 플롯-특히, 구석기시대와 신석기시대, 청동기 시대를 표현하는 시대사적인 디오라마-은 스토리 구성이 거의 동일하다. 멀리 보이는 아직 때 묻지 않은 원시적인 어딘가를 상상하게 하는 경기도박물관의 배경 그림은 하늘이 훌륭한 효과를 거둔다. 그러나 극장식 디오라마 형식은 이후 설립된 여타 박물관에서도 반복되고 있다. 반복을 의식할 사이도 없이 이제 디오라마의 하늘은 점점 더 멀리멀리 보이고 그 우수한 표현력이 시선을 멈추게 한다.

디오라마가 생태 서식 중심의 복제물임을 감안하면, 구석기시대를 늘 같은 구성으로 만들 것이 아니라 자기 지역과 박물관 근처의 유적을 중심으로 어느 정도 차별적인 내러티브를 만들어야 한다. 예를 들어 올림픽 공원 내에 건립될 한성백제박물관의 선사실이라면 근처 암사동유적 중심의 컨셉으로 재현하고, 시대사적인 스토리 전체를 교과서처럼 표현하려 욕심내지 말아야 한다. 선명한 하나의 모티브를 확대 구성한다면 박물관의 개성을 살리는 동시에 박물관과 유적지를 연계하여 문화벨트의 패키지처럼 만듦으로써 시너지 효과를 거둘 수 있다.

디오라마는 내용과 표현에 있어 내러티브가 간결하고 독자성과 개성이 있어야 한다. 그래야 디오라마가 박물관의 우수한 문화상품이 될 수 있다. 그런데 최근 박물관들의 디오라마는 동질화 현상을 나타내고 있다. 물론 시공하는 업체가 같다보니 표현기법이 다양하지 못하고, 한 번 성공한 디오라마의 기법과 장치를 지속적으로 벤치마킹하기 때문에 반복이 불가피한 측면이 있다. 그래도 비슷한 시나리오를 그대로 재생산하는 박물관측의 전시구성과 몇 개 되지 않는 굴지의 시공업체가 디오라마 제작을 도맡는 현상은 한시바삐 시정해야 할 숙제이다.

5. 맺음말

박물관 안에 있는 우리는 원래 오브제의 소유자와 만든 사람, 즉 우리의 조상들의 목소리에서 너무 멀리 떨어져 있을 뿐 아니라 우리 시대의 문화관, 패션의 가치에 갇혀 있기 때문에 바람직한 방식으로 그 오브제들에 충실하다고 생각하기 어렵다. 우리는 우리 시대의 방식, 그리고 우리가 공유하는 지식과 교육의 문화적 소양으로만 그 오브제에 충실할 수 있다.[23] 박물관은 보여주는 것 외에 해석하기 위해 존재한다. 그러므로 박물관은 자신의 수준을 스스로 인식하고 열린 생각을 가져야 한다. 박물관 종사자들은 자신이 하는 일과 명분에 대한 자각이 있어야 하며, 대중들에게 그들이 보고 있는 것은 스스로 말할 수 있는 물건들이 아니라, 특정 시기에 특정한 제시자의 기호와 관심사, 정치, 지식수준을 통해 걸러진 물건들이라는 것을 알려주어야 한다. 박물관은 세계의 예술과 문화를 살펴볼 수 있는 널찍한 창틀이 아니라 관람객에게 특정한 관점을 보여 주기 위해 초점을 맞춘 렌즈이기 때문이다.[24]

박물관은 단순히 물건들을 공개적으로 펼쳐놓는 곳이 아니다. 박물관은 점진적인 방식으로 의사소통하는 미디어이다.[25] 박물관의 설명과 구성은 미디어로서 전시가 가지는 기능을 심화시키고 박물관에 있는 우리를 안주할 수 없게 한다. 아이러니컬하게도 그것은 다음과 같은 오래된 교육적 격언에 근거를 둔다. "듣는 것은 망각하는 것이다. 보는 것은 기억하는 것이다. 행하는 것은 이해하는 것이다."[26]

박물관 전시는 완전한 미디어로서의 엔터테인먼트 사업이다. 박물관

---

23) Susan Vogel, 1991. 「위의 논문」.
24) Susan Vogel, 1991. 「위의 논문」.
25) 제랄드 그라몽, "퀘벡의 문명 박물관", 「박물관과 미술관의 새로운 경영」, 세계박물관협회 편, 하태환 옮김, 2000, 궁리, p.172.
26) Michael Belchael, 1991, 「앞의 책」, p.66.

전시는 그저 견본이나 중요한 역사적 자료를 나열하는 것이 아니라 '즐거움의 소산', 다시 말해 작곡(作曲)27)과도 같은 것이다. 미디어로서의 박물관 전시는 해석한 매개물을 선택적으로 설치하고 오브제에 대한 신뢰 속에서 기법의 컨셉을 개발한다. 이것이 박물관의 경쟁력이다. 박물관에서 전시되는 오브제에 대한 친밀도는 박물관에 대해 관람객이 전체적으로 체감하는 인상과 비례한다. 박물관이 어떤 오브제가 친밀함을 줄 것인가에 대해 고민하는 것이 중요한 것이 아니라 오브제를 대중에게 친밀하게 하는 전시기법의 다양한 모색과 이토록 좋은 박물관 전시의 장점들을 '현재'라는 시점에 표출시킨다면 우리는 박물관의 미디어적 역할에 대해 더욱 자신할 수 있을 것이다. 그런 점에서 다음의 문구는 매우 시사적이다. "우리는 오직 우리가 좋아하는 것만을 보존할 것이다. 우리는 오직 우리가 이해하는 것만을 좋아할 것이다. 우리는 단지 우리가 배운 것만을 이해할 것이다."28)

27) John Walker, 1944, "The genesis of the National Gallery of Art", 「Art in America」, p.324; Michael Belcher, 1991, 「앞의 책」, p.133.
28) Craig, T.(1988) "Changing the Way People Think," Museum News, Vol. 67. No. 1, September/October, pp.52-4; 게리 에드슨 · 데이비드 딘, 「앞의 책」, p.274.

한성백제 문화지구 조성을 위한 제언

전희주 서울역사박물관 인턴
이경자 서울역사박물관

I. 머리말

서울은 조선의 도읍이기 이전에 강성했던 백제의 초기수도였으며, 오늘날까지 행정·문화의 중심지로서 세계 속에 자리매김하고 있는 명실상부한 국제도시이다. 600년을 훨씬 뛰어넘어 2000년 동안 수도로서의 역할을 충실히 담당해 오고 있는 셈이다. 그 사이 서울에는 시대와 종류를 달리하는 다양한 문화유산이 곳곳에 남겨졌다. 오늘날에는 전통문화와 급변하는 현대문화가 어우러져 우리나라 고유의 특유한 색깔을 세계에 알리는데 한몫하고 있는 것 또한 사실이다.

서울에 남아있는 문화유산은 백제와 조선의 수도로서의 위상을 나타내는 것뿐만 아니라 암사동·가락동·역삼동과 같은 선사유적도 있다. 조선의 위상을 나타내는 유적들은 한강 북단의 중구·종로구 일대에 밀집분포 하고, 선사유적과 백제유적은 한강의 동남쪽인 강동구와 송파구, 하남시 일대에 분포한다.

경복궁을 비롯한 조선의 문화유산들은 서울시에서 투어버스를 운행하여 내외국인들에게 자랑할 정도로 광역 문화지구가 형성되어 있다. 이에 비해 몽촌토성을 포함한 백제와 선사시대의 문화유산들은 나름대로 지니고 있는 고유한 역사성에 비해 일반인들에게 훨씬 덜 알려져 있는 실정이다. 문화를 표방하는 21세기에 살고 있는 우리들로서는 당연히 누려야 할 문화추구권에서 비켜가 있는 셈이다. 다행히 초기백제의 중심지인 몽촌토성 인근에 한성백제박물관이 건립될 예정이어서 한성백제박물관을 중심으로 하는 문화지구를 만들어 볼만하다.

게다가 몽촌토성이 있는 송파구 일대는 문화지구를 만드는데 필요한 자연환경과 문화자산이 풍부하고, 올림픽공원과 같은 여가시설을 두루 갖추고 있어 특화된 문화지구를 만들기에 안성맞춤이다. 즉, 몽촌토성을 중심으로 북으로는 암사동·명일동·풍납토성·아차산성·아차산보루·구의동보루, 동으로는 이성산성과 남한산성, 남으로는 석촌동·가락동·방이동고분군, 서으로는 삼성동토성·역삼동유적이 있다. 이들 유적은 한강을 끼고 북쪽의 광진구와 남쪽의 강동구, 송파구, 강남구, 하남시 일대에 분포한다.

본고에서는 '한성백제 문화지구'조성에 대해 살펴보겠다. 풍납토성·몽촌토성을 중심으로 주변의 자연환경을 살펴보고 근래 활발하게 이루어지고 있는 수도권의 문화지구 조성 동향과 한성백제 문화지구 조성 요소에 대해 검토하려 한다.

'한성백제 문화지구'조성은 한성백제박물관 건립을 전제로 하며 문화환경을 개선하는 데 도움이 된다. 뿐만 아니라 지역주민들은 문화자원에 대한 자긍심을 가지게 되고 참여의식을 높이며, 지역에서는 외부 관광객을 끌어들여 지역소득으로 연결시킬 수 있다.

Ⅱ. 한성백제박물관 인근환경 조사

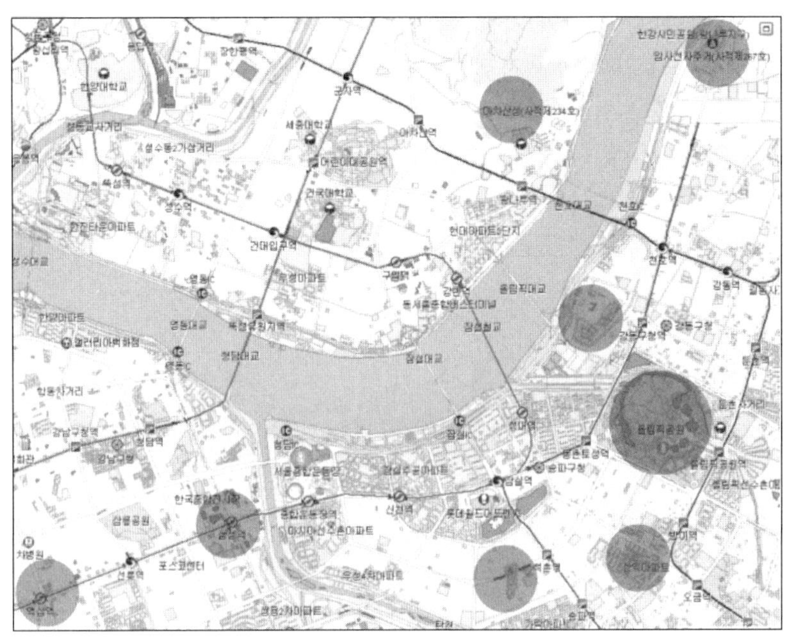

그림 1. 한성백제문화지구 구성도

　올림픽 공원이 위치한 송파구는 서울 남동부의 중심이자 관문역할을 하고 있다. 동쪽에는 강동구가 있고, 서쪽에는 강남구가 위치한다. 남쪽은 하남시·성남시와 접하고, 북쪽은 한강 너머로 광진구와 마주한다. 특징적인 자연환경만 꼽아보면 한강, 탄천, 성내천, 천마산 등에 둘러싸인 곳이 바로 올림픽공원이다.

　송파구에는 잠실종합운동장, 올림픽공원, 올림픽체육문화센터, 롯데월드, 한강시민공원, 석촌호수, 서울놀이마당, 도서관, 송파여성회관, 송파예술문화회관, 문화원 등이 있다. 이들 기관은 서울 강남권뿐 아니라 서울 전역에 영향력을 미치며, 심지어는 시외지역으로 뻗은 교통망을 통해 하남, 성남, 광주, 수원, 평택 등지에까지 사회 문화적 영향력을 행사한다.

　역사적인 측면에서는 한강연안에 위치한 지리적 여건으로 인해 선사시대부터 신석기인들이 거주하였던 곳이며, 서기 475년에 백제가 수도를 공주지역으로 옮길 때까지 백제의 수도였던 곳이다. 5세기 후반부터 신라가 삼국을 통일하는 7세기 후반까지는 삼국의 세력다툼이 치열하였던 지역이기도 하다.

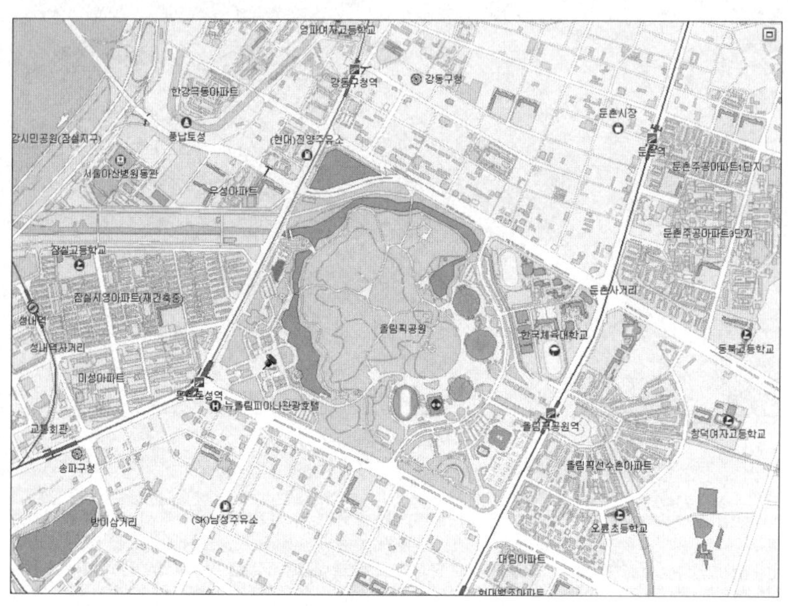

그림 2. 올림픽공원 주변지도

　송파구의 상권은 방이동에 자리한 올림픽공원 대로변 8차선을 중심으로 활성화되어 있다. 주변지역에는 사무실과 주택, 대단위의 아파트가 자리하여 인근 직장인 및 거주자가 많을 뿐만 아니라 교통의 요지인 탓에 지하철 잠실역 부근은 유동인구가 많은 편이다. 올림픽공원과 방이먹자골목, 임마뉴엘교회를 사이에 둔 8차선 대로변 상권은 주변 시세 및 위치 등을 감안할 때 전반적으로 대형 상권으로 성장할 가능성이 높은 곳이다. 또한 인근지역에 초등학교 및 중등학교가 자리하고 있어서 구매계층도 다양한 편이다.

올림픽 공원은 지하철 5호선(올림픽공원역) 및 8호선(몽촌토성역)·2호선(잠실역)과 바로 연결 되어 있어 대중교통 여건이 매우 좋다. 한성백제박물관 건립 예정부지인 올림픽공원 내의 조각공원은 바로 옆에 올림픽미술관과 몽촌토성이 인접하고 있고 시민들의 접근성도 뛰어나다. 이런 각 요소가 시너지 효과를 낼 수 있는 점이 반영되어 해당 지역으로 사실상 결정되었다고 한다.

공원 중심부에는 몽촌토성이 복원되었고 이를 중심으로 6개의 경기장이 반원형으로 배치되었다. 서울올림픽의 감동과 한성백제의 숨결이 살아 숨쉬는 도심 속의 복합적 공원이 애초의 목표이다. 산책객, 스포츠교실 회원, 공연관람객 등 다양한 계층의 이용객이 해마다 증가하여 그 수가 2003년 기준으로 연간 약 570만명에 이르고 있다. 이는 1일 평균 16,000명이 이용하는 것으로서, 올림픽공원이 도심 속의 휴식처로 자리잡았음을 의미한다.

몽촌토성은 한강 지류 옆 표고 44.8m의 야산을 중심으로 자연 구릉에 흙을 쌓아 만든 성이다. 그런데 지금의 몽촌토성에서 역사적 모습은 찾아보기 어렵다. 오히려 공원의 산책로, 넓고 특별하며 경치가 아름다운 촬영장 등 엔터테인먼트적 요소가 강조되는 실정이다. 그리고 체육공원과 함께 1992년에 문을 연 몽촌역사관은 단순한 기념관으로 전락하고, 한성백제의 3만 여점이 넘는 유물은 발굴 기관으로 넘겨져 있는 상황이다.

한성백제문화지구의 중요 유적지로는 몽촌토성을 중심으로 북쪽에는 풍납토성·아차산성과 암사동선사주거지·미사리유적, 동쪽에는 이성산성과 남한산성, 남쪽에는 석촌동·가락동·방이동고분군이 위치한다. 이밖에 이미 흔적도 찾기 어렵지만, 북쪽의 명일동주거지와 남쪽의 역삼동 주거지·삼성동토성 등과도 연결된다.

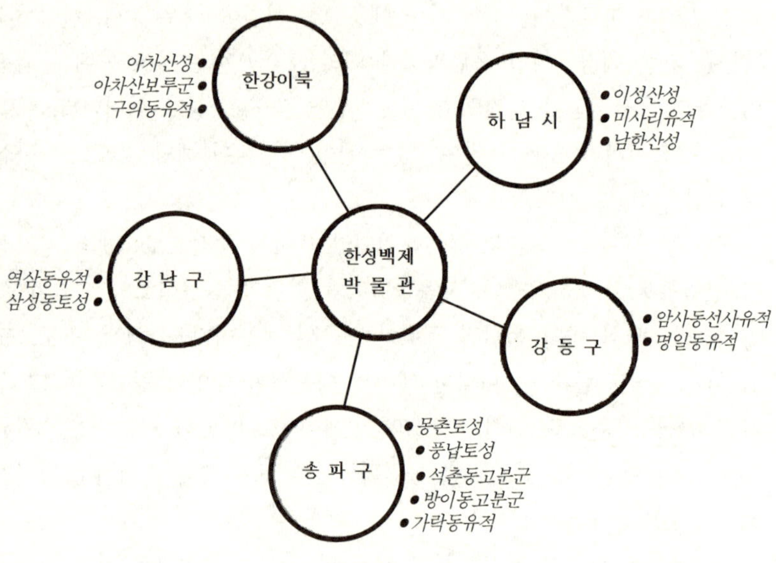

〈지역별 유적 분포〉

Ⅲ. 수도권의 문화지구 조성사업 동향

1. 문화지구 조성정책

문화지구 조성사업은 문화적 특성이 강한 도시를 문화지구로 지정하

여 문화자원을 보존, 발굴, 개발, 활용하고 문화예술프로그램을 활성화하
여 지역경제의 시너지 효과를 추구하려는 문화전략 사업으로서 1999년에
한국문화정책개발원에서 수립한 것이나. 여기에는 지역 특성화 사업, 문
화관광 환경 조성, 문화시설 및 환경개선, 홍보 및 마케팅, 지역주민 참
여확대, 추진재원의 확보, 민-산-학-관의 협력 방안 등이 포함되어 있다.
그 내용을 간략히 소개하면 다음과 같다.[1]

○ 문화지구 조성목적을 지역특성에 맞게 명확하게 설정하고, 보존 발
전시키고자 하는 문화예술특성에 대해 구체적으로 파악해야 한다.

○ 문화지구 조성목적을 달성하기 위한 정책수단을 분석하고 개발해
야 한다. 이러한 정책의 수단으로는 ① 정부 등 공공부문의 재정지원, ②
행정지원, ③ 건축규제 완화와 세제혜택 등 인센티브 부여, ④ 특정개발
행위 제한 및 영업허가요건 강화, ⑤ 다른 정책 및 제도와의 관계 등을
들 수 있다.

○ 문화지구 조성사업은 문화관광부, 지방자치단체, 이용자, 지역주민,
이해관계자, 개발자, 전문가, 시민단체 등의 폭넓은 참여와 협상과정을
바탕으로 추진되어야 한다.

○ 중앙 정부보다는 지방자치단체가 중심이 되어 지역특성에 적합한
문화지구 조성 계획을 수립하여 추진하도록 해야 한다.

○ 규제수단보다는 인센티브수단을 활용하여 자발적인 참여를 유도하
는 전략을 추진할 필요가 있다. 규제수단은 지역내 문화환경을 상당히
해치는 건축 및 영업행위를 대상으로 극히 제한적으로 활용할 필요가 있
다.

○ 사전평가와 사후평가를 실시하여 문화지구 조성사업을 체계적으로
추진할 필요가 있다.

---

1) 임학순, 『문화지구 조성모델 개발 및 정책방향에 관한 연구-인사동지역을 중심
으로-』, 한국문화정책개발원, 1999.

○ 문화지구제도를 본격적으로 실행하기 전에 우선 시범 사례지역을 지정하여 구체적인 방안을 검토하고, 일정한 기간동안의 운영성과를 평가하여 문화지구제도의 도입가능성과 한계 및 보완사항들을 점검할 필요가 있다.

2. 문화지구 조성 사례

현재 서울도심과 주변 도시들은 지역의 특화된 자원과 문화예술의 연계를 통한 산업으로 지역경제 활성화를 꾀하고 있다. 이러한 동향을 서울과 수도권에서 최근 진행중인 문화지구 조성 사례를 중심으로 살펴보면 다음과 같다.

○ 국립중앙박물관, 용산 문화지구

국립중앙박물관의 용산 이전으로 새로운 문화벨트가 형성되고 있다. 인근에는 전쟁기념관과 사립미술관인 리움이 위치한다. 2만 3천평에 달하는 용산가족 공원도 근처에 자리잡아 종합 문화관광지구로 개발될 예정이다.

○ 청계천 문화지구

청계천문화관에서는 청계천의 역사가 담긴 자료를 전시하고 환경 친화적인 문화를 교육하고 있다. 앞으로 청계천변 10여 곳에는 중·소단위 쌈지공연장을 만들어 거리예술가들이 연극·노래·연주·마술·퍼포먼스 등을 벌일 수 있게 할 계획이라고 한다.

○ 파주 자유로 주변 문화지구

문화예술인들의 창작공간인 헤이리마을에 이어 최근 파주시 문발리에 파주문화정보산업단지(일명 북시티)로 불리는 거대한 출판도시가 조성되었다. 이로 인해 해당지역은 일약 수도권의 신흥 나들이 명소로 부상했다. 파주문화정보산업단지는 자유로 천변 48만평 부지에 건설된 메머드급 규모로서 기획, 창작, 출판, 유통이 한곳에서 이뤄지며, 영화감상, 쇼핑, 외식 등도 즐길 수 있는 복합문화공간이라고 한다. 영국의 헤이온와이, 네덜란드의 브래드보트 등 세계적인 유명 책마을과 견줄만한 공간 조성을 목표로 한다. 목표가 달성된다면 서울 상암 월드컵경기장에서부터 행주산성, 파주출판도시, 헤이리, 임진각에 이르는 서부 접경일대는 '분단과 전쟁'이라는 이미지를 벗어던지고 하나의 거대한 문화지구로 거듭날 것이다.

○ 용인 기흥읍 일대 문화지구

기흥읍 일대는 1990년대 이후 급격한 도시화가 진행됐지만 한국민속촌, 이영 미술관 외에 사회문화시설이 없는 문화 불모지였다. 이곳에 경기도박물관과 경기도 국악당이 들어섰으며, 조만간 백남준미술관과 용인시 야외음악당도 건립될 예정이다. 기흥읍은 경부고속도로와 영동고속도로가 만나는 신갈IC와 수원톨게이트가 있고, 수원에서 용인간 42번 국도, 성남에서 화성간 23번 국도가 통과하는 교통 요충지이다. 이로 인해 근래 이 일대 인구가 폭발적으로 증가하고 있다.

IV. 한성백제 문화지구의 구성 요소

1. 문화기반시설

주변 환경의 효율적 구성을 통해 문화 기반시설을 구축하고, 백제 한성도읍기의 문화를 재조명함으로써 고대와 현대가 조화를 이루는 한성백제문화지구가 조성되어야 한다. 고대와 현대의 만남은 현대문화의 중심인 송파구 일대의 이미지에 문화특성지구의 매력을 더해 문화관광산업을 전반적으로 촉진시키고 지역경제의 다양성을 제고하며 문화환경을 개선하는 효과를 가져다 줄 것이다.

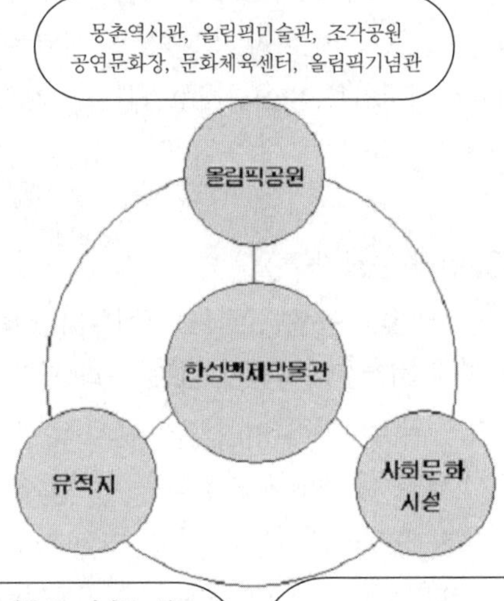

〈한성백제문화지구의 구성요소〉

A. 올림픽공원

○ 올림픽미술관

체육진흥공단이 88서울올림픽을 기념하여 2004년에 개관한 미술관이다. 미술관 건물은 노출 콘크리트와 다듬어지지 않은 목재 마감재를 이용하여 자연적이면서도 현대적인 건축물이다. 테마별로 재구성된 조각공원과 다양한 형대의 진시실, 미술교육을 위한 스뷰디오 등을 갖추었다. 예술아카데미와 유·청소년 교육프로그램 등을 비롯해 영화상영회, 전시설명회 등 다채로운 문화행사를 진행하고 있다.

　○ 조각공원

올림픽공원의 야외조각공원은 66개국 155명의 200여 조각작품이 전시된 대규모 미술공원이다. 작품은 모두 88서울올림픽에 참가한 나라들의 대표적인 작가들이 기증한 것이다. 공원의 자연과 어우러진 조각 감상을 지향하지만, 사적인 몽촌토성의 역사성을 훼손한다는 지적도 받는다.

　○ 몽촌역사관

88올림픽을 준비하는 과정에서 정부와 서울시가 몽촌토성이 자리잡은 방이동 일대를 체육공원으로 조성하기로 결정하였다. 그러자 서울시와 문화재관리국에서는 성을 유적공원으로 정화·복원하기로 결정하고 몽촌토성발굴조사단을 만들어 1983년부터 1985년까지 3차례에 걸쳐 조사하였다.[2] 간단한 시굴조사였음에도 불구하고 중요한 유구와 유물이 출토되자 서울시에서는 백제박물관을 짓겠다는 서울고도종합복원계획을 세우게 되었다.

이러한 과정을 거쳐 몽촌역사관은 1992년에 총 500평의 규모로 개관하였으며 226평의 작은 전시실에 서울의 선사와 고대문화를 모두 보여주고

---

2) 몽촌토성발굴조사단, 『정비·복원을 위한 몽촌토성발굴조사보고서』(1984), 『몽촌토성발굴조사보고』(1985)
　서울특별시·서울대학교박물관, 『몽촌토성-동북지구발굴보고-』(1987)
　서울대학교박물관, 『몽촌토성-동남지구발굴조사-』(1988), 『몽촌토성-서남지구발굴조사-』(서울특별시, 1989)

한성백제 문화지구 조성을 위한 제언

사진 1. 몽촌역사관

사진 2. 몽촌역사관 전시실

한성백제박물관 건립을 위한 기초연구

사진 3. 몽촌역사관의 캐릭터(몽이,다크서클,촌이,촌장)

사진 4. 수혈주거지

있다. 암사동·가락동·역삼동·몽촌토성·석촌동·방이동고분군·구의동 유적 등에서 출토된 유물을 통하여 서울의 신석기와 청동기, 백제와 고구려·신라문화를 관람객들에게 전하고 있다.

한편, 몽촌역사관은 2005년 12월, 풍납토성처럼 새로 발굴한 자료를 더하여 전시내용과 설명을 어린이 눈높이에 맞추어 새로 개관하였다. 몽이와 촌이, 둥이가 그림에 나타나 서울의 역사를 어린이들이 알기 쉽도록 풀어놓았기 때문에 몽촌토성을 찾는 가족들의 발길을 재촉한다.

○ 문화체육센터

올림픽공원 내의 스포츠센터는 테니스경기장, 체조경기장, 수영장 등의 다양한 스포츠센터 프로그램을 지역주민에게 제공하는 문화체육공간이다. 88올림픽을 치러낸 국제규격의 체육관에서 프로그램에 맞추어진 스포츠 문화생활을 즐길 수 있는 코스이다.

B. 인근유적지

○ 암사동 선사유적

서울시 강동구 암사동에 위치하며 사적 제267호이다. 유적은 한강변을 끼고 있으며 서남쪽 강 건너에는 아차산성, 남쪽에는 풍납토성이 위치한다. 1925년의 대홍수로 유물 포함층이 드러나면서 세상에 알려졌고, 1966년과 1967년 발굴조사된[3] 이래 1971~1975년 사이에 4차례의 발굴조사를 거쳐 신석기시대 주거지가 취락을 이루고 있음을 알게 되었다.[4]

암사동 유적은 6개의 층위로 이루어져 있다. 위로부터 표토층, 백제문

---

3) 서울대학교박물관, 『岩寺洞緊急發掘調査報告』(1983), 『岩寺洞竪穴住居址復元基礎調査報告書』(1984), 『岩寺洞』(1985)
4) 국립중앙박물관, 『岩寺洞』(1994), 『岩寺洞 Ⅱ』(1999)

화층, 청동기문화층, 비문화층, 신석기문화층, 생토층 순이다. 이 가운데 신석기문화층이 주를 이룬다. 신석기문화층에서는 1983~1984년 조사까지 12기의 주거지가 확인되있다. 평면형태는 대체로 말각방형 내지 원형이다. 집은 모래땅에 움을 파고 지었으며 집터 한가운데에는 화덕시설이 있고 집터 한쪽으로 계단을 만든 곳도 있다. 출입구는 대개 남향이다. 집의 크기는 대체로 한 변이 6m 정도이며, 집터 밖에는 저장구덩이, 야외노지, 강자갈이나 할석을 원형 또는 타원형으로 쌓은 돌무지시설이 나왔다.

신석기문화층에서는 빗살무늬토기와 석기가 주로 출토되었으며 그 외에 새뼈와 도토리가 조금 나왔다. 농사용 석기인 반월형석도, 갈돌, 갈판, 괭이, 보습, 돌낫 등이 세트로 나왔는데 갈돌이 세트를 이루어 출토되는 것은 농사와 채집활동을 함께 하고 있었던 것을 말해 준다. 토기에 새겨진 문양은 구연·동체·저부로 구분되며 이러한 문양시문방법은 신석기시대의 이른 시기에 속하는 양상이다.

사진 5. 암사동선사주거지(복원)

사진 6. 암사동선사주거지(1984년발굴)

사진 7. 암사동 제2호 주거지

사진 8. 빗살무늬토기(암사동선사주거지)

○ 가락동유적

서울시 송파구 가락동일대에 위치한다. 개발로 인해 유적의 흔적은 남아있지 않다. 1916년 조선총독부가 학술조사를 시작한 이래 1963년에는 청동기시대 주거지,[5] 1969년에는 역사시대의 무덤(1・2호분),[6] 1974년에는 3・4・5・6호분을 조사하였다.[7]

청동기시대 주거지는 평면 장방형의 반지하식으로 규모는 10.0×7.0×0.1~0.5m이다. 발, 호, 접시 등의 토기류와 석겸, 석촉, 송곳, 방추차, 지석 등의 석기류가 출토되었다.

1・2호분은 매장주체부가 토광묘인 평면 방대형의 즙석봉토분이다. 1

5) 金廷鶴, 「廣州 可樂里 住居址 發掘報告」, 『古文化』2(1963)
6) 尹世英, 「可樂洞 百濟古墳 第1, 2號墳 發掘調査 略報」, 『考古學』3(1974)
7) 蠶室地區遺蹟發掘調査團, 『蠶室地區遺蹟發掘調査報告-1975년도-』(1975)

호분은 대부분 파괴되었고 2호분은 한 봉토 안에 단식옹관 1기와 3기의 토광묘가 축조된 구조이다. 3·4·5호분은 횡혈식석실분인데 상태가 양호한 3호분의 구조는 방이동 1·4호분처럼 하단 일정 높이까지 돌을 수직으로 쌓아올리고 그 위 부분은 안으로 좁혀서 쌓은 다음 마지막으로 1매의 돌로 천장을 마감하였다.

즙석봉토분인 2호분에서 출토된 흑색단경호와 이중구연토기는 한성도읍기의 백제 토기이며, 횡혈식석실분인 3·4·5호분에서 출토된 고배, 개 등은 신라토기이다. 따라서 가락동유적은 청동기시대 문화와 백제·신라 문화가 혼재되어 있는 곳이다.

사진 9. 송파구일대(1985올림픽공원조성중)

○ 명일동유적

서울 강동구 명일동에 있던 청동기시대 주거지유적으로서, 1961년에 고려대학교박물관이 발굴 조사하였다.[8] 유적은 야트막한 구릉 위에 자리

---

8) 金廷鶴, 「廣州 明逸里住居址 發掘 報告」, 『古文化』1(1962)

하고 있다. 조사 전에 유적이 대부분 파괴되어 전체 규모에 대해서는 알
수 없다.

　주거지의 평면은 원형으로 시름이 6m 정도 되며 벽선을 따라 기둥구
멍이 있었고 바닥에는 숯이 깔려 있었다. 주거지에서 출토된 토기 편들
은 가락동 유적에서 나온 것들과 유사하지만 연대는 다소 늦은 편이다.
석기로는 석검, 석촉, 지석, 갈판 등이 있다.

　○ 역삼동유적

　서울 강남구 역삼동에 위치하며 1966년 발굴조사에서 청동기시대 주거
지 1기가 조사되었다.[9] 유적은 한강 중류의 남쪽 지점 해발 90m의 야산
능선에 분포한다.

　주거지는 동-서 장축의 세장방형이며 규모는 16.0×3.0×0.6∼0.7m로서
48㎡의 대형에 속한다. 주거지의 벽면에는 불탄 기둥이 남아 있었고, 바
깥 면에는 기둥구멍이 일정간격으로 배치되어 있었다.

　양인석부, 돌대팻날, 석촉, 반월형석도, 갈판, 지석 등의 석기와 심발형
토기, 호, 단도마연토기 등의 토기가 다수 출토되었다. 한편 심발형토기
구연부의 공렬문과 구연단의 각목 장식은 청동기시대의 이른 시기에 주
로 출토되는 토기 양상이므로 이 주거지의 연대는 청동기시대 전기에 해
당하는 것으로 보인다.

　○ 몽촌토성

　서울시 송파구 방이동에 위치하며 사적 제297호이다. 88서울올림픽을
개최하면서 백제의 역사가 깃든 토성을 시민들이 운동할 수 있는 공원으
로 만들어 놓았기 때문에 몽촌토성을 자주 찾는 시민들조차 백제의 역사
를 읽어내기란 쉽지 않다.

---

9) 金良善·林炳泰, 「驛三洞住居址發掘報告」, 『史學硏究』第20號(1968)

　　몽촌토성은 남한산에서 뻗어 내린 낮은 구릉을 이용하여 그 위에 흙을
쌓아 올려서 만든 성이다. 규모는 남북 730m, 동서 540m의 남북으로 조
금 긴 마름모꼴이다. 성벽의 길이는 성벽 정상부를 기준으로 하여 서북
벽 617m, 동북벽 650m, 서남벽 418m, 동남벽 600m로서 전체 길이는
2,285m에 달한다. 성내부 면적은 성벽 정상부를 기준으로 하여 216,000㎡
(총 67,400평)가량 된다. 성벽의 규모를 절개 조사된 서북벽과 동북지·동
문지의 구지형을 기준으로 살펴보면 기저부 폭은 28~65m, 높이 12~
17m, 상부 폭 7.5~11.8m 정도이다. 성의 동북쪽에 약 270m 규모의 외성
이 있다. 성벽과 관련된 부대시설로는 해자와 목책이 확인되었다. 문지는
북문지와 동문지, 남문지 3개소가 확인되었고, 망대는 4개소에 설치되어
있는데 각 망대에서는 성 밖 지역을 조망하기에 좋다.
　　몽촌토성 발굴결과 건물지·판축성토대지·수혈주거지 등 주로 생활

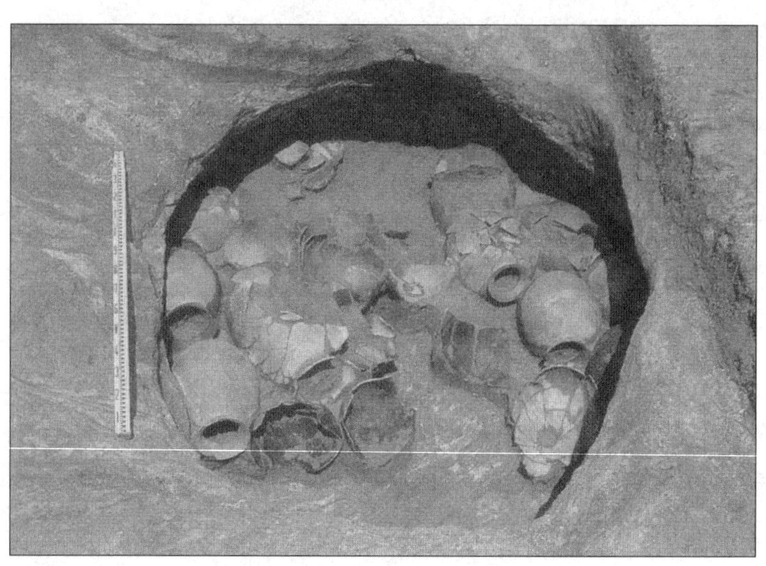

사진 10. 몽촌토성 내부 저장구덩이

과 관련된 유구들이 조사되었다. 이들 유구에서 기와, 기대, 전문도기, 뼈 갑옷을 비롯 다양한 토기류와 철기류가 출토되었다. 조사된 유구와 출토 유물들은 몽촌토성이 도성으로서의 면모를 충분히 갖추고 있었음을 나타내고, 전문도기는 중국과의 문화접촉을 말해준다. 따라서 몽촌토성이 백제가 한성에 도읍하고 있던 시기의 도성이었음을 알 수 있다.

○ 풍납토성

서울시 송파구 풍납동에 위치하며 사적 제11호이다. 순수 평지토성으로서 서쪽으로는 한강이 흐르고 동남쪽 가까이에는 몽촌토성이 있다. 성은 북벽과 남벽이 짧은 직선에 가깝고, 동벽과 서벽은 둔각을 이루며 꺾이는 긴 장타원형이다. 한강변에 접한 서벽은 유실되었으며, 복원·정비된 북벽과 허물어진 상태의 동벽·남벽이 남아 있다. 남은 성벽의 길이는 약 2.1㎞ 정도이지만, 유실된 서벽을 포함한다면 전체 길이가 3.5㎞에 달한다.

풍납토성은 을축년(1925) 대홍수 때 청동제초두가 출토되면서 하남위례성으로 비정되기도 하였다. 그러나 이후 학계의 관심은 1964년에 서울대학교가 성내 유물포함층을 시굴조사할 정도로 미미하였다. 1997년에 선문대학교의 풍납토성학술조사단이 성벽을 실측조사하였고,[10] 같은 해 성내부의 아파트 재건축 현장에서 백제토기 등 다수의 유물이 출토되자 국립문화재연구소와 한신대학교에서 긴급 발굴 조사하였다.[11] 1999~2000년에도 국립문화재연구소와 한신대학교가 한차례 더 발굴 조사하였다.[12]

실측조사에 의하면 성벽의 너비는 30~40m 정도이고, 가장 넓은 곳은

---

10) 이형구, 『서울 풍납토성 〔백제왕성〕 실측조사연구』백제문화개발연구원(1997)
11) 국립문화재연구소, 『풍납토성 Ⅰ-현대연합주택 및 1지구 재건축 부지-』(2001)
　　한신대학교박물관, 『풍납토성Ⅲ-삼화연립 재건축 사업부지에 대한 조사보고-』(2003)
12) 국립문화재연구소, 『풍납토성Ⅱ-동벽 발굴조사 보고서-』(2001)
　　한신대학교박물관, 『풍납토성Ⅳ-경당지구9호유구에 대한 발굴보고-』(2004)

사진 11. 풍납토성 동쪽성벽 원경(일부)

사진 12. 풍납토성 동쪽성벽일부(1999년 발굴)

70m에 이르며, 복원된 북벽의 높이는 11.1m, 남벽과 동벽의 남은 높이는 6.2m 내지 6.5m 정도라고 한다. 1999년에 동쪽 성벽을 절개한 결과 성벽의 폭은 약 40여m, 높이가 9m를 넘는 것으로 드러났다. 성벽은 이른바 敷葉工法이라 하여 나뭇가지와 잎사귀를 깔면서 흙을 쌓는 수법으로 축조하였는데, 같은 방식을 부여 羅城과 일본의 水城을 비롯한 제방유적에서도 확인할 수 있어 백제와 일본열도의 문화 교류를 입증하는 중요한 자료가 되었다.

풍납토성 발굴조사에서는 경질무문토기가 주로 출토되는 3중의 환호유구와 평면 6각형의 몸자형 주거지, 토기 가마, 토기산포유구 및 수혈유구 등 당시의 생활상을 밝혀줄 중요한 유구들과 토기, 기와, 철기 등 방대한 양의 백제 유물들이 쏟아졌다. 이러한 유구와 초두, 기대를 비롯한 '大夫'·'井'명 토기, 막새기와, 토관, 전문도기 등은 풍납토성이 한때 백제의 도성이었음을 증명한다.

○ 삼성동토성

서울 강남구 삼성동의 경기고등학교 건물이 들어선 자리에 토성이 있었다고 한다. 일제 때 간행된 조선고적조사보고에 고대의 토성으로서 간략히 소개되었으며, 1970년대까지만 해도 성벽은 350m가량 남아 있었다고 하는데, 도시개발로 파괴되어 지금은 흔적조차 찾을 수 없다.

○ 석촌동고분군

서울시 송파구 석촌동에 위치하며 사적 제243호이다. 백제의 한성도읍기에 지배자집단의 공동묘지였을 것으로 추정된다. 현재 아파트와 연립주택으로 둘러싸여 있어서 옛 지형을 알아 볼 수 없지만 고분군이 있는 곳은 원래 표고 20m 정도의 대지였다. 일제강점기만 해도 80기 이상의 고분이 남아 있었다고 하는데, 1974년 잠실지구 유적조사단이 이 지역을 발굴하던 무렵에는 3·4호분(적석총)과 5호분(봉토분)만 형태를 유지하고 있었다.[13] 석촌동고분군은 크게 토광묘 계통과 적석총 계통으로 나누어지며, 즙석봉토분, 화장유구 등도 있다.

1986년에 3호분 동쪽지구를 조사한 결과, 아래층에 여러 개의 나무널무덤을 갖춘 대형의 토광묘가 먼저 들어서고 그 위층에 토광묘와 옹관묘를 축조한 사실을 확인하였다. 옹관묘는 연질의 장란형토기 2개를 맞붙여 만든 이음식과 하나의 항아리를 사용한 단옹식이 있다. 즙석봉토분은 매장주체부로 토광 외에 목관, 목판, 옹관 등을 동일한 봉토 내에 마련하고 흙을 덮은 뒤 자갈을 1~2겹 깔고 다시 그 위에 약간의 흙을 덮었다. 석촌동 5호분, 석촌동 파괴분 및 석촌동 3호분 동쪽고분군이 이에 해당

사진 13. 석촌동고분군 전경

---

13) 蠶室地區遺蹟發掘調査團, 『蠶室地區遺蹟址發掘調査報告-1976年度-』(1976)
   서울대박물관, 『石村洞 積石塚 發掘調査報告』(1975), 『石村洞 3號墳(積石塚) 發掘調査報告書』(1983), 『石村洞3號墳(積石塚) 復元을 위한 發掘調査報告書』(1984), 『석촌동 3호분 동쪽고분 정리조사보고』(1986), 『石村洞古墳發掘調査報告』(1987), 『석촌동 1,2호분』(1989)

사진 14. 석촌동고분군(1930년대)

사진 15. 석촌동3호분(발굴조사중)

사진 16. 석촌동 3호분 동쪽 대형토광묘 노출
전경(1986년)

한다. 적석총인 1~4호분은 잘 다듬은 할석을 계단식으로 쌓아올리고 그 중심부에 매장주체부를 마련한 것이다. 매장주체부는 점토로 채운 것과 돌로 채운 2가지 형식이 있다. 이처럼 다양한 무덤에서 기와, 기대, 금제 수하부이식, 은제 귀이개, 삼족토기, 옥연석 등 백제 한성기의 최고급 유물들이 출토되었다.

○ 아차산성

서울시 광진구 광장동의 아차산에 돌로 쌓은 성이며 사적 제234호이다. 산성의 북쪽으로는 산 능선을 따라 아차산보루, 용마산보루, 망우리보루 등이 이어진다. 1997~1999년에 각종 조사가 이루어졌다.[14] 아단성(阿旦城), 아차성(阿且城), 아차성(峨嵯城), 장한성(長漢城)으로도 불렸으며, 『삼국사기』에 백제의 책계왕 원년(286)에 축조되었다는 기록이 있다. 조선왕조실록에는 임금의 사냥터와 목장터, 그리고 봉수대로 사용되었다는 기록만 전한다.

---

14) 광진구 · 명지대한국건축문화연구소, 『아차산성 '96보수구간내 실측 및 수습발굴조사보고서』(1998), 광진구 · 명지대한국건축문화연구소, 『아차산성 기초 학술조사보고서』(1998), 광진구 · 서울대학교인문학연구소 · 서울대학교박물관, 『아차산성-시굴조사보고서』(2000)

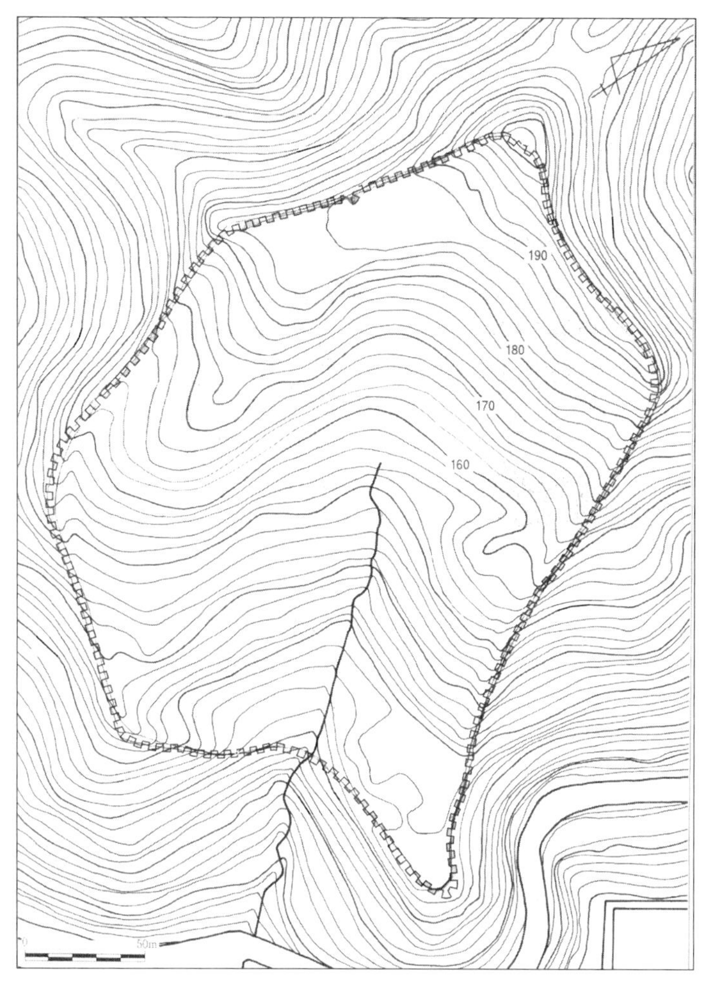

사진 17. 아차산성 지형도

유적은 산줄기의 가장 남쪽 부분에 있으며, 그 아래로는 한강이 흐른
다. 산성에서는 강 건너 송파구·강동구일대와 강북의 중랑천 일대가 잘
조망된다. 성벽 둘레는 1,038m이다. 가장 높은 곳은 장대가 있는 서북단

으로 해발 203.4m이고, 가장 낮은 곳은 남문지로 해발 122m이다. 성 내부 면적은 19,304평(63,810㎡)이다. 내외협축의 석성이며, 동벽과 남벽에서 각각 1개소의 문지가 확인되었다. 성 내부에서 기와편과 토기류 및 철기류가 다량 출토되었는데, 선조문과 격자문, 승문이 시문된 기와와 각병, 단각고배, 인화문토기, 주름병 등의 토기는 통일신라시대 유물이다.

이처럼 아차산성은 백제 때 처음 축조된 것으로 기록되어 있으나, 발굴조사 결과 백제의 유구와 유물은 확인되지 않고, 통일신라시대 유물들만 출토되었다. 그러나 앞으로 전면조사가 이루어지면 유적의 다양한 성격이 드러날 수도 있다.

사진 18. 토우(아차산성)

○ 아차산보루군15)

서울시 광진구에서 구리시 교문동으로 이어지는 아차산과 용마산의 능선 정상부에 흩어져 분포하며 사적 제455호이다. 동남으로는 한강이 흐르고, 북으로 시루봉보루를 시작으로 용마산보루, 아차산보루, 홍련봉 보루를 거쳐 남으로 구의동보루에 이른다. 아차산보루와 홍련봉보루 사이에 아차산성이 자리잡고 있다. 내부면적은 작은 것은 500㎡정도이고 큰 것은 4,000㎡ 이상일 정도로 크기가 다양하다. 보루 주변에는 석곽묘

---

15) 서울대학교박물관, 『아차산 시루봉 보루-발굴조사 종합보고서-』(2002)

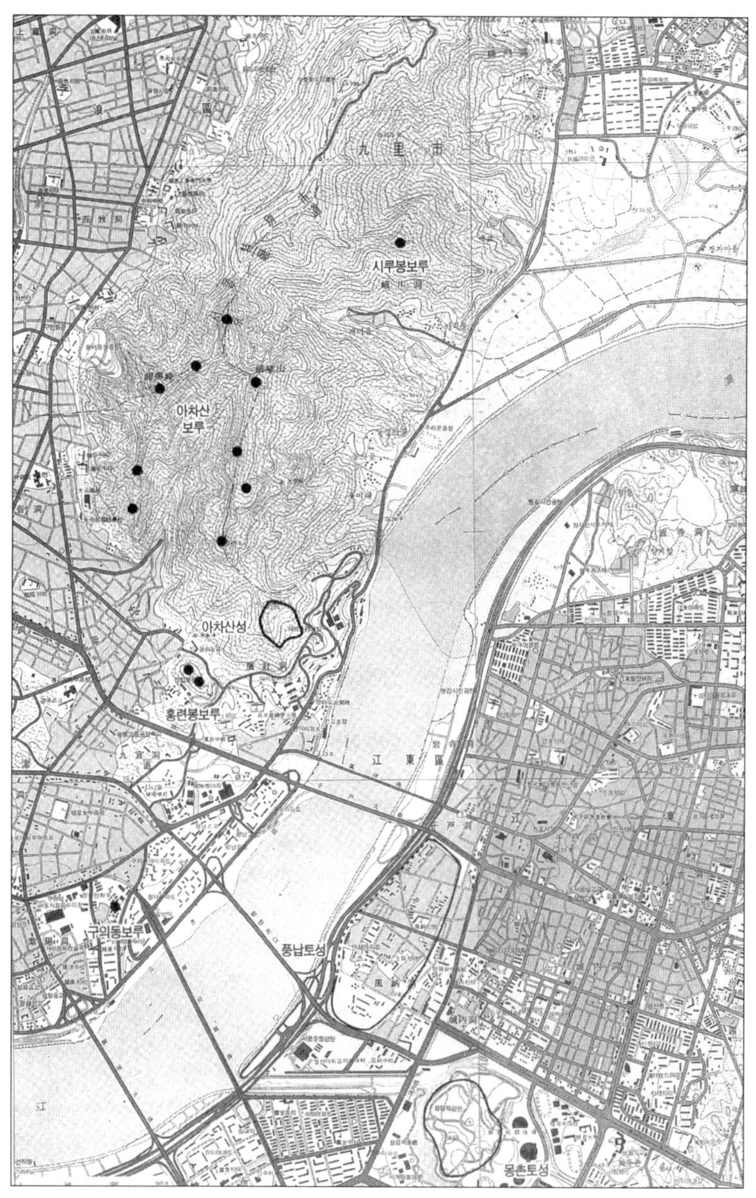

사진 19. 아차산보루군 분포도

사진 20. 아차산 제4보루 복원조감도(외부)

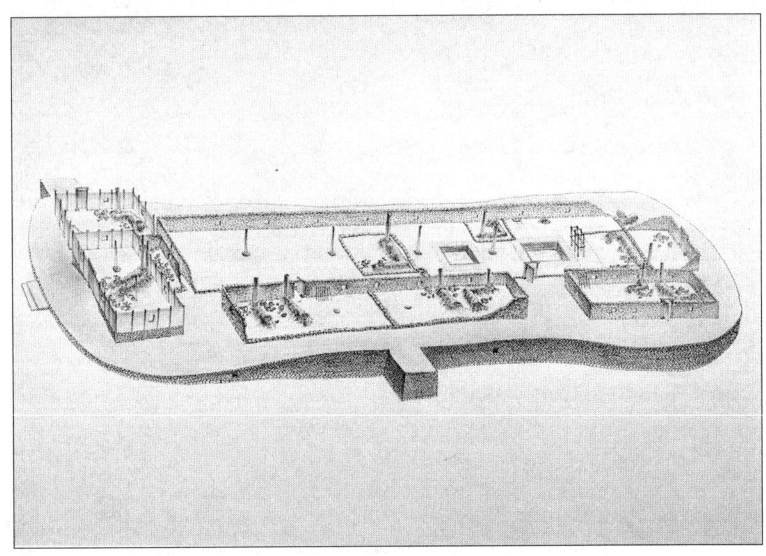

사진 21. 아차산 제4보루 복원조감도(내부)

와 석실분이 지표에 드러나 있다.
보루 내부에서 출토된 토기류와 철
기류는 대부분 고구려 것들이나 신
라 유물도 있다.

○ 구의동유적

서울시 광진구 구의동, 한강 북쪽
의 낮은 구릉에 위치한다. 1977년
화양지구택지개발사업의 일환으로
발굴 조사되어 고구려의 군사요새임
이 밝혀졌다.[16] 주변 지형이 낮은
탓에 해발고도 53m에 위치하는 유
적임에도 불구하고 주위를 조망하기
좋다.

사진 22. 연통(아차산 제4보루)

유적은 외형인 축석부와 내부 소토부로 구분되는데 축석부는 안으로
기울여 쌓았다. 축석부는 가장 높은 곳이 1.85m이고 대부분 1m 내외이다.
소토부는 직경 7.6m, 깊이 60-70㎝의 원형 구덩이이며 남쪽에 출입구로
보이는 방형시설이 있다. 내부 시설로는 배수시설과 온돌이 있는데, 온돌
의 남쪽 끝 화구에 쇠솥과 쇠항아리가 걸려 있었다. 소토부 중심부에는
물을 저장하는 시설인 듯한 광이 있었다.

출토된 19종의 토기류는 독류와 동이류가 대부분이고 철기로는 철촉이
가장 많아 구의동유적이 군사성격을 강하게 띠고 있음을 나타낸다. 이
유적과 연결선상에 있는 아차산일대의 보루들도 이와 유사할 것으로 생
각된다.

---

16) 九宜洞報告書刊行委員會, 『漢江流域의 高句麗要塞-九宜洞 遺蹟發掘調査 綜合報
告書』(1997)

사진 23. 구의동보루(추정복원도)

사진 24. 철솥에 올려진 시루(구의동보루)

○ 방이동유적

방이동 고분군은 서울 송파구 방이동 일대에 위치하며 사적 제270호이다. 가락동고분군과 가까운 거리에 있어 실제로는 하나의 고분군으로 보기도 한다. 1971년 국립중앙박물관과 국립문화재연구소의 조사에 의해 8기가 알려졌다. 1975년 강남 일대가 개발되면서 1·4·5·6호분이 발굴조사 되었다.[17]

1·4·6호분은 횡혈식석실분이며 연도는 모두 남쪽에 있다. 봉분은 대부분 원형이다. 1호분은 3.1×2.5m 크기의 장방형 현실에 네 벽면은 4~5단 정도 수직으로 쌓고 그 위쪽으로 궁륭상으로 쌓은 다음 천장에 거대한 1매의 돌을 올려서 마무리하였다. 4호분도 1호분과 유사한 구조를 지녔던 것으로 보이나 현실은 파괴가 심하여 규모를 알 수 없다. 6호분은 2.88×2.28m규모의 현실을 만들고 내부에 중간벽을 쌓아 주실과 부실로

사진 25. 방이동고분군(제1,2,3호분)

---

17) 蠶室地區遺蹟發掘調査團, 『蠶室地區遺蹟址發掘調査報告-1976年度』(1976), 趙由典, 「芳荑洞遺蹟發掘調査報告」, 『文化財』9(1975)

구분하였다. 5호분은 원형봉분을 한 2.01×1.42m 규모의 석곽묘이다.

출토된 고배와 토기병, 궁륭상 천정은 신라지역의 횡혈식석실분에서 출토되는 유물과 유구의 양상이므로 대부분 신라고분으로 본다.

사진 26. 방이동고분군(제7,8,9,10호분)

○ 미사리유적

경기도 하남시 미사동의 한강변 충적대지에 위치하며 신석기시대부터 백제까지 누대에 걸쳐 형성된 유적이다. 1960년에 발견되었으며 1979년에 사적 제269호로 지정되었다. 1987년부터 1992년에 걸쳐 세 차례의 발굴조사가 이루어졌다.[18] 그 결과 백제시대 밭유구를 비롯해 총 466기의 유구를 확인하였다.

미사리유적의 퇴적층은 8개이며, 교란층인 1·2층을 제외하고 3층부터 8층까지가 문화층인 것으로 나타났다. 그 중 3층은 고려, 4층은 백제시대,

18) 渼沙里先史遺蹟發掘調査團, 『渼沙里』第1卷-第5卷(1994)

사진 27. 미사리유적전경(A지구)

사진 28. 미사리유적 발굴광경(A지구)

사진 29. 미사리유적 하층밭유구

사진 30. 미사리유적 주거지(1992, 한양대)

5층은 원삼국시대, 6층은 청동기시대 문화층으로 밝혀졌다. 7층은 원삼국시대와 청동기시대 문화층이 섞여 있고 8층은 신석기문화층인 것으로 조사되었다.

발굴조사에서 신석기시대 주거지 1기를 비롯하여 청동기·원삼국·백제시대의 주거지가 발견되었다. 그 외 지상가옥과, 저장공, 구, 야외노지, 원삼국시대와 백제시대의 제철유구와 토광묘도 조사되었다. 한편, 3차 조사에서 발견된 밭유구는 백제사람들의 생활환경을 알 수 있는 자료로 미사리유적의 중요성을 더욱 부각시켰다.

○ 이성산성

이성산성은 경기도 하남시 춘궁리·초일리·광암리 등 3개리에 걸쳐 있으며 10여 차례의 발굴조사가 이루어졌다.[19] 산성의 지형은 서북쪽이

---

19) 한양대학교박물관, 『二聖山城發掘調査中間報告』(1987), 『二聖山城2次發掘調査中

높고 동남쪽이 낮으며, 평면형태는 부정형이다. 성벽 둘레는 1,925m이고, 내부면적은 약 155,025㎡(47,200평)이다.

　성벽은 내탁법으로 쌓았으며 남쪽의 계곡을 가로지르는 부분과 서쪽의 일부는 내외협축으로 쌓았다. 동·서·남·북에 문지가 있으며, 10개 정도의 치가 있었을 것으로 추정된다. 북벽에서는 女牆의 흔적이 확인되었고, 성벽과 성문을 중심으로 회곽도로가 있다. 산성내 남쪽 계곡을 막아서 만든 저수지는 1·2차에 걸쳐서 축조되었는데, 1차 저수지는 산성 축조와 동시에 형성된 것으로 타원형이다. 3차 조사 때 干支가 기록된 木簡이 출토되었다. 2차 저수지는 1차 저수지가 자연 매립되고 난 이후

사진 31. 이성산성2차 저수지 전경

間報告書』(1988), 『二聖山城3次發掘調査中間報告書』(1991), 『二聖山城4次發掘調査中間報告書』(1992), 『二聖山城5次發掘調査中間報告書』(1998), 『二聖山城6次發掘調査中間報告書』(1999), 『二聖山城7次發掘調査中間報告書』(2000), 『二聖山城8次發掘調査中間報告書』(2000), 『二聖山城9次發掘調査中間報告書』(2002), 『二聖山城10次發掘調査中間報告書』(2003),

사진 32. 목제인물상(이성산성2차 저수지)

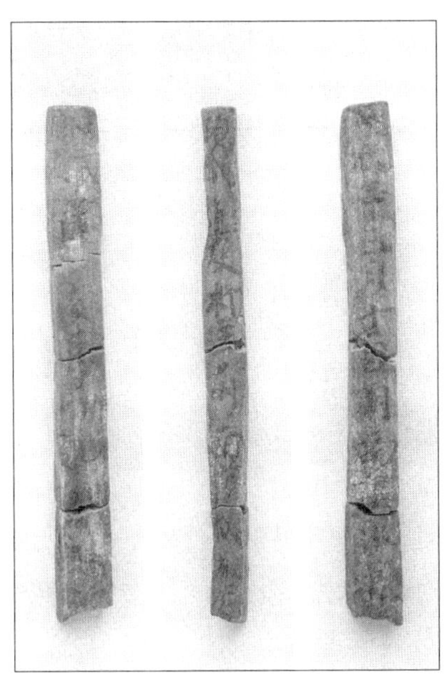

사진 33. 목간(이성산성1차저수지)

에 형성된 것으로 평면 장방형이다. 이 2차 저수지에서도 목간이 출토되었으나 판독되는 것은 없었다. 1차 저수지는 6세기 중엽, 2차는 7세기 후반~8세기초에 형성된 것으로 보인다.

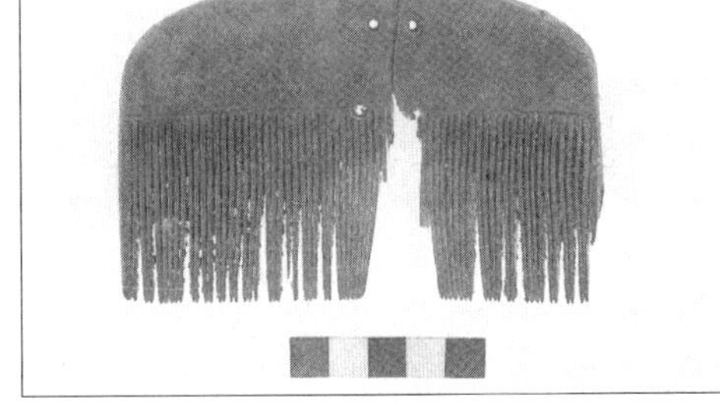

사진 34. 나무빗(이성산성2차저수지)

산성 내에서는 4개의 信仰遺蹟이 조사되었다. 이 신앙유적에서 파손된 토제와 철제 말이 다량 출토되었다. 또한 地鎭儀禮와 관계있는 토기가 출토되었는데, 이 토기들은 건물 축조 시에 의도적으로 파손하여 매납한 것으로서 기형은 완, 합, 호, 병 등이다. 인화문토기 등으로 보아 이성산성은 신라가 한강유역을 차지한 이후에 사용한 성인 듯하다. 한편, 8차 조사시 발견된 목간과 자를 고구려유물로 보기도 한다.

○ 남한산성

경기도 광주시와 하남시, 성남시에 걸쳐 있으며 사적 제57호이다. 신라 문무왕 (672)때 쌓은 주장성 터를 활용하여 조선 인조 2년(1624)부터 인조 4년(1626)에 걸쳐 축조한 석성이다. 이후 행궁, 인화관, 연무관 등이 차례로 세워지면서 유사시 왕실의 별궁 역할도 겸하였다. 그러나 1907년에 일본군이 무기를 수거하고 화약으로 일부를 폭파했으며, 6·25전쟁을 거치면서 많은 사찰과 건물들이 불타버려 현재 산성의 모습은 성벽에서만 찾을 수 있다.

성벽은 주봉인 청량산(497m)을 중심으로 북쪽으로 연주봉(466m), 동쪽으로 망월봉(502m)과 벌봉(515m), 그리고 남쪽으로 몇 개의 봉우리를 더 연결하여 쌓았다. 성안은 구릉성 분지이다. 동서로 길쭉하고 넓은 성 내부에는 45개의 연못과 80여개의 샘이 있다. 남한산성은 조선시대에 북한산성과 더불어 도성을 남북에서 지키도록 기획된 산성이다. 최근 토지박물관에서 남한산성 내 행궁터 주변을 4차례에 걸쳐 발굴하는 과정에서 주거지로 보이는 유구와 소량의 백제토기편을 발견하였다.[20]

---

20) 한국토지공사 토지박물관·광주시, 『남한산성 문화유적 지료조사보고서』(2000), 『남한산성 발굴조사보고서』(2002)

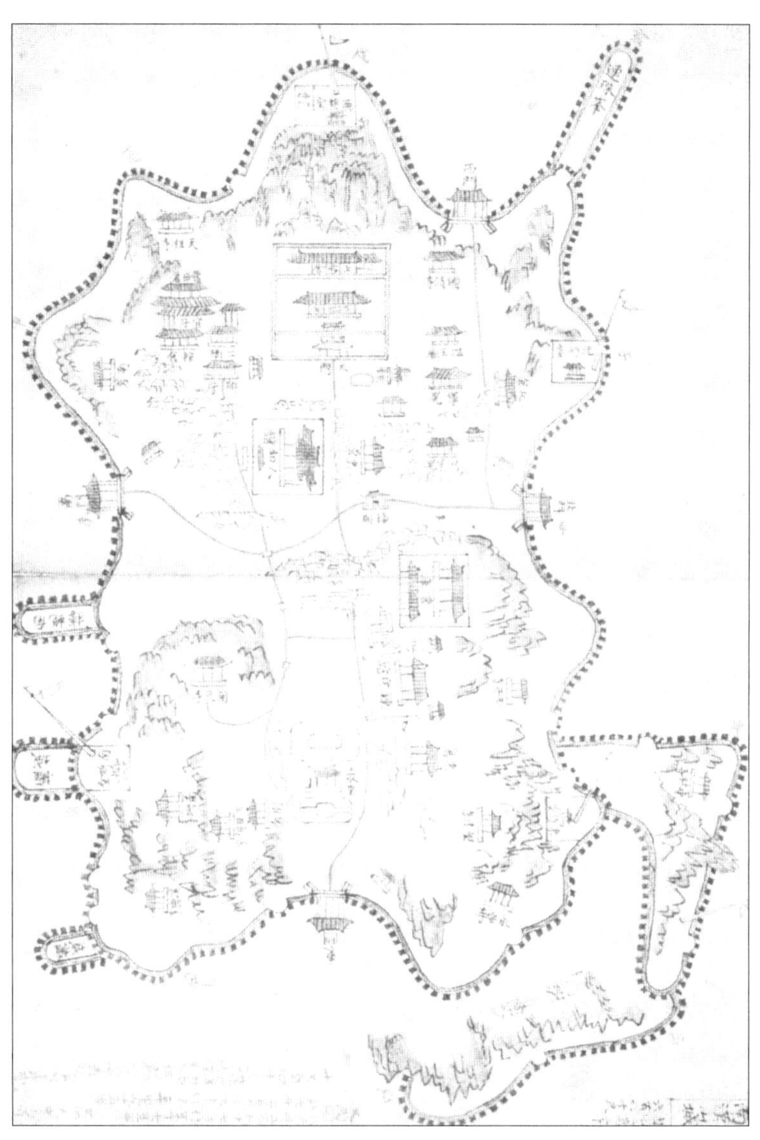

사진 35. 남한산성도(영남대박물관 소장)

사진 36. 겸재 정선의 송파진도(뒷부분에 남한산성이 보인다. 간송미술관 소장)

C. 사회문화시설

○ 잠실종합운동장

잠실종합운동장은 주경기장(4만평 : 10만명 수용), 실내수영장(6,000평 : 4,500명 수용), 실내체육관(7,000평 : 2만명 수용), 야구장(18,000평 : 5만명 수용) 등으로 구성된 종합체육시설이다. 1986년 아시안게임과 1988년 서울올림픽 등을 이곳에서 개최하였다. 지하철 2호선이 종합운동장 앞을 경유하며 단지 내에 기념탑과 각종 편의시설을 갖추고 있다.

○ 한강시민공원

1982~1987년에 강동구 하일동에서 강서구 개화동에 이르는 길이 41.5km, 면적 39.9㎢의 한강공원이 조성되었다. 한강공원 전체를 잠실광나루·뚝섬·잠원 반포·이촌·여의도·선유도 양화·난지 망원·강서 등 8개 지구로 구획해 운영하고 있다. 한강시민공원에는 여의도-뚝섬-잠실을 연결하는 유람선이 운항 중이며 각종 운동시설과 낚시터, 수영장, 자전거도로 등이 있다.

○ 롯데월드

롯데월드는 호텔 롯데월드, 롯데백화점 잠실점, 대중양판점, 쇼핑몰, 스포츠센터·아이스파크, 민속관·문화센터·연극공연장·영화관, 젊음의 광장, 레저부문에 롯데월드 어드벤처 매직아일랜드 등으로 구성된다. 롯데월드 어드벤처는 대규모의 실내공원으로서 미국·일본이 만든 디즈니랜드, 캐나다의 에드먼튼, 미국의 킹아일랜드 등과 비슷한 규모이다. 민속관은 역사전시관·모형촌·놀이마당·저자거리 등 생활사 중심으로 구성되었으며, 각 시대별 상황을 첨단영상과 디오라마 연출, 축소모형 등 다양한 기법으로 전시하고 있다.

○ 석촌호수

1971년 잠실지구 공유매립공사로 조성된 잠실하중도가 육지에 속하게 되면서 만들어진 호수이다. 1981년 12월에 호수공원으로 문을 열었으며, 지금은 인근 주민들의 산책과 운동코스로 이용된다. 지하철 2호선과 8호선이 지나고, 근처에는 잠실종합운동장이 위치한다.

○ 서울놀이마당

송파구 석촌호수공원 내에 있는 서울놀이마당은 약 1,500명을 수용하

는 연회장으로 송파산대놀이, 양주별산대놀이, 꼭두각시놀이 등의 민속예
술과 전통문화 강습회 등이 자주 열린다.

○ 송파도서관

송파구 오금동에 위치한 송파도서관은 연면적 8,427㎡, 열람석 2,000석
규모이다. 여러 문화교실을 개설하여 유아강좌·글짓기강좌·논술강좌·
독서강좌·주부교양강좌 등이 운영된다.

○ 아시아공원 야외공연장

잠실종합운동장 맞은편 아시아 공원 내부에 위치한다. 500석의 관람석
과 무대시설을 갖추었으며 청소년 문화축제와 사생대회, 시낭송회 등을
개최하고 있다.

○ 송파예술문화회관

송파구 잠실동 84번지 아시아공원 내에 위치한다. 송파문화예술회관은
지하 1층에서 지상 2층 규모로 송파구 주민들을 상대로 문화행사, 문화
예술 교양강좌를 개최하고 있다.

○ 문화관

문화관은 역사문화탐방 프로그램, 지역간 국가간 예술문화 교류, 각종
전시회 등을 유치하여 지역민에게 열린문화공간 이미지를 구축하고 있
다. 문화 예술인들에게 문호를 개방하여 각종 전시, 강연 등을 개최하기
도 한다.

○ 송파여성회관

여성문화인력창출을 위한 복합 복지공간이다. 이곳에서는 컴퓨터, 영

어 교실과 같은 기본 교육을 비롯하여 다양한 문화교육, 동아리지원 등
의 프로그램이 운영되고 있다.

2. 공간조성 및 활성화 방안

한성백제박물관과 유적지를 중심축으로 인근 사회문화시설과 어우러
진 한성백제문화지구를 구성할 수 있다. 한성백제박물관은 백제 한성도
읍기의 문화를 알리고 가르칠 수 있도록 비주얼에 흥미와 실용성을 강조
하고, 옥외광고물 정비, 야외공간 정비, 보도 및 가로시설물 정비, 공동입
장권 판매소 운영, 안내서비스센터 운영, 공동 홍보판 설치, 상징조각품
설치, 운영요원 교육체제 확립 등을 통해 이미지를 제고하는 것이 바람
직하다.

올림픽공원은 다양한 문화적 요소를 갖추어 시민에게 현대적 문화공
원으로서의 역할을 수행하고 있지만 지나친 현대 모더니즘과 도시화 이
미지가 투영되어 전통과 역사적 문화요소가 매우 미약하게 반영되어 있
는 실정이다. 이로 인해 시민사회에 균형 있는 문화요소가 제공되지 못
하는 측면이 있으므로 이런 올림픽공원의 성격을 한성백제문화지구의 설
립운영방안에 따라 재구성하여 전통과 현대가 조합하는 복합 문화공원,
쌍방향 커뮤니케이션 실현의 보다 능동적인 문화지구로 승화시키는 작업
을 병행해야 하겠다.

한성백제문화지구는 올림픽공원의 자연환경을 이용한 자연주의를 전
체 이미지 컨셉으로 하여 시민에게 개방성과 포용성을 강조하는 공간으
로 조성하는 것이 중요하다. 기존 올림픽공원의 자연환경을 활용하며 그
중심에 한성백제박물관을 두어 정서적 중심축 역할을 수행하며 인근 올
림픽미술관과 함께 전체적으로 전통문화의 계승, 현대문화의 양립 이미
지를 구축한다면 시너지 효과를 거둘 수 있다. 그러기 위해서는 문화지

구의 중심축에 놓일 박물관과 미술관이 공동으로 공간을 정비하는 것이 바람직하다.

올림픽공원의 자연환경이 지닌 여유로움 속에 음악을 더한다면 금상 첨화일 것이다. 따라서 한성백제박물관은 소규모 야외 음악강당을 만들어 '국악제'와 다양한 야외음악회를 개최하는 방안을 모색할 필요가 있다. 이를 위해 무대 앞에 관객을 수용할 만한 대규모 잔디밭을 조성한다면 각종 레크레이션과 이벤트 실시도 가능하다.

올림픽미술관은 문화지구 내에 동화되어 현대미술품 전시로 문화의 시각적 다양성을 부여할 수 있고, 백제 한성도읍기 문화를 소재로 한 미술교육프로그램을 개발한다면 두 기관이 동질감을 가질 수 있다. 그리고 테마 중심 답사코스로서 박물관, 미술관 그리고 몽촌토성·풍납토성을 연결하는 방안을 마련한다면 상당히 매력적인 관광상품이 될 것이다.

한성백제박물관은 몽촌토성의 지근거리에 건립되므로 박물관과 토성을 연계하여 자연스러운 동선을 확보하고, 주변의 산책로, 수변데크 및 호안, 광장, 수목 등에는 야간조명을 설치하여 다양하고 풍부한 야간경관을 연출함으로써 볼거리를 제공하는 휴식·문화공간이 되길 바란다. 더불어 올림픽공원 내부에 한성백제의 문화적 특성을 내포한 테마거리(책 읽는 거리, 공상의 거리, 백제도성 거리, 전통 공연문화의 거리 등)를 조성하는 방법도 있다.

한성백제박물관과 연계된 거점으로는 약 30분의 이동거리 안에 토성과 고분, 선사시대의 유적지가 있다. 사실 역사 유적지는 언제나 개발과 보존의 갈림길에 서있으며, 역사적 가치를 떠나 관광지로 활성화되지 못한 곳은 급속히 훼손되거나 천덕꾸러기 신세를 면치 못하는 실정이다. 그러나 역사문화지구로 지정되고 문화산업과 연계시킨다면 도시지역 문화관광의 훌륭한 상품으로서 거듭나게 된다. 다만, 유적지를 활용하더라도 공연이나 문화행사, 상업적 관광상품이라는 측면보다는 기본적으로 문화유산의 보존이라는 대 전제하에 보존과 유지의 중요성을 항상 진지하게 고민해야 한다. 그러므로 유적지에서의 문화행사나 공연은 일년에 1~2회 정도로 제한하는 것이 적당하다.

한성백제문화지구의 가장 중요한 유적지인 몽촌토성과 풍납토성은 본래 모습을 되찾는 일이 무엇보다 시급하다. 그리고 안내판과 보도 및 가로 시설물을 정비하고 상징물·조형물을 배치하며 야간조명을 설치함으로써 유적지임을 부각시켜야 한다. 석촌동고분군과 방이동고분군에서는 내부에 교육문화시설을 만들어 한성백제의 문화적 특성을 반영한 전통공예 등의 교육문화프로그램을 운영하고 민속공예품점, 기념품점을 개설하는 방안도 검토해볼 만하다. 또, 인근 초등학교와 연계한 학습장으로 지역문화교육 활성화를 통한 지역민의 관심과 자부심을 유도할 수도 있겠다. 송파구 중심의 문화지구 외곽에 분포한 강동구 암사동 선사유적지와 명일동 주거지, 강남구의 삼성동토성과 역삼동주거지도 장차 복원하거나 안내판을 설치하여 교육자료화할 필요가 있다.

문화지구 내 거점별 진입로에 한성백제문화 특유의 벽화나 상징물을 조형하고, 대단위 고층 아파트 단지의 아파트 벽면에도 상징적 벽화를 그려 문화지구를 대외적으로 홍보할 수 있다. 문화지구 내에 설치 또는 운영하면 효과를 거둘 시설로는 문화시설과 골동품점, 필방, 표구점, 도자기점 등이 있으며, 환경 통일화를 위해 옥외광고물 정비, 야외공간 정비를 실시하고 올림픽공원에는 공동입장권 판매소 운영, 안내서비스센터 운영, 공동홍보판 설치, 상징 조각품 설치 등 다양한 방안에 대한 계획이 필요하다.

한성백제문화지구의 유적지를 반나절에 효율적으로 순례하고, 교육 받을 수 있도록 A, B루트로 나누고 순환버스를 운행하는 방법을 모색해야 한다. 루트 개발은 다양하게 분포되어 있는 문화지구의 구성요소를 각 권역별 특성으로 묶어서 시간적 제약을 해지함과 동시에 루트의 완결성을 높일 수 있다. 이는 결과적으로 각 요소에 균형적 관심을 유발시켜 문화지구의 보존 및 관광자원 발전에 기여할 것으로 판단된다. 루트개발의 주안점은 유적지 순례를 기본으로 하여야 하고 박물관, 미술관 등의 사회문화시설을 주변에 배치하여 완결성을 높이는 것이다. 그리고 반나절 만에 한성백제문화를 체험하고 완결성 있는 구성요소를 관람할 수 있도록 시간, 공간을 치밀하게 배분해야 한다. 즉, 한성백제박물관을 기점으로 하여 올림픽공원 요소, 유적지 요소, 사회문화시설 요소가 각 루트에 고르게 배정되어야 하며, 이를 뒷받침하기 위해 관광버스의 상시 운영, 가이드 육성 등이 갖추어져야 한다.

　O A루트 (올림픽공원에서 북쪽으로 경유)
　: 한성백제박물관 → 올림픽공원(올림픽미술관) → 몽촌토성 → 풍납토성 → 한강시민공원 → 아차산성 → 암사동선사유적 → 하남 미사리 → 이성산성.

　O B루트 (올림픽공원에서 남쪽으로 경유)
　: 한성백제박물관 → 올림픽공원(올림픽미술관) → 방이동고분군 → 석촌동고분군 → 석촌호수 → 삼성동토성.

　O C루트 (사회문화시설 위주)
　: 한성백제박물관 → 올림픽공원(올림픽미술관) → 석촌호수 → 롯데월드 → 송파놀이마당 → 잠실종합운동장.

3. 문화산업 및 문화업종 육성

　현대의 대중은 특정 문화상품만이 아니라 그와 연관된 다양한 One-

Stop-Service를 요구하고 있다. 대중의 기호에 맞는 문화지구 개발은 문화지구의 활성화뿐 아니라 지속적인 보존 및 프로그램 개발을 위한 동력이라고 할 수 있다. 한성백제문화지구의 경우, 문화산입 육성은 한성백제유적의 보존과 활용, 지역사회의 균형 있는 경제발전을 촉진하는 역할을 수행할 뿐 아니라 국가 경쟁력 강화에도 기여할 것이다.

예컨대 이미 전통문화거리 이미지를 확고히 한 인사동 문화거리는 전통문화업종, 화랑, 골목길, 한옥촌 등이 어우러진 전통문화지역으로 개발되어 문화산업의 연간 추정 총 매출액이 790억여원에 이르렀다. 직·간접적으로는 790억여원의 생산파급효과, 211억여원의 소득파급효과, 490억여원의 부가가치파급효과, 12,585명의 새로운 일자리 창출효과를 유발하고 있다고 한다.[21]

한성백제문화지구는 백제유적을 기반으로 올림픽공원 등의 사회문화적 구성요소를 갖추고 있으며, 지리적으로는 서울 강남권 교통의 요지인 송파구에 자리하여 접근성이 매우 좋다. 이런 제반 요소를 살려 문화산업을 개발한다면 인사동 문화거리 못지않은 문화지구로 개발되리라고 판단한다.

먼저, 대중이 접근하기 쉽도록 문화지구 순례를 위한 셔틀버스를 상시 운영하고 여행사와 연계한 관광답사코스를 개발한다. 관광답사코스에는 숙박업소와 음식점을 문화지구 성격에 맞추어 정비하여 교통, 관광, 음식, 숙박의 효율적 구성을 추구한다. 이를 통해 기존의 이용 대상인 인근 지역 주민 및 서울주변 권역 주민의 일회성 방문만이 아니라 지방 및 해외여행자들의 관광코스로 대상 범위를 넓힐 수 있다. 가로변에 위치한 커피숍, 카페, 상점, 광장 등을 중심으로 한 작은 커뮤니티를 형성할 수도 있겠다.

문화지구를 관광자원화하기 위해서는 홍보 프로모션을 운영하는 방안

---

21) 임학순, 앞의 책.

도 필요할 듯하다. 문화관광지도를 만들어 이용자의 접근성을 확보하고 한성백제박물관의 관보를 월별로 발간하여 배포하며, 신문사, 방송사 등에 문화지구 홍보 및 프로그램 운용을 적극 홍보함으로써 매스컴을 통한 대중의 인지 강화에 주력한다. 또한 드라마, 영화 촬영지로 문화지구를 임대해주어 대중에게 친근하게 각인시키고 지하철역사 등에 적극적인 문화홍보 마케팅을 전개한다. 박물관과 미술관을 공동 홍보하고, 마케팅 활동과 각종 이벤트 및 축제 프로그램을 공동으로 개최·지원하면 홍보·마케팅 활동 경비를 절감하면서도 오히려 시너지 효과를 기대할 수도 있을 것이다.

한성백제문화지구에서 부가적으로 파생되는 상품을 캐릭터화하여 개발하며 백제문화 디자인 상품, 모형유물 등을 기념품판매소에서 판매한다. 나아가 전통 캐릭터 상품의 유통경로를 확보하여 전국적인 판매망을 구축하고 지구 내 전통문화거리를 유치하여 주기적 장터개설 등에 활용한다면 경제적 부가가치를 극대화할 수 있다. 관계당국과의 협의로 현재 올림픽공원역의 역사 이름을 한성백제(몽촌토성)역으로 개명하는 것도 하나의 방안이 될 수 있다. 인근지역 초등학교, 중학교, 고등학교의 소풍 장소, 백일장 장소로 유치하여 인적이 드문 평일 주간에도 많은 사람이 문화지구 내에 있을 수 있도록 한다.

문화산업 개발 방향의 일관성을 유지하기 위해 관계당국과의 적극적인 협력관계를 유지하여 문화지구 내에 유흥시설 등이 자리잡지 못하도록 규제를 강화해야 한다. 대신 전통 상점 운영 등 지구 내에 필요한 요소 운영자에 대해서는 대출지원 등의 금융혜택을 검토한다. 도시 미관 또는 가로 미관 증진을 목적으로 조직된 단체 등을 유치하기 위해 세금혜택 등의 재정적 인센티브제도 등을 도입하는 것도 필요하다.

한성백제문화지구의 중심지역인 송파구에서는 지역의 문화적 전통을 유지하고 주민화합을 도모하는 한성백제문화제와 송파다리밟기 같은 전통문화 축제가 열리고 있다. 그중 한성백제문화제에서는 거리행렬, 고전 헤어쇼, 송파나루장터, 국제연날리기 축제 등 다채로운 행사가 열린다. 백제고분로, 석촌호수, 한강시민공원의 잠실지구에서 개최하고 있다. 모두 이벤트 홍보 프로모션 업체와 연계하여 이루어지는 것들이다. 여기에 백제의 해상활동을 주제로 중국과 일본을 연결하는 백제문화축전과 같은 국제 페스티벌을 구상하여 한성백제문화지구를 위시한 국제도시 서울의 이미지를 널리 홍보한다면 문화국가로서의 이미지와 국제경쟁력을 높이는 데 일조할 수 있을 것이다.

V. 맺음말

서울의 중구와 종로구에는 조선시대의 문화유산이 매우 풍부하여 내외국관광객들에게 관광명소로 자리 잡았다. 이에 비해 선사유적과 백제 한성시기 및 고구려·신라 유적이 분포한 광진구·강동구·송파구·강남구·하남시 일대는 최근에야 비로소 문화유적과 관련된 축제를 시작하고 있다. 문화유적 자원이 매우 풍부한 곳이므로 선사와 고대의 문화자산을 잘 활용한다면 중구와 종로구에 못지않은 문화지구가 형성될 것이다. 이에 송파구에 건립될 한성백제박물관을 중심으로 한성백제문화지구를 구상해보았다.

유적지를 중심으로 한 문화지구의 거점별 공간을 조성하고 연결 루트를 개발하기 위해서는 우선 송파구 일대의 역사 유적·유물을 정비·복원하고, 나아가 주변 건축물과 거리 등을 체계적으로 연계 정비함으로써 지역의 고유성과 문화적 향취를 담아내야 한다. 그러기 위해서는 도시경쟁력을 강화할 수 있도록 지역경관을 연출할 필요가 있다. 문화지구의 상징적 공간인 한성백제박물관은 문화지구 내 공동입장권 판매소 운영,

안내서비스센터 운영, 공동 홍보판 설치, 상징 조각품 설치, 운영요원 교육체제 확립 등 다양한 방안을 모색해야 한다.

　문화지구 조성 계획에 앞서 반드시 주민의 의견을 수렴해야 하며 관계 당국과 지역자치단체는 정책적으로 지원해야 한다. 지구의 특성 있는 공간 조성 및 활성화 방안과 더불어 문화지구에 대한 첫인상은 심미성, 쾌적성을 강조하는 것이 좋다. 따라서 도시의 가로, 건축물 등에 종합적인 디자인 관리가 매우 중요하다. 5년 이상의 장기적인 플랜을 세우고 추진한다면 충분한 효과를 거두리라 기대한다.

　도심 한가운데서 과거의 문화유산과 현대적 문화공간, 각종 예술공연 등을 동시에 접할 수 있다는 것은 서울이 지니는 커다란 장점이다. 한성백제문화의 복원, 보존 작업은 서울의 장점을 극대화할 중요한 문화요소라는 점을 재인식하였으면 한다.

찾아보기

| 집필자 |

김기섭(서울역사박물관 상임연구원)
함순섭(국립경주박물관 학예연구관)
노중국(계명대학교 사학과 교수)
최근성(경기도박물관 학예연구관)
小山田宏一(大阪府立彌生文化博物館 學藝課長)
윤정숙(서울역사박물관 박물관인턴)
전희주(서울역사박물관 박물관인턴)
이경자(서울역사박물관 학예연구사)

| 토론자 |

양기석(충북대학교 역사교육과 교수)
윤광진(국립문화재연구소 한성백제학술조사단장)
윤용구(인천시립박물관 학예연구실장)
박방룡(국립대구박물관 학예연구실장)
김영관(서울역사박물관 학예연구관)
임영진(전남대학교 박물관장)
권오영(한신대학교 국사학과 교수)
이내옥(국립부여박물관장)
유병하(국립경주박물관 학예연구실장)

한성백제박물관
건립을 위한
기초연구

초판 인쇄일 | 2005년 12월 20일
초판 발행일 | 2005년 12월 25일

저   자 | 서울역사박물관
발 행 인 | 김선경
발 행 처 | 도서출판 서경문화사
편   집 | 김현미
표   지 | 김윤희
필   름 | 안문화사
인   쇄 | 한성인쇄
제   책 | 반도제책사
등록번호 | 1-1664호
주   소 | 서울시 종로구 동숭동 199-15 105호
전   화 | 02-743-8203, 8205
팩   스 | 02-743-8210
메   일 | sk8203@chollian.net

ISBN 89-86931-93-1   93900
* 파본은 본사나 구입처에서 교환하여 드립니다.

정가 11,500원